AtV

JOHN STAVE, 1929–1993, war 1951 bis 1961 Redakteur der satirischen Zeitschrift »Frischer Wind«, seit 1954 auch Redaktionsmitglied des »Eulenspiegel« und gehörte zu den bekanntesten Satirikern der DDR.

Werke u. a.: Direkt aus dem Leben gegriffen (1961), Der barfüßige Stepptänzer (1975), Attentat auf Heilbutt. Geschichten ohne Vorbemerkungen (1977), König der Provinz. Liebenswürdige und unliebenswürdige Geschichten (1985), Herr Bötbut, Kater Willi und die vierzig Mäuse. Roman für Enkel und Oma (1991), Merkwürdige Mark. Skurriles und Seltsames aus der Mark Brandenburg (postum, 1994).

Stube und Küche, Blick auf den Hinterhof, Gaszähler im Schlafzimmer und das Klo eine halbe Treppe tiefer. Größer war der Wohnkomfort für viele Familien im dicht besiedelten Berlin der zwanziger Jahre nicht. John Stave beschreibt in diesem autobiographischen Buch das Leben im Kiez, porträtiert die Menschen, die in seinem Elternhaus in der Zorndorfer, der späteren Mühsam-Straße lebten, wie sie die Nazi-Zeit, die Nachkriegsjahre, den Mauerbau überstanden und doch nie den Mut verloren. Er fängt das pulsierende Treiben der Theater und Varietés ein, beschreibt die Geschichte des Schlesischen Bahnhofs, des Zentralviehhofs, von Straßenzügen, Tunnels und Parks, berichtet von der Kindheit im Krieg, den Schwarzmarktzeiten des Nachkriegs und dem Leben in der »Hauptstadt der DDR«. In seinen Geschichten verändert sich das Stadtbild wie das Gesicht eines Menschen, in dem das Leben Linien und Narben hinterläßt.

Als Staves Witwe noch einmal in das Haus in der Mühsam-Straße geht, hat sich vieles verändert, kaum jemand der alten Bewohner lebt noch dort, die neuen kennen die Ereignisse von damals nicht mehr. Auch das gehört zur Geschichte dieses Hauses und dieses Jahrhunderts.

John Stave

Stube und Küche

Erlebtes und Erlesenes

Aufbau Taschenbuch Verlag

Bildnachweis

Sammlung Stave (38), Märkisches Museum, Berlin (5), Bildarchiv Berliner Verlag (4), Bundesarchiv Koblenz (3), Moll (2), Verlag Das Neue Berlin, Archiv (2), Schröder (2), BVG-Bild (1), DSF/Zentrale Bildstelle (1), Buchheim (1), Gluchowski (1), Hilkenbach (1), Knickrehm (1), König (1), Schmidt-Puhlmann (1), Schorsch (1)

ISBN 3-7466-1988-2

1. Auflage 2003
Aufbau Taschenbuch Verlag GmbH, Berlin 2003

Umschlaggestaltung Torsten Lemme
unter Verwendung eines Fotos
von Walter Schulze, picture: perfect, Berlin
Druck Ebner & Spiegel, Ulm
Printed in Germany

www.aufbau-taschenbuch.de

Vorwort zur vierten, erweiterten Auflage

John Stave starb am 6. August 1993. Nicht in Berlin-Friedrichshain. Ein Herzinfarkt riß ihn in einem winzigen märkischen Dorf westlich von Berlin mitten aus der Arbeit an einem weiteren Berlin-Buch. An eine Fortsetzung von „Stube und Küche" war nicht gedacht. Das zum 750. Jubiläum der Hauptstadt erschienene Buch war für ihn abgeschlossen.

„An ‚Stube und Küche' gibt es nichts zu ändern!", betonte John Stave bereits, als 1991 mit Verzögerung die dritte Auflage des begehrten Berlin-Buchs auf den Markt kam. Seine Sicht auf die Geschichte und die Geschichten der Leute im Berliner Osten war eben auch nach der Wende unverändert, was nicht mit zeitlos zu verwechseln ist. Und wenn am Tod John Staves eines besonders zu bedauern ist, dann wohl, daß hier ein ausgesprochen neugieriger und akribischer Berliner und Berlinliebhaber seiner Chronistenpflicht nicht mehr nachgehen kann. Denn hinzuzufügen gibt es inzwischen allerhand. „Aber das wäre ein neues Buch", meinte John Stave.

Wie oft, wenn ich durch Friedrichshain und andere östliche Bezirke fahre und Neues sehe, muß ich daran denken, was mein Mann wohl zu den Bautollheiten, zum Gerangel um die Oberbaumbrücke, zum Umbau des Osthafens, zur Baufälligkeit der Villa Köhring (des Standesamtes in Johannisthal), zur fünften neueröffneten Apotheke und den nimmer endenden Buddeleien in den Straßen unseres Kietzes gesagt hätte. Eines aber hat mich schon all die Jahre interessiert. Wer wohnt eigentlich heute in beschriebener Stube und Küche? Ich bin hingegangen. Der Epilog auf den letzten Seiten dieser Ausgabe bleibt vorläufig, denn so fest, wie das soziale Gefüge der Mühsamstraße 67 in den vergangenen sechs, sieben Jahrzehnten war, wird es nie wieder sein. „Stube und Küche", vierter Stock, Quergebäude, bleibt nunmehr ein Nest für „Zugvögel".

Berlin, im Juni 1994 — Gabriele Stave

Immertreu

Das ist nicht die schönste Ecke des Berliner Ostens: die Gegend um den Schlesischen Bahnhof. Madaistraße, Fruchtstraße, Andreasstraße, Koppenstraße, Lange Straße – keine guten Adressen. Mit am verrufensten die Breslauer Straße, von der Koppen- bis zur Ecke Kraut- und Holzmarktstraße reichend und die Flanke zum Eisenbahnviadukt bildend.

In diesem Dreh gehört die Krawatte nicht zur modischen Grundausstattung des Herren. Eher das Halstuch. Anstelle des Pelzkragens am Winterulster wird bei Minusgraden der Kragen des Jacketts hochgeschlagen. Hier wohnen arme Schlucker in erbärmlichsten Verhältnissen, Arbeitslose und Arbeitsscheue, billigste Nutten mit ihnen entsprechenden Zuhältern, Kriminelle, kleine und mittelgroße Gangster.

Es gibt unzählige Kneipen und Absteigen, ein Christliches Hospiz und eine Reihe kleiner Hotels, die im Baedeker nicht nur nicht mit einem Stern versehen, sondern gar nicht erst aufgeführt sind. Eines von ihnen steht noch bis Mitte der achtziger Jahre zweckentfremdet gegenüber dem Ostbahnhof: Fuhrmanns Hotel.

Wie gesagt: Wer in diesem Stadtteil mit Schlipsen handelt, kann sich kaum eine goldene Nase verdienen.

Am späten Abend des 29. Dezember 1928 wird jedoch – wenigstens für einige Stunden – elegante Garderobe das Straßenbild am Schlesischen Bahnhof beherrschen . . .

Im Schankraum der Gaststätte Johann Nabur, vormals Armelin, Breslauer Straße 1, ist an diesem Abend nicht viel los. Ein paar müde Gestalten hocken herum. Einige in Zimmermannstracht. Jemand klimpert auf dem Klavier. Eine Frau mit Schürze und Kopftuch fegt Scherben zusammen.

Gerade wird wieder ein riesiges Tablett mit vollen Biergläsern ins Vereinszimmer getragen. Solange die Tür offensteht, hört man Stimmengewirr. Das Tablett mit leeren Gläsern wird zum Tresen zurückgebracht. Der Wirt nimmt eine erneute Füllung vor.
Wenden wir uns dem Orchester zu.
„Mensch, Arthur, wenn de dich bei Nabur durchsetzen willst, dann mußte die neuesten Schlager druffhaben!"
Der das sagt, steht mit einem Bierglas in der Hand an einem mild gestimmten Klavier und sagt es zu einem, der vor den Tasten sitzt. Ein Pianist, ein neuer. Eben, vor drei Stunden, hat er in diesem Etablissement angefangen. Für drei Mark! Und Freibier! Und Bockwurst mit Kartoffelsalat!
„Ick sing dir das jetzt noch mal vor. Paß auf: Da di da di dadi da da, und träum es sei Ihr Mund. Arthur, merk dir das: es *sei* Ihr Mund, nicht: es *wär* Ihr Mund. Also noch mal: Ich küsse Ihre Hand, Madam, und träum, es *sei* Ihr Mund. Der stellt sich das nur vor, verstehste? Der küßt der die Hand und bildet sich ein, daß er in Wirklichkeit – also in Wirklichkeit ebend nicht –, daß er ihren Mund küßt. Verstehste?"
Der Klavierspieler, Arthur Semmler, ist ein Mann von zirka fünfunddreißig Jahren. Er hat kurzgescheiteltes blondes Haar und wasserblaue Augen. Bis vor einem knappen Vierteljahr war er noch Orchestermusiker. Seither geht er stempeln. Hier, bei Nabur, in der Breslauer Straße, hat er sein erstes Engagement seit drei Monaten. Willi – der mit dem Bier – hat ihn im Wartesaal dritter Klasse des nahegelegenen Schlesischen Bahnhofs aufgegabelt. Hat ein Bier ausgegeben. Hat ihn ausgequetscht, hat noch ein Bier spendiert und ihn schließlich zu Nabur geschleppt.
„Das ist mein Freund Arthur Semmler, der hat schon bei den Philharmonikern geklimpert."
„Ich brauch keine Reverenzen", sagt der Wirt. „Kannste Bummelpetrus? Kannste Max, du hast das Schieben raus? Kannste Du hast ja keene Ahnung, wie schön du bist, Berlin?" Der Wirt fragt weiter ab.

Der Schlesische Bahnhof mit der Madaistraße

Der Pianist nickt jedesmal. Nur einmal nicht. Nur bei „Ich küsse Ihre Hand, Madame“ muß er passen, aber Willi winkt ab. „Morgen hat er's druff, oder ick will erblinden!“
Das ist Willi Pfeiffers stehende Redensart: „Ick will erblinden.“
Diesen Wunsch äußert er mehrmals am Tag. Er unterstreicht damit vage und erfüllbare Versprechen, große und kleine Lügen, mitunter auch Wahrheiten. Willi ist Fleischer von Beruf, hat immer ein bißchen Geld auf der Tasche und ein Gemüt wie 'n Schaukelpferd. Er ist herzensgut und fürchtet sich vor Mäusen. Wenn er nicht bei Nabur sitzt oder in einer anderen Kneipe am Viehhof hockt, haut er Schweine auf oder weilt auf den Rennbahnen von Karlshorst, Hoppegarten und Strausberg.
„Ick hab immer was für Kunst übrig gehabt“, sagt Willi, und deshalb schwatzt er Nabur den Arthur Semmler auf, weil dem Wirt gerade der Klavierspieler weggestorben ist, plötzlich und unerwartet am Suff.
„Wissen Sie“, sagt Semmler zu seinem Mäzen, „mir liegt die Sache von vorhin noch schwer vor dem Magen.“ Er sieht grün um die Nase aus, ist auch ein wenig verkorkst vom hastig verschlungenen Kartoffelsalat. Er sehnt den Feierabend um Mitternacht herbei. Bis dahin allerdings wird sich noch einiges tun.
„Ach, vorhin“, sagt Willi, „das war nur ein kleiner Fisch, ein Kavaliersdialekt . . .“
„Aber die kommen vielleicht doch wieder“, sagt Semmler mit einem nicht nur vom Mayonnaisensalat ungeheuer mulmigen Gefühl im Magen. Nach Klavierspielen ist ihm wahrlich nicht im geringsten zumute. Aber Vertrag ist Vertrag, und drei Mark sind drei Mark. Und noch zwanzig Minuten bis Kneipenschluß . . .
Eine halbe Stunde zuvor passierte dies: Ein paar Männer, ungefähr acht, in Trauerkleidung, aber angeheitert, betraten das Lokal und bestellten Bier. Sie tranken einen Schluck, dann gingen zwei von ihnen auf den Tisch der Zimmerleute zu, griffen sich einen von ihnen und zogen

Der Schlesische Bahnhof von der Seite der Breslauer Straße

ihn im Verein aus der Kaschemme, um draußen wie wild auf ihn einzuschlagen.
Das war in Sekunden geschehen. Gäste, musikalisches Personal und Wirt waren für Augenblicke wie versteinert. Als erstes kam Leben in die Zimmerleute. Einer packte einen Stuhl und stürzte mit Geheul auf die Straße hinaus. Die anderen bedienten sich ihrer Fäuste. Die Tür vom Vereinszimmer flog auf, und an die dreißig Mann liefen hinaus,

„Die östlichen an das Stadtzentrum sich anschließenden Stadtteile bieten dem Fremden wenig Interessantes."

Grieben Reiseführer, Band 6, Berlin und Umgebung, 1929

ihren Kollegen beizustehen. Da sie in der Übermacht waren, konnten sie den Zwischenfall in wenigen Minuten bereinigen. Die Trauergäste wurden in die Flucht geschlagen. Einer rief zwar: „Wir sehn uns wieder!" Aber die vierschrötigen Kerle vom Bau lachten nur.
Der lädierte Zimmermann wurde im Vereinszimmer verarztet. Als die Polizei eintraf, fand sie eine offenbar harmonische Atmosphäre vor, lediglich die Blässe des Klavierspielers war auffallend, aber wahrlich kein Grund zum Einschreiten. Die Uniformierten zogen ab . . .
Arthur Semmler, der als Orchestermusiker gewohnt ist, vor Publikum zu spielen, das andächtig lauscht oder artig Beifall zollt, sitzt verdattert auf dem Hocker. Er sieht seine Hände an, sieht die Tasten an, sieht das ganze Klavier an wie ein Ding aus einer anderen Welt. Es ist kein Markenpiano, aber dafür etwas ramponiert. Auf der oberen Platte haben unzählige Biergläser ewige Ränder hinterlassen. Das Instrument hat bestimmt schon manchen Sturm erlebt. Es wird in dieser Nacht einen Orkan erleben. Arthur Semmler faltet die Hände und drückt die Handflächen auseinander. Die Fingergelenke knacken.
Draußen hat leichter Nieselregen eingesetzt. Die Gaslaternen verbreiten ein diffuses Licht. Bis auf ein paar verlorene

dunkle Gestalten sind die Straßen um den gewaltigen Bahnhof, der auch „der Katholische", weil eben Schlesische, genannt wird, jetzt vor Mitternacht wie ausgestorben. Wie durch einen Schleier sind Geräusche von der Bahn zu hören – Hammerschläge, Metallklirren. Eine Lokomotive läßt Dampf ab. Ein S-Bahnzug fährt mit Gepolter in die mächtige Halle ein.

Die Holzmarktstraße kommt ein vollbesetztes Taxi herunter. Es hält unweit der Gaststätte Nabur, vielleicht fünfzig Meter davor. Niemand steigt aus. Ein weiteres Taxi stößt, aus der Koppenstraße kommend, dazu. Es dauert nicht lange, da ist der Kietz um die Kneipe von Taxen umzingelt. Fast dreißig an der Zahl. Aber kein Automobil hält direkt vor dem Lokal. So bleibt die geheimnisvolle Aktion bis zur letzten Sekunde von den Zimmerleuten bei Nabur unbemerkt.

Wie auf Kommando öffnen sich plötzlich die Wagentüren, und über hundert Gentlemen in Smoking und Zylinder entsteigen leise den Droschken. Die elegante Welt am Schlesischen Bahnhof?

Doch der erste Blick trügt gewaltig, denn von schäbiger Eleganz ist nur die Hülle der Herren. Wer genau hinsieht, erkennt Schlagringe an den kräftigen Händen, andere sind mit Gummiknüppeln oder Schlagstöcken bewaffnet, manche Fäuste umspannen Revolver. Und das sind keine Attrappen. Das ist nicht Kino. Was hier sogleich passieren wird, das ist im wahrsten Sinne des Wortes blutiger Ernst.

Das Etablissement von Nabur, vormals Armelin, ist eine typische Berliner Eckkneipe. Der eigentliche Schankraum mißt nicht viele Meter, deshalb hat man die Theke sehr schmal gehalten. Auch das Buffet nimmt sich bescheiden aus. Unmittelbar daneben führt eine Tür in das Hinter- oder sogenannte Vereinszimmer.

Zwischen Fenster und Tresen werden in einer Vitrine Speisen angeboten: Buletten, saure Gurken, Soleier . . .

Das Klavier, eine Anfertigung von Brüning & Bongardt, lehnt an der Wand mit der Tür „Zu den Toiletten" und dem

Privatraum. Im Schankraum stehen sechs Tische mit je vier Stühlen. Eilige Gäste können ihr Bier am Stehtisch runterkippen. Imposant ist der ziemlich hohe Zapfhahnaufbau, schmückend sind die Bierreklameplakate.
Im Vereinszimmer sehen wir uns besser nicht um. Dort zechen regelmäßig an die dreißig Hamburger Zimmerleute, die in der Großen Frankfurter Straße beim U-Bahn-Bau beschäftigt sind. Das Lokal Nabur, bis dato nach Chicagoer Vorbild unter dem Schutz des Geselligkeitsvereins Immertreu stehend, erfreut sich seit einiger Zeit des Beistandes der Männer in den Kordanzügen mit den weiten Beinlingen und den breitrandigen schwarzen Hüten.
Arthur Semmler haut wieder in die Tasten: Es war einmal ein treuer Husar, der liebte sein Mädel ein ganzes –
Die Tür wird aufgerissen, Fensterscheiben gehen zu Bruch. Tische fliegen um. Schüsse fallen. Wüste Schreie ertönen. Stuhlbeine werden auf Schädeln zertrümmert. Der Klavierhocker landet in der Bockwurst- und Rollmopsvitrine. Gläser zersplittern. Willi Pfeiffer, der gemeinsam mit Semmler, dem Pianisten, hinter dem Tasteninstrument Zuflucht gefunden hat, blutet an der Stirn. Semmler selbst ist weißer als die verräucherte Wand der Kneipe. Wirt und Kellnerin hocken hinter dem Tresen.
Die Schlacht ist in vollem Gange. Wer das Lokal fluchtartig verlassen will, stolpert über umherliegende Verletzte. Ein Tisch wird in das Klavier geschleudert. Es geht in die Knie. Semmler muß sich mit Macht dagegenstemmen. Willi Pfeiffer wischt sich das Blut mit dem Ärmel ab. Die Verletzten stöhnen. Einer der arg zugerichteten Zimmerleute stöhnt nicht.
Nach zehn Minuten ebbt der Orkan ab. Draußen starten die Kraftdroschken. Und plötzlich ist es unheimlich still.
Jemand tritt auf Scherben. Willi Pfeiffer sagt zu dem schlotternden Pianisten: „Alles halb so wild, Arthur. Ich such dir 'ne neue Kneipe, mit'm funktionierenden Klavier . . .“
Die Polizei räumt vier Schwerverletzte und einen erkalteten Zimmermann ab. Berlins Polizeipräsident Zörgiebel:

„Es handelte sich um eine Schlägerei, wie sie in der Gegend des Schlesischen Bahnhofs üblich ist und die nur dadurch ihr besonderes Ausmaß gewinnt, daß ein Toter zu beklagen ist."
Der Geselligkeitsverein „Immertreu" hat auf seine Weise das Jahr 1928 verabschiedet und das Jahr 1929 eingeläutet, das letzte der Goldenen Zwanziger . . .

Die ganz normalen Tage um den 7. Februar

Mutter sagt: „Ich glaube, es ist soweit!"
Ich bin ja schon auf der Welt, nur habe ich ihr Licht noch nicht erblickt.
Vater wird blaß und tastet nach dem Geld, das seit Wochen für eine Taxifahrt bereitgelegt ist. Luxus?
Über Berlin hat sich der Jahrhundertwinter hergemacht. Februar 29. Die Menschen frieren, 330 000 Berliner sind arbeitslos.
Sie zittern nicht nur vor Kälte.
Bei Hermann Tietz (später Hertie) ist Weiße Woche. Lange Reklamefahnen hängen am Kaufhaus in der Frankfurter Allee. Ein Strickleibchen kostet 50 Pfennig, ein Eckkragen ist für 45 Pfennig zu haben.
Im Rose-Theater läuft „Die Fledermaus" über die Bretter.
Das Residenz-Theater in der Blumenstraße hat geschlossen und bereitet sich auf die Premiere des Lustspiels „Der reizende Adrian" vor.
Auf der Warschauer Brücke werden Risse festgestellt. Der starke Frost hat sie hervorgebracht. Vor dem Eingang zum S-Bahnhof klafft der Asphalt zwanzig Zentimeter auseinander. Polizisten und Verkehrsmeister der Straßenbahn regeln den Autostrom und raten zur Tempoverringerung. Lastwagen werden vorsorglich über die Hohenlohebrücke umgeleitet.
Im Germania-Palast spielt man „Sturm über Asien". Die

„Rote Fahne“: „Der größte Film der Weltproduktion, das Meisterwerk Pudowkins, der schönste und gewaltigste Russenfilm, der je gezeigt wurde.“
In der Warschauer Ecke Revaler Straße fährt ein Triebwagen der Linie 4 E infolge defekten Sandstreuers auf einen haltenden Wagen der Linie 9 E auf. Siebzehn Personen werden verletzt.
Die BZ am Mittag meldet: „Der befürchtete Kälteeinbruch ist im Laufe der Nacht zum 7. Februar Tatsache geworden. Die Temperatur sank bis auf minus 21,5 Grad und hat damit fast die strengste Kälte dieses Winters wieder erreicht, die in der Nacht vom 2. auf den 3. Februar mit 23 Grad registriert wurde.“
In den Bezirken Wedding, Neukölln, Köpenick, Tempelhof, Friedrichshain, Lichtenberg, Reinickendorf, Prenzlauer Berg, Tiergarten und in der Innenstadt kommt es zu Demonstrationen der Arbeitslosen. Die Polizei geht mit Gummiknüppeln und Hunden gegen die Demonstranten vor. Der Tagessatz für Erwerbslose beträgt zehn Pfennig, für Polizeihunde werden pro Hundenase täglich eine Mark fünfzig aufgewendet; allerdings gibt es auch mehr Erwerbslose als Polizeihunde.
Die grimmige Kälte fordert die ersten Opfer. In Berlin sterben innerhalb weniger Tage 37 Personen an Grippe. Der längste Eiszapfen wird am St.-Hedwigs-Krankenhaus in der Großen Hamburger Straße gemessen. Er reicht von der Dachrinne über drei Stockwerke bis zur ersten Etage.
In Moabit wird gegen „Immertreu“ verhandelt. „Immertreu“ ist einer der führenden Ringvereine Berlins, ein Sammelbecken für Gestrauchelte. Der Mitgliedsbeitrag beträgt eine Mark wöchentlich. Wer Mitglied im Verein der Edelganoven werden will, muß drei Paten aufbieten, die vorbestraft sein müssen. Der Verein pflegt die Geselligkeit, verschafft seinen Leuten Arbeit und sorgt für deren ehrenhafte Beerdigung.
Ausgangs des letzten Jahres stach der Zimmermann Schulnieß im „Klosterkeller“ den Immertreumann Malchin nie-

der. Immertreu nahm im Zimmermanns-Zunftlokal Nabur, unweit des Schlesischen Bahnhofs, Rache an Schulnieß. Fazit der folgenden Massenschlägerei: zweihundert Verletzte, zwei Tote. Dank der Verteidigungskunst des Immertreu-Anwalts Dr. Frey fallen die Urteile ungewöhnlich milde aus. Von den neun Angeklagten werden sieben freigesprochen, ein Angeklagter wird zu fünf, der Hauptangeklagte, ein Geschäftsführer, zu zehn Monaten Gefängnis verurteilt. Beide werden auf freien Fuß gesetzt ...
Am 7. Februar gibt es in der Nähe der Warschauer Brücke einen gewaltigen Knall. Das ist kein Salut zu meiner Geburt, die zur gleichen Zeit in Neukölln vor sich geht. Es handelt sich vielmehr um die Explosion eines Schuppens mit Wasserstoffflaschen bei „Osram". Der Sachschaden ist hoch. Glücklicherweise gibt es keine Verletzten.
Vater bringt Mutter per Taxi nach Neukölln. Dort befindet sich am Mariendorfer Weg die Hebammen-Lehranstalt Berlins. Das muß für Gebärende eine sehr preiswerte Adresse gewesen sein. Vielleicht hat man sogar noch was herausbekommen?
Den Rückweg nimmt der werdende Vater zu Fuß. Er hat Zeit. Er gehört zu den 330000 Berlinern ohne Arbeit. Aussehen tut er wie ein Graf. Bis er die Strecke zur Zorndorfer Straße im Friedrichshain zurückgelegt hat, kehrt der falsche Graf dreimal in Kneipen ein und trinkt Grog. „Anders war es nicht zu machen. Kaum war man auf der Straße, fror einem die Nase zu. Deshalb mußte man sie hin und wieder begießen. Der Junge soll übrigens John heißen", schließt Vater seinen Bericht vor den Verwandten. Onkel Fritz und Onkel Anton werden blaß. Sie haben stark mit der Verewigung ihrer Namen in meiner Person gerechnet. Mutter wird sie nicht enttäuschen.
Die Tage um den 7. Februar 1929 haben nichts besonderes zu bieten. Die Leute gehen ihrer Arbeit nach oder stempeln. Manche Leute haben genug zu essen, manche weniger. Und einige Leute bereiten die Machtergreifung Hitlers vor.

Es wohnt sich gut

Unser Viertel liegt ein paar Schritte entfernt vom Schlesischen Bahnhof. Man muß die Fruchtstraße hochgehen, am Küstriner Platz vorbei, über die Große Frankfurter. Die Fruchtstraße geht noch ein Stückchen weiter, bis zur Palisadenstraße. Da stößt man auf die Friedenstraße mit der Friedhofsmauer. Und gleich rechter Hand beginnt die Zorndorfer. Sie steigt sachte bis zur Petersburger Straße an – es werden zehn Meter Höhenunterschied sein, vielleicht auch nur acht –, und jenseits der breiten Petersburger sind noch ungefähr 150 Meter Zorndorfer Straße, bis zur Eberty- und Thaerstraße: das ist unser Stück. Vom Schlesischen Bahnhof bis hierher mögen es knapp zweieinhalb Kilometer sein. Für Berliner Verhältnisse ein Katzensprung.
Der ganze Bezirk heißt Friedrichshain, seit 1920, seit es Groß-Berlin gibt.
Diese Bezeichnung adelt den Bezirk, aber der in den vierziger Jahren des vorigen Jahrhunderts angelegte Park bildet nicht sein Zentrum. Der Park breitet sich an der äußersten nordwestlichen Ecke des gleichnamigen Bezirks aus. An seiner nordöstlichen Flanke befindet sich der Städtische Vieh- und Schlachthof, und der ganze Süden wird vom Eisenbahngelände beherrscht und von der Spree begrenzt, die auf diesen Breiten allerdings keinen grünen Strand aufweist, sondern den Osthafen. Lediglich der letzte Zipfel von Stralau läßt ein wenig Grün durchschimmern.
Zum Viehhof haben wir nur zweihundert Meter zurückzulegen, und wenn der Wind günstig beziehungsweise ungünstig steht, riecht es in der ganzen Gegend nach Schweinemist. Zum Friedrichshain müssen wir einen Kilometer und etwas mehr bewältigen.
Während um den Schlesischen Bahnhof herum das sogenannte Lumpenproletariat zu Hause ist, also Menschen, die sich mit ihrem Schicksal abgefunden haben und sich nicht mehr aufrappeln wollen, sich nicht mehr aufrappeln können, wird in unserer Gegend die Arbeiterehre hochgehal-

Die ungeheure Steigung der Zorndorfer Straße

Spottbillig!

MÖBEL

Zum Beispiel: 1½ Zimmer mit Küche

RM. 985,–

Adolf Zebrowski BERLIN O27
Paul-Singer-Strasse 84

Am Andreasplatz. Nähe Schles. Bahnhof. Tel.: E 4, Alex. 5808

Vertragslieferant / Sonderrabatt

ten, übrigens auch von den Arbeitslosen. Sicherlich gibt es in jedem Haus, das im Durchschnitt von 100 Männern, Frauen, Kindern oder Greisen bewohnt wird, auch Typen, die am Schlesischen Bahnhof besser aufgehoben wären, aber sie bilden die Minderheit und reißen sich, so gut es geht, zusammen.

Das Haus Zorndorfer Straße 37 (ab 1950 Mühsamstraße 67) besteht aus drei Teilen. Erster Teil: das Vorderhaus. Es hat ein Parterre und vier Etagen. Im Parterre befinden sich zwei Ladengeschäfte. Links die Drogerie von Böttcher, rechts der Milch- und Lebensmittelladen von Seidler. Die beiden Verkaufsstellen werden durch einen großen Hausflur getrennt, der von Wagen befahren werden könnte, aber nicht befahren werden darf. Auch das Spielen der Kinder auf Hof, Flur und Treppen ist verboten, ebenso das Umherstehen vor der Haustür.

An der Fassade kleben acht Balkons. Sieben Balkons sind halbiert, nur der Balkon eine Treppe links gehört gänzlich dem Fräulein E., das die größte Wohnung im Haus bewohnt. Nach dem Einmarsch der Russen 1945 etabliert sich in dieser Wohnung vorübergehend ein Offiziersklub.

Als das Haus unmittelbar nach der Jahrhundertwende errichtet wird, bewohnen nur je zwei Parteien die einzelnen Etagen des Vorderhauses. Der Zug der Zeit fordert nach dem ersten Weltkrieg ein größeres Angebot an kleineren Wohnungen. So zieht man hier und dort dünne Wände (Rabitzwände) und baut auf den Treppenabsätzen zusätzliche Wasserklosetts ein.

Jetzt betrachten wir das Haus Nr. 37 von der Straße aus: Das jeweils linke Zimmer wird der Seitenflügelwohnung zugeschlagen, wohingegen das jeweils zweite Zimmer von rechts sich in eine Kochstube verwandelt. Zu den Kochstuben gehören die neuen Toiletten auf der halben Treppe.

Zum Laden des Milchhändlers gesellen sich anderthalb Wohnzimmer, eine kleine Küche und ein Innenklo. Der Drogist hat Laden- und Lagerraum, Toilette und im Seitenflügel zwei Wohnräume.

Typisches Mietshaus in Berlin O. (Matternstr. 4)

Zweiter Teil: der Seitenflügel. Dieser Gebäudeteil lehnt mit seiner Rückseite an der Rückseite des Seitenflügels vom Nebenhaus (Nr. 38) und hat nur die halbe Tiefe des Vorderhauses. Die linken Wohnungen besitzen ein Wohnzimmer im Vorderhaus (mit halbem Balkon), einen fensterlosen Raum, der Alkoven genannt wird, weil er zum Schlafen ganz gut geeignet ist, sowie eine große Küche (hier das „Berliner Zimmer"), in der nicht selten ein Familienmitglied nächtens untergebracht ist.

Die rechten Seitenflügelwohnungen bestehen aus Stube und Küche, dazu gehört ein kleiner Korridor. Das WC ist eine halbe Treppe tiefer. Infolge der geringen Tiefe des Gebäudeteils sind seine Wohnungen sehr klein.

Dritter Teil: das Quergebäude. Es erreicht annähernd die Tiefe des Vorderhauses. Genau wie der Seitenflügel ist es ungefähr eineinhalb Meter niedriger als das Vorderhaus. Dementsprechend sind die Wohnungen gedrungener, was nicht schlecht ist, denn sie lassen sich im Winter leichter warm kriegen.

Auf jedem Podest befinden sich vier Wohnungstüren, drei Wohnungstüren führen in Wohnungen, die aus Stube und Küche bestehen, eine Wohnung, links die, hat zwei Zimmer und ein Innenklo. Die Bewohner der Kleinstwohnungen teilen sich die Toilette eine halbe Treppe tiefer.

Damit das Saubermachen der Toilette klappt, existiert eine Klo-Karte. Sie wandert von Woche zu Woche von einer Familie zur anderen. Auf unserm Podest sind alle ordentlich. Wegen der Kloreinigung gibt es keinen Ärger.

Zum Komfort von Stube und Küche:

Die Stube mißt 5,65 mal 3,60 Meter. Das ist geräumig. Man kann viele Betten hineinstellen. Es sind zwei einfache Fenster von geringem Ausmaß vorhanden. In einer Ecke steht ein Kachelofen, der bis an die Decke reicht. Die Küche hat eine Ausdehnung von 4,45 mal 2,30 Meter. In einer Ecke steht eine sogenannte Kochmaschine mit drei verschieden großen Öffnungen für drei verschieden große Töpfe. An der Mitte der Wand ist der Mehrzweckausguß. Das Abfluß-

Hinterhof Zorndorfer Straße 37. Stave ganz rechts. Links der Drogist Böttcher

rohr wird durch einen Holzkasten verdeckt, hinter dem sich tagsüber die Schaben aufhalten. Der Korridor – wenn man ihn so bezeichnen darf – ist 1,10 Meter breit und 1,12 Meter lang. Im oberen Küchentürrahmen sind zwei Haken befestigt, an die bei Bedarf eine Schaukel gehängt wird. Wenn Küchentür und Wohnungstür offen stehen, kann ein Kind wunderbar schaukeln. Die Türklinken sind aus Messing. Es gibt bis 1934 kein elektrisches Licht. Vater und Mutter ziehen im Herbst 1928 in die vierte Etage des Quergebäudes. Es ist die Wohnung geradezu. Stube und Küche. Vater und Mutter sind glücklich. Sie kommen aus einer Untermiete in der Sebastianstraße. Ich bin gewissermaßen schon dabei. Frau Döring aus der dritten Etage sagt zu ihrer vierundzwanzigjährigen Tochter Else: „Ich glaube, die nette, junge Frau von oben bekommt ein Baby."

Ausstattung der Räume:

Die Stube wird beherrscht von einem französischen Bett, das für zwei Personen zu schmal, für eine Person zu breit ist. Des weiteren sind vorhanden ein Kleiderschrank und ein Vertiko (reich beschnitzt), ein Tisch, vier Stühle und ein Kinderbett. Im Lauf der Zeit werden das Bett durch zwei Ehebetten auf Abzahlung von Möbel-Heimbürge, das Kinderbett durch eine Couch aus zweiter Hand ersetzt. Zwischen den beiden Fenstern reckt sich ein gewaltiger Spiegel, der vermutlich für Riesen angefertigt worden ist.

In der Küche stehen Tisch und zwei Stühle sowie ein Kohlenkasten, der als dritte Sitzgelegenheit dient. Ein Küchenschrank füllt den Rest der Wand aus. Gegenüber, neben dem Ausgußbecken, steht ein Werkzeugspind. Im Jahre der Elektrifizierung in der Zorndorfer Straße, 1934, baut Vater eine Konsole, die noch etwas später einem Volksempfänger als Standort dient.

Der Gaszähler befindet sich in der Stube hinter einem kleinen Vorhang. Der Elektrozähler findet später auf dem Korridor tatsächlich Platz.
Der Gaszähler ist ein Groschengrab. Der Begriff „Gasgroschen“ wird zum Schreckgespenst. Oft werde ich zu Nachbarsleuten geschickt, ob sie mal einen Gasgroschen borgen könnten. Aber die haben manchmal selber keinen. Der Groschenautomat ist eine menschenfreundliche Einrichtung. Er soll verhindern, daß sich die Leute mit Gas das Leben nehmen.
Einmal im Monat kommt der Gasmann. Er löst eine Plombe am Gaszähler und zieht einen Behälter heraus, der die Gasgroschen aufgenommen hat. Der Behälter wird auf dem Küchentisch ausgeschüttet, und der Gasmann zählt die Geldstücke. Ehe er sie in ein Papierblatt einrollt, können wir das Geld noch einmal sehen, das uns einst gehörte.
Einmal im Monat kommt auch der Hauswirt zu Besuch. Aber er bringt kein Gastgeschenk mit, sondern will die Miete kassieren. Der Hauswirt heißt Schulim Rothstein. Er ist entweder vierzig oder achtzig Jahre alt, das kann man nicht so genau feststellen. Er hat einen ganz alten Mantel an, einen Bart im Gesicht, kaputte Schuhe und schmutzige Fingernägel.
Er hat den ganzen Tag im Haus zu tun, weil die Mieter alle kein Geld haben und er lange Reden halten muß, um wenigstens zu erreichen, daß sie ihm die Miete eine Woche später in die Auguststraße bringen; dort wohnt Herr Rothstein. Bei uns bekommt er einen Topf Malzkaffee, und dann ißt er seine Stullen dazu. Hin und wieder blickt er zur Küchendecke, verdreht die Augen und sagt: „Gott, der Gerechte . . .“ Im Vorderhaus sitzt er oft auf der Treppe und ißt seine Brote. Dort brauchen die Mieter nicht so freundlich zu sein, weil sie keine Rückstände haben. Lange wird Herr Rothstein nicht mehr Mietgelder in der Nr. 37 eintreiben. Die Nazis schicken ihn auf eine weite Reise, und das Haus geht in arischen Besitz über.
Nach 1934 kommt dann auch allmonatlich „der Elektrische“.

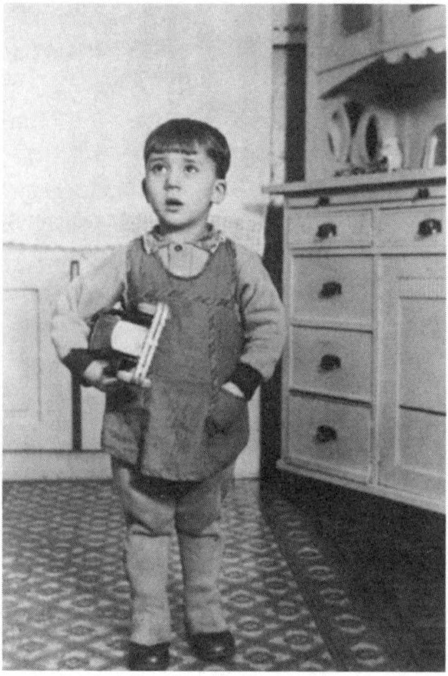

Der dreijährige Stave mit seinem ersten Leihwagen

Die Elektrozähler sind keine Groschengräber. Wenn „der Elektrische“ kommt, muß man das Geld auf den Tisch legen. Kann die Rechnung nicht sofort beglichen werden, droht der Bewag-Kassierer unbarmherzig mit Sperrung der Stromzufuhr. Aber diese Pleite geschieht uns nicht. Mutter deichselt das. Manchmal pumpt sie auch Fräulein Franz an, die eine Nähstube besitzt. Das gepumpte Geld arbeitet Mutter bei Fräulein Franz ab.
Elektrisches Licht bekommen wir im Herbst 1934. Die ganze Anlage für Stube und Küche kostet fünf Reichsmark. Das ist eine Menge Geld für eine arbeitslose Familie. Aber dafür wird es ganz komfortabel: In jedem Raum eine Steckdose und ein Anschluß für eine Deckenlampe. In der Stube wird sogar ein Doppelschalter eingebaut, damit man den Kronleuchter zuerst halb, dann ganz einschalten kann. Un-

sere umgebaute Gaslampe hat allerdings nur eine einzige Glühbirnenfassung.

Einmal werde ich in der Nacht wach, und ich merke sofort, daß die Eltern nicht da sind. Sicherlich hocken sie in der Kneipe herum, bei Grail, bei Lemme oder bei Freter. Ich gehe in die Küche und will die Tischlampe herüberholen, damit ich ein bißchen Licht habe und die Hexen und Geister vertreiben kann. Aber ich kriege den Stecker nicht aus der Steckdose. Da nehme ich einen Aluminiumlöffel zu Hilfe, stecke ihn in die Steckdose und will ihn als Hebel benutzen. Es gibt einen ungeheuren Knall, und eine Stichflamme oder so etwas ähnliches schießt aus der Dose heraus, es zeckt gewaltig in der Hand, und in der ganzen Straße ist es zappenduster.

Ich streite alles ab und bekomme wohl zum einzigen Mal von meinem Vater den Hintern versohlt. Ich habe die Beweisstücke nicht beseitigt. Der Löffel steckt noch in der Steckdose, und er ist an seinem unteren Ende rußgeschwärzt. Der Fortschritt der Technik hat auch vor dem Hinterhaus in der Zorndorfer Straße 37, vier Treppen, geradezu, nicht Halt gemacht. Ich bin eines seiner ersten Opfer. Wenn man bedenkt, daß in der Langen Straße, der Breslauer Straße, der Straße Am Ostbahnhof oder der Friedrichsfelder Straße – um nur einige zu nennen – die Toiletten der Wohnhäuser unten auf dem Hof sind, und wenn man weiter bedenkt, daß die Familien am Schlesischen Bahnhof in den Küchen keinen Wasserhahn haben, sondern einen gemeinsamen auf dem Treppenpodest, dann muß man wirklich und wahrhaftig sagen: Es wohnt sich gut in der Zorndorfer.

Kegelklub „Lustige Brüder“ 1919.
Jeden Sonnabend im Keglerheim (Radow)
O 34, Petersburger Str. 86

Schinkel am Küstriner Platz

Wenn Schinkel 85 Jahre alt geworden wäre, hätte er vermutlich oder ganz bestimmt auch mehrere Bahnhöfe oder Bahnhofsempfangsgebäude in Berlin entworfen. In Frage gekommen wären erstens der Schlesische Bahnhof, zweitens der Hamburger Bahnhof und drittens der Ostbahnhof. Aber Schinkel starb 1841 im Alter von 60 Jahren. 1841 bis 1843 wurde der Frankfurter Bahnhof, der spätere „Schlesische", erbaut, 1845 bis 1847 der Hamburger Bahnhof, das spätere Bau- und Verkehrsmuseum, und von 1866 bis 1867 der Ostbahnhof am Küstriner Platz.

Das Empfangsgebäude des Ostbahnhofs soll nach Entwürfen Schinkels errichtet worden sein. Als Architekt wurde ein gewisser Geiseler genannt, aber so recht wußte es keiner. Die Möglichkeit, daß nach Schinkels Ideen gearbeitet wurde, wollte keiner ausschließen. Deshalb stellte man das Gebäude unter Denkmalschutz – vorsichtshalber. Zu der Zeit aber war es als Bahnhof längst nicht mehr in Betrieb.

Der Prachtbau übertraf an Ausstattung und Schmuck alle bis dahin existierenden Gebäude ähnlicher Bestimmung. Fünf Wartesäle enthielt er und 145 Zimmer, von denen einige als „Königszimmer" bezeichnet wurden. Der Bau verschlang über anderthalb Millionen Mark. Seinerzeit!

Dagegen nahm sich der Schlesische Bahnhof – nur 300 Meter vom Ostbahnhof entfernt – ziemlich provinziell aus. Er war gleichfalls ein Kopfbahnhof, der zu ebener Erde lag. Das Empfangsgebäude glich dem Gymnasiumsbau einer Kleinstadt. Es war klar, daß im Wettstreit der beiden Bahnhöfe der neue, also der Ostbahnhof, den haushohen Sieg davontragen würde.

Weit gefehlt!

Im Jahre 1873 wurde eine Berliner Stadteisenbahn-Gesellschaft gegründet, die mitten durch Berlin, von Ost nach West, eine Stadtbahn bauen wollte. Diese Gesellschaft stieß auf ungeahnte Schwierigkeiten. Sie hatte mit den Bodenspekulanten außerhalb ihrer eigenen Reihen nicht gerech-

Der Ostbahnhof am Küstriner Platz

net. So mußte die geplante Linienführung ständig verändert werden. Die Arbeiten kamen und kamen nicht voran. Fünf Jahre später übernahm der preußische Staat die Gesellschaft, heuerte polnische Billigarbeitskräfte an, ließ den sich windenden Königsgraben – ein Überrest alter Befestigungsanlagen – zuschütten und benutzte ihn als Trasse in der Innenstadt. Deshalb fährt die S-Bahn heute noch Slalom zwischen Jannowitzbrücke und Marx-Engels-Platz.
Für die Anbindung der Stadtbahn im Osten war der Schlesische Bahnhof besser geeignet als der Ostbahnhof. Das Empfangsgebäude an der Koppenstraße war auch längst nicht so wertvoll wie das am Küstriner Platz. Was der Staat mit dem repräsentativen Bau am Küstriner Platz einmal vorhatte, wer weiß das schon. Das Bahnhofsgebäude an der Koppenstraße, das besser in ein Provinznest gepaßt hätte als in eine aufsteigende Metropole, riß man jedenfalls leichten Herzens ab.
Der Schlesische Bahnhof hatte nun eine ganze Reihe von Um- und Ausbauten über sich ergehen zu lassen. Da die Stadtbahn auf Viadukten durch das Stadtinnere geführt wurde, mußte der Bahnhof in eine „Viadukt-Station" umgewandelt werden. Das klappte, ohne die Dachkonstruktion der alten Halle zu verändern. An der Madaistraße wurde 1879 eine zweite größere Halle dazugebaut. Um das vier Meter höhere Niveau der Stadtbahngleise zu erreichen, wurden von der Warschauer Brücke an Rampen aufgeschüttet . . .
Der pompöse Ostbahnhof mit dem Schinkelschen Geist hatte am 1. Mai 1882, dem Eröffnungstag der Berliner Stadtbahn, ausgedient. Man ließ ihn einfach links liegen. Er war gerade fünfzehn Jahre alt geworden.

Der Ostbahnhof im Verfall

Der alte Ostbahnhof befindet sich in einem abscheulichen Zustand. Die Hauptfront mit dem bekannten Restaurant „Zum Ostbahnhof", Inh. Herr Oppermann, zeigt noch ein halbwegs anständiges Äußeres. Die Seitenansichten dagegen nach der Rüdersdorfer und Fruchtstraße sind ein Hohn und Spott auf ein jedes anständige Straßenbild. Im wahrsten Sinne ist hier die Welt mit Brettern vernagelt. Fehlende Fenster und Türen sind durch sie ersetzt, überall erblickt man zersplitterte Fensterscheiben und bröckelndes Gemäuer. Ein Bild der Verwahrlosung, wie man es sich schlimmer kaum denken kann.
Es ist dringend nötig, daß die Reichsbahn, als Eigentümerin dieses Gebäudes und Vermieterin der Räumlichkeiten, allein schon im Interesse der Kaufleute und Gewerbetreibenden, die in ihnen ihren Geschäften nachgehen, baldigst die nötigen Schritte unternimmt, um das Gesamtbild der Baulichkeiten auf ein einigermaßen tragbares Niveau zu bringen.

„Berlin im Osten"

Die Plaza

Daß 1984 in Berlin ein Varieté-Theater direkt für den Zweck gebaut wurde, nämlich der Friedrichstadtpalast, ist ein Novum. Alle Vorgänger des supermodernen Etablissements waren durch Umbauten entstanden.
Der Wintergarten am Bahnhof Friedrichstraße war ursprünglich – wie der Name schon sagt – Wintergarten des Central-Hotels, ein mächtiger Glaskasten mit allerlei exotischen Gewächsen.
Der alte Friedrichstadtpalast war als Markthalle erbaut worden, wurde dann Zirkus, Großes Schauspielhaus, Theater des Volkes. Die Scala in der Martin-Luther-Straße war vor-

her ein Eispalast. Zwei Berliner Architekten, Max Abicht und A. M. Cay, hatten in verhältnismäßig kurzer Zeit auf dem Gelände einer Gasanstalt aus dem exquisiten Eispalast eine Varieté-Bühne gezaubert, die 3000 Zuschauern Platz bot. Das war schon Anfang der zwanziger Jahre. Die Scala lag in einem dichtbewohnten Gebiet, abseits vom Glanz des Kurfürstendamms oder der Tauentzienstraße im Westen. Trotzdem erfreute sie sich eines großen Zuspruchs.

In den Vereinigten Staaten von Amerika hatte man in dichtbesiedelten Stadtgegenden Varieté-Theater und Music-Halls errichtet, die rentabel arbeiteten. Weshalb sollte so etwas nicht auch in Berlin klappen?

Wo war die Hauptstadt des Reiches am dichtesten besiedelt? Im Bezirk Friedrichshain! Gab es in diesem Bezirk Friedrichshain eine ehemalige Markthalle, die leer stand? Nein!

Aber etwas anderes stand leer. Quasi seit 1882. Ein alter Bahnhof, am Küstriner Platz. Die Architekten Cay und Abicht entdeckten ihn. Vielleicht hatten sie in der Zeitung davon gelesen, daß hier ein ehemals stolzes Bauwerk dem Verfall preisgegeben war.

Die Besitzer der Scala erwarben den ganzen Komplex von der Reichsbahn, erhielten aber eine Auflage von der Stadt: Das Empfangsgebäude durfte äußerlich baulich nicht verändert werden, weil es nach Entwürfen Schinkels entstanden und deshalb unter Denkmalschutz gestellt worden war. Die Bahnhofshalle war im ganzen 188 Meter lang und 38 Meter breit. Das wäre zwar das längste Theater der Welt geworden, aber wer wollte dann schon in der letzten Reihe sitzen? Man zwackte etwa 50 Meter des westlichen Hallenteils für den Zuschauerraum ab, dahinter wurde ein mächtiges Bühnenhaus hochgezogen, und die restlichen 120 Meter waren einem Ballsaal vorbehalten, der in Verbindung zu dem Varieté-Theater stehen sollte. Dieses Vorhaben wurde nicht verwirklicht.

Abicht und Cay brauchten ganze viereinhalb Monate für den Umbau. Ein riesiger Saal war entstanden, der nicht –

Das Varieté in Festbeleuchtung

wie das Große Schauspielhaus – durch Säulen verunstaltet wurde. Die Saaldecke hatte man einfach an die Trägerkonstruktion der Bahnhofshalle gehängt. Die Hälfte des Theatersaals nahm ein wuchtiger Rang ein, eher eine Empore. Um den Zuschauerraum herum zog sich ein Wandelgang von elf Metern Breite und sechs Metern Höhe. An den Seiten der Bühne waren zwölf Logen eingerichtet, die Bühne selbst war zwanzig Meter breit und zwölf Meter hoch. Wenn ein Programm in der – bedeutenderen – Scala abgespielt war, zog es auf die PLAZA-Bühne um. Das erste Mal geschah das am 1. Februar 1929.
Die BZ am Mittag war äußerst angetan:
„Aus dem alten Ostbahnhof ist nun ein schimmernder Märchenpalast geworden: Plaza, das Varieté im Osten. So also kommt man mal in die Gegend hinterm Schlesischen Bahnhof, von der man für gewöhnlich nur Außergewöhnliches zu lesen pflegt. Und findet – aber in ganz anderem Sinne – Außergewöhnliches: das Eröffnungsprogramm der Plaza.

Große Nummern, alle Achtung! Die Expedition nach dem nahen Osten lohnt sich, lohnt sich bestimmt!"
„Man sieht dem Gebäude der neuen Plaza nicht an, daß es ursprünglich ein Bahnhof von der rauchigsten und schlimmsten Sorte gewesen ist", stellt das Berliner Tageblatt fest. „Aus einem alten Gemäuer ist ein modernes Theater geworden. Es gibt noch Architekten in Berlin! Die PLAZA ist hier schon von außen und innen geschildert worden. Es kam nun darauf an, festzustellen, ob die Darbietungen auf der riesigen Bühne dem vorteilhaften Eindruck des Hauses entsprechen. Sie tun es. Man hat – im Gegensatz zu manchen Kinounternehmen – nicht ein Prachthaus errichtet, um außer der Gebäudeansicht nichts Gutes zu bieten, sondern man wickelt in der PLAZA ein Programm ab, das in den großartigen Rahmen paßt. Vor 3000 Zuschauern, die nicht mehr bezahlen als kleine Kinopreise."
Und schließlich der Berliner Lokal-Anzeiger:
„Berlin hat jetzt drei Weltstadtvarietés. Das dritte, die ‚Plaza' ist gestern feierlich eröffnet worden. Regierung, Behörden, Polizei, die Presse, das Theater, viele namhafte Artisten saßen mit den vielen, vielen nicht offiziellen Besuchern unter der gewaltigen Kuppel, die mit hellem und tiefem Rot gemütliches Licht streute. In den Holzsesseln versank man bequem und guckte auf die Bühne, welche ein verständiger Architekt nicht am Olymp angebracht hatte, sondern in gleicher Höhe mit den ersten Sitzplätzen, deren Reihen dann in spitzem Winkel auslaufen. Ein Plazaheft, geschmackvoll ausgestattet, erhielt jeder Eröffnungsgast – alle zusammen füllten den Riesenraum bis auf den letzten Sitz – überreicht.
Ein Volksvarieté soll es sein, und darum wird mit der Musik nicht gegeizt und flotte Weisen gespielt, bis pünktlich die rotlivrierten Mädchen die Türen schlossen und sagten, es gehe los. – Und es ging los mit einer Polonaise von Chopin und dem Tanz der Derwische von Bendix. Dann schritt ein graziöses Mädchen über die Bretter mit der Tafel ‚2',

Plaza, Luftbild

welche Miß Zwist vom Palais d'Eté-Brüssel bestritt, ein fabelhafter Luftakt einer hochbegabten Artistin. Akkordeon-Virtuosen, ein Trampolinakt, Stepptänzer, Wasserillusion, der große Schlager, die 16 Jackson-Girls, ein Jazz-Arrangement von Faust, Tanzelefanten, Lotte Werkmeister, Oscar Sabo und andere noch, so rollte das Programm bis in den Abend, das von knatternden Klatschsalven eines begeisterten, verständigen Publikums begleitet wurde. Der sonst so stiefmütterlich behandelte Osten hat ein Varieté bekommen, das auch im Westen eine Sensation wäre."
In der Tagespresse inserierte die PLAZA so:
„Ab heute täglich 5 und 8.15 das sensationelle Eröffnungsprogramm. 10 internationale Varieté-Attraktionen von Weltruf. Einheitspreise 1. Vorstellung 50 Pfennig bis 1,– Mark, 2. Vorstellung 1,– Mark bis 2,– Mark."
Bei 3000 Plätzen ließ sich das machen. Die Einnahmen betrugen täglich rund 7000 Mark, auf den Monat umgerechnet bedeutete das etwa 210000 Mark. Da blieb nach Abzug der Unkosten – Gagen, Personal, technischer Aufwand – doch einiges übrig. Die Unternehmer rieben sich die Hände, und den Besuchern war es egal, daß es sich um Nachspielprogramme der Scala handelte. Sie sahen für billiges Geld gutes Varieté. Die Garderobe kostete zehn Pfennig, der Theaterzettel ebenso. Eine Tasse Kaffee mit Kuchen wurde für 30 Pfennig gereicht. Ein helles Bier kostete zwanzig Pfennig, ein belegtes Brötchen fünfundzwanzig.
Der Laden amortisierte sich.
Ende April, Anfang Mai 1942 war ich zweimal in der PLAZA, einmal von vorn und einmal von hinten. Ein ehemaliger Artist, ein Herr Sauer, der unter dem Namen Kapitän Tornado aufgetreten und schwer verunglückt war, hatte einen bescheidenen Posten in der PLAZA erhalten und nahm mich mit. Ich war mit meinen dreizehn Jahren natürlich überwältigt. Man führte mir sogar eine Orchesterprobe mit Ballett vor. Am meisten staunte ich über den gewaltigen Schnürboden. Das war ein Wolkenkratzer für sich. Der Blick von der Bühne in den leeren, schwach beleuchteten

Plaza, Innenraum

Zuschauerraum war ein besonders eindrucksvolles Erlebnis. Auf der PLAZA-Bühne beschloß ich, doch lieber Schauspieler oder Sänger zu werden, und nicht Straßenbahnschaffner oder Platzanweiser im Monopol-Kino.
Ein paar Tage später saß ich nachmittags im Parkett. Der Vorhang öffnete sich, und ER stand da. Der Schwarm aller Frauen zwischen achtzehn und achtzig. Mein Idol. Er sang „Heimat, deine Sterne“, „Schenk mir dein Lächeln, Maria“, „Hörst du mein heimliches Rufen“, „Und wieder geht ein schöner Tag zu Ende“ und noch zwei andere Schlager. RUDI SCHURICKE!
Vierzig Jahre später stehe ich mit Renate Holland-Moritz im AMIGA-Studio vor den Mikrofonen der Schallplattenfirma. Wir singen Küchenlieder. Zum Beispiel: „Gold und Silber lieb ich sehr ...“ Mitten in meinem Part entsteht irgendein Geräusch im Raum. Die Aufnahme muß wiederholt werden. „Was war denn das für ein Knarren vorhin, als ich dran war?“ will ich wissen. Die Toningenieure zucken die Schultern. Die liebe Renate weiß es: „Da hat sich Schuricke im Sarg rumgedreht!“
Die PLAZA am Küstriner Platz wurde in den letzten Apriltagen 1945 zerstört. Wäre Schinkel damals bei uns schon so in Mode gewesen wie heutzutage, hätte man das Empfangsgebäude vielleicht retten können. Ganz gleich, ob es nun vom Meister persönlich oder nur nach seinen Intentionen gebaut wurde. Dann hätten die Redakteure der Zeitung „Neues Deutschland“ heute in Königszimmern sitzen können!
So aber wurde die Ruine abgetragen und machte später einem reinen Zweckbau Platz, der keinesfalls von Schinkel entworfen, ja nicht einmal beeinflußt worden ist. Niemals wird er auf die Liste zu schützender Denkmale geraten. Jedenfalls hoffe ich das. Die großen Bäume vor dem ND-Gebäude am Franz-Mehring-Platz standen auch schon vor der PLAZA am Küstriner Platz.
Anfang 1946 wurde in einer Turnhalle in der Rüdersdorfer Straße das LAK eröffnet. Die „Lichtspiele am Küstriner

Platz“ kamen einige Jahre später in die Regie der DEFA, die ein Zeitkino daraus machte. Es erhielt den Namen „Filmtheater Plaza“ und mußte 1970 dem Bau einer Lebensmittelkaufhalle weichen. Wie an die einst so beliebten Concordia-Festsäle in der Andreasstraße die Kaufhalle Concordia erinnert, so erinnert heute das Café Plaza in der Rüdersdorfer Straße an den gewaltigen Varieté-Komplex. Und die meisten Cafégäste wissen gar nicht, was Sache ist.

Verkehrsverhältnisse Frankfurter Allee Ecke Warschauer Straße

Seit einiger Zeit haben wir auch hier im Osten das Schauspiel einer großen Verkehrsregelung durch die Polizei, es fehlt nur noch der Verkehrsturm.

Zeitweise bemühen sich nicht weniger als sechs Schupoleute, um die Menge der Wagen an der Straßenkreuzung zu dirigieren. Der löblichen Polizei sollte jedoch bereits aufgefallen sein, daß an diesem äußerst lebhaften Kreuzungspunkte in den Abendstunden ein lebensgefährliches Dunkel herrscht. Von den Anwohnern, Fuhrwerks- und Autobesitzern, sind wiederholt Vorstellungen in dieser Hinsicht erhoben worden. Eine den Großstadtverkehrsverhältnissen entsprechende Beleuchtung ist hier dringend erforderlich.

Man wird sicher behördlicherseits einwenden, daß der sagenhafte Bau der Untergrundbahn im Osten gleichzeitig eine großzügige Verkehrsregelung und Beleuchtung mit sich bringen wird. Aber schließlich sollte man trotzdem nichts unversucht lassen, um zu vermeiden, daß bis dahin einige Dutzend Menschen diesen unmöglichen Verhältnissen zum Opfer fallen.

„Berlin im Osten“

Entstehen und Vergehen der Rummelsburger Sandberge

Zwischen Strausberger Platz und Ringbahnhof Frankfurter Allee, zwischen Warschauer Brücke und Landsberger Allee wohnen die Berliner am dichtesten zusammengedrängt. Diese ganze Gegend – O17, O34 und O112 – war um die Jahrhundertwende entstanden. Die meist vierstöckigen Häuser (ohne Parterre gerechnet) hatten mindestens zwei Hinterhöfe. Viele der Bewohner gingen Ende der zwanziger, Anfang der dreißiger Jahre aus überwiegend weltwirtschaftlichen Gründen keiner geregelten Arbeit nach.
Aber nicht nur die Wohnverhältnisse waren katastrophal, die Verkehrsverhältnisse waren es ebenso. Durch die Frankfurter Allee fuhr eine Omnibuslinie, der 19er. Die ganze Beförderungslast lag auf den Schienen der Straßenbahn, die mit sechs Linien, der 68, 69, 70, 89, 154 und 176, ihre Aufgabe mehr schlecht als recht meisterte. Die einzelnen Wagen hatten kein sehr großes Fassungsvermögen, und eine dichtere Wagenfolge hätte wahrscheinlich nur zu Stockungen geführt.
Der Gedanke, mit einem Massenverkehrsmittel in die zweite Ebene zu gehen, lag nahe, und er wurde 1905 das erste Mal laut. Man plante seinerzeit den Bau der U-Bahn-Linie vom Leipziger Platz über Alexanderplatz zur Schönhauser Allee. Im Bauentwurf hieß es an einer Stelle, daß am Alex „die Angliederung eines Endbahnhofes für eine nach Osten führende Untergrundbahn und die Möglichkeit des Umsteigens auf dieser Station gewahrt bleiben muß".
Diese Ostlinie sollte direkt vom Alex durch die Große Frankfurter Straße als U-Bahn verlaufen, in der Frankfurter Allee zur Hochbahn ansteigen und auf der Höhe der Mainzer Straße zunächst enden. Bei näherer Betrachtung dieses Planes stellte sich jedoch zur Überraschung der Experten heraus, daß die Große Frankfurter Straße überhaupt keine Verbindung zum Alexanderplatz besaß. Sie hörte aus unerfindlichen Gründen an der Schillingstraße auf.

Frankfurter Allee, Kreuzung Petersburger Straße und Warschauer Straße, zur Zeit des U-Bahnbaus 1929. Im Mittelteil die Liebigstraße

Das Vorhaben wurde dennoch nicht fallengelassen. Man baute den U-Bahnhof Klosterstraße dreigleisig aus und legte Tunnelstutzen an, die in Richtung Osten abzweigen. Von hier aus sollte die neue Linie durch die Landsberger Straße verlaufen, am Büschingplatz eine Station erhalten und von dort durch die Waßmann- oder Weberstraße zum Strausberger Platz vordringen.

Als man schon beinahe zum ersten Spatenstich in der schmalen Weberstraße ausholen wollte, hatte ein Berliner Geschäftsmann *die* Idee. Weshalb nicht zwischen Schilling- und Landsberger Straße eine Bresche schlagen? Die paar alten, baufälligen, zum Teil nur zweistöckigen Mietsbuden an der Elisabethstraße waren schnell weggerissen. Es entstand eine Frankfurter Straße, die es vorher in Berlin nie gegeben hatte. Und das war der Startschuß für die große Buddelei auf der ganzen künftigen U-Bahn-Strecke.

Die Erdarbeiten wurden – mit Ausnahme eines spärlichen Stammpersonals der beteiligten Betriebe – hauptsächlich von Notstandsarbeitern ausgeführt. Sie erhielten einen Stundenlohn von 0,75 Mark bis 1,50 Mark. Zimmerleute verdienten am meisten, Sandschipper am wenigsten. Die Erdmassen wurden von Hand in Loren geschaufelt. Diese schob man zu einem Bagger, der die Transportfahrzeuge auf der Straße belud. Der sogenannte Aushub wurde zunächst zu Zwischenlagerplätzen geschafft. So bestand beispielsweise der Forckenbeckplatz am Haupteingang des Viehhofes zeitweise aus lauter Sandbergen, die sich als Tummelplatz für die zahllosen anwohnenden Kinder zweifellos prächtig geeignet hätten, wäre nicht der Baustellenwächter davor gewesen.
In den Nebenstraßen der Frankfurter Allee lagerten jahrelang Baustoffe. Die Allee selbst mußte für den Straßenbahn- und Omnibusverkehr offengehalten werden. Die tunnelartigen Baugruben wurden mit Bohlen überdeckt, so daß besonders an den großen Kreuzungen der schon ziemlich starke Autoverkehr weiterlaufen konnte.
Geplant war, die neue Linie nur bis zum Ringbahnhof Frankfurter Allee zu führen. Da sich aber in Friedrichsfelde passendes Gelände für einen Betriebshof fand, verlängerte man die Strecke über den Bahnhof Lichtenberg hinaus.
Die Eröffnung dieser letzten vor dem zweiten Weltkrieg gebauten U-Bahn-Linie fand am 21. Dezember 1930 statt. Der Bahnsteig der Linie E am Alexanderplatz, vorbereitet auch für eine Strecke F nach Weißensee, war vorzüglich als Luftschutzkeller geeignet. Er lag vierzehn Meter unter dem Pflaster des Alexanderplatzes und war demzufolge bombensicher.
Wassersicher war er nicht.
Die SS sprengte in den letzten Kriegstagen 1945 den Tunnel der Nordsüd-S-Bahn unterhalb des Landwehrkanals. Die Wassermassen stürzten in den S-Bahn-Tunnel und strömten in Richtung des Bahnhofs Friedrichstraße. An einer

Große Frankfurter Straße, Ecke Andreasstraße kurz vor der Eröffnung der U-Bahnlinie E

Verbindungsstelle drangen die Fluten in den Schacht der U-Bahn-Linie A ein und bewegten sich zum Alexanderplatz vor. Bald war der Bahnhof der Linie E, in dem vor allem Frauen, Kinder und Verwundete Schutz vor Luftangrif-

fen gesucht hatten, vollgelaufen. Für die Menschen gab es keine Rettung. Bis zum Bahnhof Schillingstraße stieg das Wasser an. Noch Wochen nach Kriegsende erkannte man an den Wandfliesen den Dreckrand, den die Fluten als Markierung des Wasserstandes hinterlassen hatten.
Die Berliner U-Bahn-Linie E war in den dreißiger und vierziger Jahren die modernste Strecke, wagen- und signaltechnisch betrachtet. Sie war rechtzeitig fertiggestellt, um ab 1934 Arbeiter aus dem Berliner Osten zu den Rüstungsbetrieben in anderen Stadtteilen zu transportieren. Bequem befördert, gelangten sie pünktlich an ihre Arbeitsplätze.
Endstation für die Sandmassen aus der Großen Frankfurter und der Allee war übrigens ein Areal am S-Bahnhof „Betriebsbahnhof Rummelsburg“. Hier wuchs im Laufe von zwei Jahren eine Anhöhe, von den Leuten „Rummelsburger Sandberge“ genannt. Sie wurden zu einem wunderbaren Abenteuerspielplatz, obwohl dieser Begriff damals gar nicht bekannt war. In den fünfziger Jahren donnerten hier sogar schwere Maschinen bei Moto-Cross-Rennen durchs Gelände. In den sechziger Jahren führte man die Rummelsburger Sandberge wieder der Baustoffindustrie zu. Der Kreis schloß sich.

„Mit der am Sonntag, dem 21. d. M., stattfindenden Betriebseröffnung der neuen Strecke nach Friedrichsfelde kommt nach allgemeiner Überzeugung für den Ausbau des Berliner Schnellbahnnetzes vorläufig eine Pause: Es ist der Sache nach ein gewisser Abschluß erreicht. Das Schnellbahnnetz, das vor dem Kriege als ein Torso im wesentlichen den Westen erfaßte, ist jetzt nach Norden, Süden und Osten, insbesondere in die dichtbesiedelten Arbeiterquartiere, erweitert worden. Die Lichtenberger Strecke hat für sehr lange Zeit ihren natürlichen Endpunkt erreicht.“

Stadtrat Reuter
am 19. Dezember 1930 auf
einer Pressebesichtigung

Respekt vor Hexen

Wenn wir Fußballspielen wollen, müssen wir es an der Viehhofsmauer veranstalten. Auf dem Petersburger Platz ist es verboten. Da ist ein alter Mann als Parkwächter eingesetzt – er wird „Pupe" genannt –, der fängt die Bälle weg und steckt sie in eine verschließbare Streusandkiste, die auf der Zorndorfer Straße an der Südseite des schmalen Platzes steht. Wir wissen nicht, daß er – Pupe – gar nicht dazu berechtigt ist, die Bälle einzuziehen. Aber unser Vorrat an Bällen ist nicht groß, und eine Beschlagnahme würde unter Umständen dazu führen, daß wir nicht mehr Fußballspielen können.

Also ziehen wir zur Viehhofsmauer. Die Thaerstraße wird vom Haupteingang des Vieh- und Schlachthofes ab eigentlich von Autos nicht befahren, höchstens mal versehentlich. Sie ist genaugenommen eine Sackgasse, denn über die Eisenbahn und die Ringbahn führt keine Straßenbrücke, nur ein Fußgängersteig. Früher muß da einmal eine richtige Brücke gewesen sein. Man sieht die alten Fundamente. Man erkennt, daß das Straßenpflaster einmal weiterging.

Die ehemalige Brücke heißt amtlich Thaerstraßenbrücke, die Leute sagen aber „Schwarze Brücke". Hinter der Schwarzen Brücke beginnen die Laubenkolonien. Die dort stehenden Gartenhäuser sind selbst gebaut und deshalb von abenteuerlichem Aussehen. Manche Wände bestehen völlig aus Reklame-Emailleschildern. Am meisten kommt das Wort MAGGI vor. Gleich rechts hinter der Brücke gibt es einen Zickzackweg. In diesem Zickzackweg wohnt eine Hexe. Niemand hat sie je gesehen. Jeder weiß, daß es sie gibt. Wenn wir eine größere Gruppe sind, also wenn genügend Mut sich angesammelt hat, ziehen wir durch den Zickzackweg. Wir bekommen die Hexe jedoch nicht zu Gesicht. Ein paar Laubenpieper drohen uns. Wir nehmen an, daß sie verhext sind. Aber in Wirklichkeit fürchten sie wahrscheinlich, daß wir ihre Äpfel und Tomaten klauen wollen.

Das Fußballspielen in der Thaerstraße wird hin und wieder von Laubenpiepern unterbrochen, die mit ihren Wägelchen hinaus ins Grüne ziehen oder zurück ins Graue wollen. Das Fußballspielen in der Thaerstraße wird durch die Bordsteine zu beiden Seiten der Straße erheblich erschwert. Wenn bei einem Flachschuß der Ball gegen die Bordsteinkante prallt, kann es passieren, daß er über die Viehhofsmauer hinwegfliegt. Es bedarf dann langwieriger Suchaktionen oder auch langwieriger Debatten mit dem Viehhofs- beziehungsweise Freibankpersonal. An den Freibank-Verkaufstagen fällt das Fußballspielen sowieso weg, weil dann viele Leute auf unserem Fußballplatz Schlange stehen.

Die Freibank gibt Fleisch zu verminderten Preisen ab, und auf einem Schild wird betont, daß Freibankfleisch einwandfrei und amtstierärztlich untersucht sei. Weshalb wird es dann eigentlich billiger verkauft? Vater sagt: „So weit kommt es noch, daß wir Freibankfleisch essen!" Das ist berlinisch und bedeutet: „So weit kommt es nicht!" Als es gegen Ende des Krieges und unmittelbar danach durchaus hätte so weit kommen können, gibt es nicht einmal Freibankfleisch.

Die Mauer neben der Freibank ist nicht allzu hoch, vielleicht drei Meter. Wir haben mit Ölkreide Torpfosten und Torbalken an die Mauer gemalt, und damit es keine Irrtümer gibt, steht innerhalb der Pfosten und des Balkens auch noch groß und deutlich „TOR" geschrieben. Auf der gegenüberliegenden Seite sieht es genauso aus. Aber die Mauer ist höher. Es ist die Rückwand eines Gebäudes, das bereits zu „Steinleins Lederfabrik" gehört. Wenn der Ball dort hinüberfliegt, gibt es Ärger mit dem Besitzer oder Verwalter. Dabei verdient er doch sicherlich auch an Fußbällen Geld – jedenfalls könnte man das annehmen. Von „Steinleins Lederfabrik" geht kein sehr angenehmer Geruch aus.

Direkt an der Bahn ist die Thaerstraße für den Viehtrieb extra untertunnelt, am Haupteingang zunächst nicht. Hin und wieder kommt es vor, daß beim Auftrieb eine Kuh oder sogar ein Bulle ausbricht und die Straßen entlang-

rennt. Einem Bullen gelingt es, bis zum Strausberger Platz vorzudringen. Daraufhin wird die Thaerstraße auch am Haupteingang untertunnelt. Die Ausbruchquote sinkt auf null, und die Gegend ist um eine Attraktion ärmer: Viehtreiber als echte Cowboys, wie Tom Mix, der Held von Texas, nur nicht zu Pferde.
Die Anlage des Vieh- und Schlachthofes vor den Toren der Stadt erfolgt in den Jahren 1878 bis 1881, nachdem die Polizei verboten hat, daß Schlachtvieh durch die Straßen getrieben wird. Nun kommt das „Schlachtgut" per Bahn auf dem Viehbahnhof an, wird in Ställe verfrachtet, von Engros-Schlächtern gekauft, geschlachtet und halbiert. Die Schweine- und Rinderhälften kaufen sogenannte Ladenkrauter, die Stände auf dem Viehhof gemietet haben. Dort wird das Fleisch für den Verkauf vorbereitet. Wurst macht der Ladenkrauter im Keller seines Geschäfts selber.
Auch in der Zeit der größten Arbeitslosigkeit, Anfang der dreißiger Jahre, sind die Fleischergesellen quasi vollbeschäftigt. Sie bringen ihren Hausnachbarn diesen und jenen Happen mit und haben Tips, wann es wieder die delikate Wurstsuppe zu kaufen gibt. Die Fleischer sind Frühaufsteher. Um drei fangen sie mit der Arbeit an, so daß sie bei etwas gutem Willen schon um elf in einer der zahllosen Kneipen besoffen herumsitzen können. Sie spielen Skat oder französisches Billard, das in keiner echten Destille fehlt. Zuweilen kommt es auch zu Prügeleien, die aber stets außerhalb des betreffenden Lokals abrollen. Der Ausspruch eines stark angeheiterten Fleischers, der gleich zur Einleitung einer Schlägerei eins auf die Nase bekommen hat, läßt mich eine ganze Weile intensiv nachdenken: „Fleischerblut ist keine Buttermilch!"
In den Kneipen geht es an und für sich gesittet zu. Der Ton ist rauh, aber herzlich. Mitgebrachte Kinder werden kostenlos mit Himbeersaft versorgt. Bei „Fritze Grail", Hausburg-, Ecke Thaerstraße, sitze ich neben dem Klavier auf Adreßbüchern, drei unter dem Podex, eins auf dem Tisch. Es ist eine fesselnde Lektüre.

Gaststätte Grail, Thaer- Ecke Hausburgstraße

Allzu lange haben die Kneipen am Viehhof nicht geöffnet. Ihre Stammkunden müssen früh aufstehen. Und um neun Uhr werden die Jalousien der Gaststätten auch wieder hochgezogen.

Wenn der Wirt sich ans Klavier begibt, ist langsam Feierabend. Fritze Grail kann ganz schlecht sehen, und so bezahlt Willi Pfeiffer, Fleischer und Stammgast, die letzte Schachtel Zigaretten mit einem längst aus dem Verkehr gezogenen Geldstück und den Worten: „Arm, aber ehrlich!"

An der Ecke Thaer- und Ebertystraße steht ein Spukhaus. Es ist ein großes Haus, das die Wettkneipe von Beckmann und die Bierkneipe von Freter beherbergt. Das Treppenhaus ist geräumig gehalten und die Treppe so gestaltet, daß sie sich später einmal um einen Aufzug – wir sagen Fahrstuhl – winden kann. Auch in diesem Haus wohnt, genau wie im Zickzackweg, eine Hexe. Wenn wir vom Fußballspielen zurückkommen und mutig genug sind, begeben wir uns manchmal in das Spukhaus. Und wir rufen kühn: „He,

alte Hexe, komm vor!“ Aber sie zeigt sich nicht. Nur einmal antwortet sie tatsächlich: „Macht ja, daß ihr wegkommt, ihr verdammten Bengels!“
Eine leibhaftige Hexe gibt es in der Zorndorfer Straße. Sie heißt Frau Zimmermann und besitzt ein Zigarettengeschäft. Wer Mut beweisen will, muß hineingehen, warten, bis die alte Frau aus ihrem Hinterstübchen angewatschelt kommt, und wenn sie dann fragt: „Was willst du?“ muß man sagen:

„Frau Zimmermann hat Schlüpfer an
mit hunderttausend Knöppe dran!“

Dann schimpft Frau Zimmermann fürchterlich und ärgert sich kolossal. Aber ich muß ehrlich sagen, daß mir Frau Zimmermann als Hexe lange nicht so unheimlich ist wie die Hexen aus dem Zickzackweg und aus dem Spukhaus. Vielleicht liegt es daran, daß ich diese zwei noch nie gesehen habe und mir wunder was vorstelle.
Mutter sagt: „Ich sag dir das jetzt zum letzten Mal im guten: Laßt die arme Frau Zimmermann in Frieden!“
Ich frage: „Die beiden anderen auch?“
„Welche beiden anderen?“ fragt Mutter.
Daran sieht man, daß Erwachsene auch nicht alles wissen.

Bis 3 Uhr im Osten geöffnet:

CAFÉ LEITMEYER

Petersburger Straße 91
Ecke Frankfurter Allee

Ein Totschläger wird geehrt

Sympathien für Wessel hegte ich von Anfang an nicht. Ich wußte von meinem Vater, daß W. einer der übelsten SA-Schläger gewesen war. Er führte den brutalsten SA-Sturm an, den Berlin je erlebt hatte. Es war der SA-Sturm 5. Im „Keglerheim“-Keller, fast am Ende der Petersburger Straße, hatte Sturmführer Wessel mit seiner Bande gehaust und die Bezirke Friedrichshain und Kreuzberg unsicher gemacht. In der Kellerkneipe hatten sie Kommunisten zusammen- und auch totgeschlagen. „Außerdem war er ein Zuhälter“, sagte mein Vater. Aber das fand ich nicht weiter schlimm, weil ich Zuhälter für einen Beruf hielt, was ja schließlich auch stimmt.

Wie die SA-Truppen arbeiteten, habe ich selbst erlebt, als Fünfjähriger. Es ist meine älteste Kindheitserinnerung.

In der Nähstube von Fräulein Franz in der Thaerstraße, kurz vor der Eldenaer Straße, hatte es sich in Windeseile herumgesprochen: Sie haben wieder einen gefaßt! Sie – das waren die SA-Leute, einen – das war ein Kommunist.

Er kam schräg drüben aus einem Hausflur in gebückter Haltung und taumelte an zwei SA-Männern vorbei. Aus dem Hausflur hörte man Lärmen. Die Damen aus der Nähstube waren auf den Balkon herausgetreten. Ich saß bei meiner Mutter auf dem Arm.

Eine Frau sagte: „Dem haben sie ein Messer in den Rücken gejagt!“

Der Mann lief die Thaerstraße hinunter in Richtung Baltenplatz. Die SA-Leute jagten hinterher. Sie johlten. Sie warfen mit Steinen oder sonstwas nach ihm. Der Mann stolperte und fiel. Er wurde von den SA-Männern gepackt und auf ein dreirädriges Lieferauto geworfen. Das Lieferauto fuhr ab und verschwand um den Baltenplatz. Ein paar SA-Leute sahen dem Wagen hinterher und grölten irgendwelche Parolen gegen Juden und Kommunisten. Dann formierten sie sich zu einer Abteilung. Ein SA-Mann entdeckte die Nähfrauen und rief: „Runter vom Balkon!“

Der Strausberger Platz

Die Nähfrauen begaben sich wieder an ihre Arbeit. Es waren – wie meine Mutter – in der Schneiderei ungeübte Frauen, die an Stelle ihrer arbeitslosen Männer ein paar Kröten zur Arbeitslosenunterstützung dazu verdienten. Fräulein Franz war eine sogenannte Zwischenmeisterin, die es aber gut mit ihren Untergebenen meinte. Es gab sogar Kaffee und Kuchen, und Kinder durften, wenn es gar nicht anders ging, mitgebracht werden.
Wessel war, wie angedeutet, aus eigener Kraft berüchtigt. Er hatte – um von seiner eigentlichen Tätigkeit abzulenken – sogar ein paar Stunden beim U-Bahn-Bau in der Großen Frankfurter Straße mitgeholfen. Der Sturmführer wohnte in der Nummer 62 mit seiner zwielichtigen Freundin zur Untermiete bei einer zwielichtigen Schlummermutter. Am 14. Januar 1930, abends gegen 10 Uhr, wurde er in dieser Wohnung von Konkurrenten niedergeschossen. Er erlag einige Tage später seinen Verletzungen im Krankenhaus Friedrichshain.
Jetzt wurde Wessel von den Nazis zum Helden gemacht. Natürlich schob man den Überfall den Kommunisten in die Schuhe und machte einen politischen Akt daraus. In den Jahren nach der sogenannten Machtergreifung entwickelte sich ein echter Horst-Wessel-Kult.

„Die Fahne hoch, die Reihen festgeschlossen,
SA marschiert mit ruhig festem Tritt.
Kameraden, die Rotfront und Reaktion erschossen,
marschier'n im Geist in unsern Reihen mit.“

Dieses – angeblich von Wessel gedichtete – Lied wurde nun an den Gesang des Deutschlandliedes angehängt und mußte ebenfalls mit ausgestrecktem Arm gesungen werden. Das war anstrengend.
Der Bülowplatz in Stadtmitte hieß von nun an Horst-Wessel-Platz, das Krankenhaus im Friedrichshain Horst-Wessel-Krankenhaus, die Schulen wurden mit Horst-Wessel-Gipsköpfen ausstaffiert, und in der Konitzer Straße gab sich eine Laubenkolonie den Namen Horst Wessel. Der größte

Hohn war aber mit Abstand die Umbenennung des ganzen Berliner Bezirks Friedrichshain in Horst-Wessel-Stadt, später in Verwaltungsbezirk Horst Wessel.

Der Name des Sturmführers wird in diesem Buch nur noch ein einziges Mal auftauchen.

Baden in Klingenberg

Allgemein wurde davon geredet, daß es sich um Ostseesand handele. Einige der hier in Klingenberg Badenden hatten die Ostsee schon gesehen. Sie erzählten von Heringsdorf. Da gäbe es auch solchen Sand. Es wäre genau wie hier in Klingenberg, nur daß noch das ewige Rauschen des Meeres hinzukäme.
Klingenberg hieß eigentlich „Städtisches Flußbad Lichtenberg“ und befand sich an der Köpenicker Chaussee schräg gegenüber von Spratts Hundekuchenfabrik. Wegen des nahegelegenen Großkraftwerks Klingenberg wurde die Badeanstalt der Einfachheit halber ebenso genannt. Aber Klingenberg war keine Ortsbezeichnung, sondern der Name des Erbauers mancher Elektrizitätswerke. Er hieß Georg mit Vornamen, war 1870 in Hamburg geboren worden und 1925, also noch während der Bauzeit des eigentlich in Rummelsburg gelegenen Großkraftwerks, in Berlin verstorben.
Daß Klingenberg ein Mensch war, das wußten zumindest die nicht, die sagten: „Wir waren in Klingenberg baden.“
Am Vorabend solch eines Badetages wurde in der Küche Kartoffelsalat angefertigt. Er bestand in der Hauptsache aus Kartoffeln. Hinzu kamen Gurken und Zwiebeln und auch etwas Mayonnaise. Der Kartoffelsalat zog über Nacht schön durch. Die dazugehörigen Buletten wurden früh gebraten. Sie bestanden in der Hauptsache aus Brot. Es wurde in Wasser eingeweicht und dann dem bißchen Schabefleisch und Gehacktem beigefügt. Zwiebeln, Pfeffer und Salz

würzten den Brei, und – falls vorhanden – ein Eigelb rundete die Sache ab. Goldbraun wurden die Buletten (in vornehmeren Kreisen Beafsteaks oder Frikadellen genannt) gebraten, so daß das ganze Hinterhaus danach duftete. Im Hinterhaus Zorndorfer Straße 37 duftete es meistens nach Buletten oder nach Wirsingkohl oder nach Kohlrüben. Nach Brotsuppe roch es nicht, weil Brotsuppe nicht so geruchsintensiv ist.

Dann ging es los mit Kind und Kegel. Ein Teil der Strecke, die vielleicht dreieinhalb Kilometer betrug, wurde nicht gefahren. An dieser Stelle muß erklärt werden, was Teilstrekken sind. Bei der Straßenbahn, dem Omnibus und der U-Bahn, die alle drei der stadteigenen BVG (Berliner Verkehrsbetriebe) gehörten, gab es normale Fahrscheine mit Umsteigeberechtigung. Aber es gab auch Teilstreckenfahrscheine, die, wie der Name schon sagt, zur Fahrt auf einem Teil der Strecke berechtigten und nur 10 Pfennig kosteten. An den Eingängen des U-Bahnhofs Petersburger Straße war zum Beispiel zu lesen, daß man „von hier für 10 Pfennig bis Alexanderplatz" fahren könne. An und für sich war das nicht korrekt, weil man auf Teilstrecke bei der U-Bahn nur drei Stationen fahren durfte. Von Petersburger Straße bis Alexanderplatz waren es aber vier Stationen. Dennoch reichten 10 Pfennig für die Fahrt, weil der U-Bahnhof Schillingstraße nicht als Zugangsbahnhof galt (das war bei den Stationen Osthafen und Kaiserhof ebenso). Er lag so dicht beim Alex, daß auf dem U-Bahnhof Schillingstraße kaum jemand zu oder ausstieg (Osthafen befand sich in engster Nachbarschaft mit der Station Warschauer Brücke, Kaiserhof folgte unmittelbar auf Stadtmitte). Der U-Bahnhof Schillingstraße war unser Joker.

Bei der Straßenbahn waren die Teilstrecken festgelegt. Wenn wir uns also auf den Weg nach Klingenberg machten, wurde der erste Teil der Strecke zu Fuß zurückgelegt. Wir liefen von der Zorndorfer Straße durch die Thaerstraße am Baltenplatz vorbei, über die Petersburger Straße erreichten wir die Frankfurter Allee, gelangten in die Warschauer

U-Bahnhof Osthafen, hier noch vor dem Bau der Hafenanlage, deshalb „Stralauer Thor“ genannt

Straße und bogen von dort links ab in die Boxhagener Straße. Dieser ehemalige Feldweg zur Kolonie Boxhagen windet sich wie ein Aal durch die ziemlich rechtwinklige Bebauung der ganzen Gegend und wird schon seit 1920 von der Straßenbahnlinie 13 durchfahren.

Die „13“ war unsere direkte Verbindung zum Städtischen Flußbad Lichtenberg, aber die Teilstreckeneinteilung zwang uns dazu, bis zur Haltestelle Neue Bahnhofstraße zu marschieren. Das war mit dem Gepäck – Kartoffelsalat, Buletten, Muckefuck, Handtücher und Decken – eine ganz schöne Strapaze, besonders wenn die Sonne es allzu gut meinte.

An Sonntagen war es unerträglich in Klingenberg. (Man war ungefähr so eingezwängt wie heutzutage am Orankesee: „Es tut schon der Gedanke weh ans Baden im Orankesee.“) 10 000 Leute tummelten sich so gut es ging auf dem kochend heißen Seesand oder hopsten im Wasser herum.

In der Mitte der Anlage befand sich ein überdimensionales Planschbecken, in dem Hunderte von Müttern umherwateten und dabei ihre Kleinstkinder an den Händen hielten. Die Kleinen, meist krummbeinig, machten ihre erste Bekanntschaft mit einer größeren Wasserfläche und plärrten und schrien entsprechend. Einige pinkelten auch vor Aufregung.

Zur Spreeseite hin war das Ufer befestigt worden. Es waren drei Schwimmbecken entstanden. Links das sogenannte Schulbecken, rechts das Warmbecken, beide je 25 mal 50 Meter, in der Mitte ein Sportbecken von 25 Meter Breite und 100 Meter Länge mit einem 10-Meter-Sprungturm. Die drei Becken waren von Laufstegen umgeben.

Der Sprungturm verleitete viele junge Männer zu waghalsigen Kapriolen, die mitunter auch schlecht ausgingen. Aber Bademeister gab es in Massen, und der Rettungsdienst war gut organisiert.

Die Gesamtfläche des Bades betrug 50 000 Quadratmeter, davon waren 26 000 Quadratmeter Strand, 6500 Quadratmeter Wasserfläche, der Rest Umkleideräume (das Eckge-

Städtisches Flußbad Lichtenberg, im Hintergrund das Großkraftwerk Klingenberg

bäude mit Klinkerfassade steht heute noch) und Verkaufskioske. An den Verkaufskiosken gab es unter anderem Eis, das man vom eingesparten Fahrgeld kaufen konnte. Die Kioske standen auf je vier Quadratmeter großen Granitquadern, die etwas vorkuckten, und man mußte höllisch aufpassen, daß man sich nicht den großen Onkel daran stieß. Als Willi Pfeiffer einmal Speiseeis holte, passierte ihm dieses Mißgeschick. Er hatte Tränen in den Augen, aber nichts von der kostbaren Erfrischung fallen lassen. „Das muß doch irrsinnig wehgetan haben“, trösteten ihn die Freunde. Willi sagte: „Furchtbar. Ich hab gleich an meinen Führer jedacht.“

Das Städtische Flußbad Lichtenberg wurde am 21. Mai 1927 eröffnet. Die Warmwasserversorgung übernahm das Großkraftwerk Klingenberg, das mit seinen acht Schornsteinen auch eine prachtvolle Kulisse zum fröhlichen Badeleben abgab.

Buletten mit Kartoffelsalat schmeckten besonders im Strandbad phantastisch. Es blieb nie etwas übrig. Dafür sorgte schon derjenige, der für den Rücktransport der Flaschen, Gläser, Teller und Töpfe verantwortlich war.

Wenn der Abend sich herniedersenkte, machten wir uns auf den Heimweg. Er wurde vollständig zu Fuß bewältigt. Der Kurs ging durch einen Eisenbahntunnel an der Saganer Straße bis hin zur Lückstraße. Dort war eine Eisbude, an der es Eiswaffeln für fünf Pfennig gab! Der Tagesetat und wir waren somit erschöpft, und wenn man ins Bett kroch, freute man sich schon diebisch auf den nächsten Sommersonntag, denn dann war wieder Baden in Klingenberg!

Der sechsjährige Stave mit Wundertüte

Genaue Betrachtung eines Klassenfotos

Das Foto trägt die Nummer 1396. Falls jemand nachbestellen möchte. Aber der Fotograf bleibt anonym. Geknipst hat er es im Jahre 1936. Anzunehmen, daß er längst in die Ewigen Foto-Jagdgründe eingezogen ist, und mit ihm sein Archiv.

Der Fotograf hat sein Gerät von der Klasse aus gesehen links vom Lehrerpult aufgebaut, also zur Fensterseite hin. Das ist klug. Auf diese Weise braucht er nicht viel Kunstlicht. Nur Fräulein Witte, die Lehrerin, wird benachteiligt, weil sie während des Knipsvorganges ihr Interesse weniger auf den Meister als vielmehr auf den gefährlicheren Teil der Klasse richten muß.

Der Standpunkt des Fotografen ermöglicht es auch, einen Blick auf die künstlerische Ausgestaltung des Klassenzimmers zu werfen. Sie besteht aus drei Bildern, einem hochformatigen und zwei querformatigen. Das hochformatige Bild zeigt ein kleines Mädchen in einem weißen Hemd. Es hockt – von einem Scheinwerfer erhellt – auf einer kleinen Lichtung in einem dunklen Wald. Das Mädchen ahnt noch nicht, daß in wenigen Augenblicken Taler vom Himmel fallen werden. Im Märchen der Brüder Grimm müßte das Mädchen an dieser Stelle unbekleidet sein. Es ist anzunehmen, daß es sich bei diesem Bild um eine Variante für eine Knabenschule handelt.

Das mittlere querformatige Bild zeigt zwei Bäume. Es sind vermutlich Kiefern. Sie stehen mutterseelenallein auf einem Feld und müßten an und für sich Windflüchter sein. Im Hintergrund sieht man einen Wagen wegfahren.

Das dritte Bild, ebenfalls querformatig, wird von einem großen Segelschiff, offenbar einer Brigg, beherrscht. Sie durchpflügt irgendein Meer oder die Ostsee und schiebt eine gewaltige Bugwelle vor sich her.

Einen direkten Zusammenhang zwischen den drei Bildern gibt es nicht. Sie hängen an der Rückwand des Klassenzimmers, werden also nur von der unterrichtenden Person ge-

Klassenfoto

sehen, während der Blickfang für die Lernenden eine große Wandtafel mit zwei verschiebbaren Platten sowie eine kleinere, quadratische ist. Die kleinere quadratische wird für einige Zeit Tummelplatz der künstlerischen Phantasien eines ganz bestimmten Schülers sein. Er befindet sich auf dem hinteren Teil des Fotos. Ganz hinten links erkennen wir zwei Jungen, die nicht allzu lange in dieser Klasse unterrichtet werden. Sie nehmen nicht am Religionsunterricht teil. Ihre Namen sind Gerhard und Harry Itzig.
Die dargestellten jungen Männer sind in ihrer überwiegenden Zahl sieben Jahre alt, gehören dem Jahrgang 1929 an, sie besuchen schon reichlich ein Jahr die evangelische 271. Volksschule in Berlin O 34, Eckertstraße 16. Es handelt sich, wie man unschwer erkennen kann, um eine Knabenschule.
Bis auf wenige Ausnahmen sind die auf dem Foto abgebildeten jungen Männer Kinder von Arbeitern und Hilfsarbeitern, einige sind Söhne von Geschäftsleuten. Die meisten Schüler wohnen mit Eltern und Geschwistern in Stube und Küche.

Olympische Spiele 1936

Wer in Berlin O einen Sportplatz sucht, der muß Geduld aufbringen. Der ganze Bezirk Friedrichshain kann überhaupt nur drei derartige Anlagen vorweisen. Ein Sportplatz liegt im neuen Friedrichshain an der Elbinger Straße, das ist aber schon NO. Der zweite befindet sich an der Laskerstraße, in der Nähe der Hohenlohebrücke, das ist aber schon Stralau.
Wo ist der dritte Sportplatz?
Friedrichshain ist der kleinste Bezirk der Reichshauptstadt. Auf 877 Hektar leben 336338 Menschen. Friedrichshain ist der am dichtesten besiedelte Berliner Bezirk. Selbst Prenzlauer Berg (1013 Hektar für 326311 Bewohner) oder Kreuzberg (1065 Hektar für 377253 Bewohner) sind etwas besser

dran. Hinzu kommt, daß von den 877 Hektar etwa ein Fünftel für Vieh- und Schlachthof, Bahngelände und Hafenanlagen verwendet werden. Die Friedrichshainer sind eng zusammengerückt.
Wo ist Platz für die dritte Sportanlage?
Die Schulkinder wissen es. Zweimal im Jahr etwa ziehen sie aus ihren Turnhallen oder von ihren Schulhöfen auf den Zellesportplatz um. Aus unerfindlichen Gründen ist im Innern des Gevierts Zellestraße, Mirbachstraße, Proskauer Straße und Rigaer Straße nichts gebaut worden. Dabei wäre der Raum wie geschaffen für Hinterhäuser gewesen. Zirka 100 mal 150 Meter sind frei geblieben. Fensterlose Giebelwände umsäumen das Gelände, und so ist hier ein Fußballplatz entstanden, auf dem größere Schulsportveranstaltungen stattfinden können. Die Spielfläche besteht aus Sand, und es staubt mächtig, wenn die größeren Jungen dem Ball nachjagen. Die Torwarte sind bei einer solchen Auseinandersetzung gut dran: Sie können nicht von der Sonne geblendet werden. Die Friedrichshainer Stadtväter können mit vollem Recht von sich sagen, sie haben die Voraussetzungen geschaffen, daß auch in Berlin O eine gesunde Jugend bei Sport und Spiel heranwachsen kann ...
Hedwig Witte hat ganzen Generationen in der 271. Volksschule für Knaben in der Eckertstraße so gut es ging das Lesen und das Schreiben beigebracht. Sie ist unverheiratet geblieben und unterrichtet auch nach ihrer Pensionierung weiter. Fräulein Witte kommt täglich aus Zehlendorf in den Viehhofsbezirk. In Zehlendorf leben 44288 Menschen. Sie müssen sich mit 5243 Hektar Wohnfläche begnügen. Vielleicht ist die Lehrerin aus einem gewissen Schamgefühl heraus sozialer eingestellt als manch anderer Pädagoge. Hedwig Witte regiert in den Unterstufen mit Herzenswärme und – wenn es ganz schlimm kommt, und wenn es so etwas überhaupt gibt – mit Herzensstrenge.
Der Unterricht beginnt mit einem kurzen Gebet, denn die 271. Volksschule ist eine evangelische Lehranstalt. Freund Heini zum Beispiel, der Katholik ist, aber gar nicht weiß,

warum, geht in der Hausburgstraße zur Schule. Dort wird auch gebetet. Ich bete in der Eckertstraße, weiß aber auch nicht warum.
Es ist einfach Usus, daß man getauft und eingesegnet wird. Das gehört sich so. Von 48 Klassenkameraden nehmen 43 am Religionsunterricht teil. Drei sind Jugendweihlinge, zwei sind Juden.
Außer den wenigen Religionsstunden wird man mit christlichen Angelegenheiten in der Eckertschule nicht befaßt. Es fehlt auch jede konfessionelle Ausstattung. In Religion habe ich eine Zwei.
An diesem Tag, nach dem Gebet, kommt ein ganz anderes Thema zur Sprache. „Wer weiß", fragt Fräulein Witte, „was in zwei Monaten in unserer Stadt los sein wird?"
Es melden sich viele, mehr als gewöhnlich jedenfalls.
„Die Olympiade!"
„Sagen wir: die Olympischen Spiele", verbessert Fräulein Witte. „Und von wann bis wann werden die Olympischen Sommerspiele in Berlin ausgetragen?"
„Vom ersten bis sechzehnten August!"
„Richtig. Wo werden die Olympischen Spiele durchgeführt?"
„Im Olympia-Stadion."
„Wo noch?"
„Auf dem Zellesportplatz?"
„Nein. Da doch nicht. Aber zum Beispiel in Grünau. Was wird dort gemacht?"
„Da sind die Ruderer . . ."
„Sehr gut. Wer kann mir denn noch einige Sportarten aufzählen?"
„Fußball, Boxen, Springen, Schwimmen . . ."
„Weiß noch jemand welche?"
„Hier ich: Turnen!"
„Richtig. Nun werden viele, viele Sportler aus vielen, vielen Ländern nach Berlin kommen, und sie werden hier nicht nur Sport treiben, sondern sie werden sich auch die Stadt ansehen. Das macht man ja, wenn man in einer ande-

ren Stadt ist. Dann sieht man sich die Sehenswürdigkeiten an und erzählt davon, wenn man wieder zu Hause ist, damit die, die nicht mitfahren konnten, auch etwas davon haben. Wer kennt denn einige Sehenswürdigkeiten?"
„Das Brandenburger Tor."
„Das Schloß."
„Der Funkturm."
„Gut. Das sehen sich die fremden Sportler an. Das sind Amerikaner, Franzosen, Griechen, Engländer, Italiener und so weiter und so fort. Nun kann es auch passieren, daß einige von ihnen die Frankfurter Allee herunterschlendern, die Warschauer Straße oder die Petersburger Straße –"
„– oder die Eckertstraße?"
„Die Eckertstraße wohl weniger. Da wäre die einzige Sehenswürdigkeit, wenn du gerade vor der Schule stehst."
Gelächter. Fräulein Witte gewinnt Zeit. Sie muß sich eines unangenehmen Auftrags entledigen. Er betrifft den ordnungsgemäßen Ablauf der Olympischen Spiele.
„Was sollen wir nicht machen, wenn wir ausländischen Sportlern in unseren Straßen begegnen?"
Ratlosigkeit.
„Wir sollen sie nicht fragen, wie spät es ist. Warum nicht?"
„Weil sie keine Uhren haben."
„Sie haben Uhren. Die meisten jedenfalls."
Ratlosigkeit. Jetzt muß die Katze aus dem Sack!
„Wir fragen die ausländischen Sportler nicht nach der Uhrzeit, weil sie kein Deutsch verstehen und annehmen könnten, wir wollten sie anbetteln. Und wir wollen doch alle nicht, daß die ausländischen Sportler in ihre Heimatländer zurückkehren und erzählen, die deutschen Kinder haben sie angebettelt!"
Nein, das wollen wir nicht!
So entledigt sich Fräulein Witte mit Umschweifen einer unangenehmen Aufgabe. Der ordnungsgemäßen Durchführung der Olympischen Sommerspiele 1936 steht nichts im Wege, nichts, was die 7. Klasse der 271. Volksschule in der Berliner Eckertstraße betrifft.

Frankfurter Allee, zwischen den Türmen die Petersburger Straße

Frankfurter Allee, Blick zur Proskauer Straße

Nacht des Schreckens

Im Herbst 1938 wird ein neues Kino im Berliner Osten eröffnet. Es heißt „Lido" und befindet sich in der Boxhagener Straße, zwischen Warschauer Straße und Frankfurter Allee. Der Flachbau ist knallweiß angestrichen, und der Besitzer befürchtet sicherlich, daß seine schöne Fassade von den unzähligen Kindern der Umgebung beschmiert und beschmaddert werden könnte. Deshalb lauert er auch öfter in der Nachmittagssonne vor der Eingangstür und verjagt alle potentiellen Schmierfinken.

Am Nachmittag des 9. November steht auch der Inhaber eines kleinen Schneidereibedarfsgeschäftes vor seiner Ladentür. Das Geschäft liegt an der stumpfen Ecke zwischen Eberty- und Zorndorfer Straße, aber mehr zur Eberty hin. Der Ladenbesitzer heißt Kessel, und er ist ein kleiner, weißhaariger Mann, der zu allen vorübergehenden Leuten freundlich „Guten Tag" sagt, weil es sich um mögliche Kunden handelt.

Das Filmtheater erfreut sich eines guten Besucherzuspruchs. Es hat 400 Sitzplätze und gehört damit nicht zu den ausgesprochenen Flohkisten oder „schmalen Handtüchern" des Bezirks. „Lido" hat in diesem Fall nichts mit irgendwelchen Lagunen Venedigs zu tun, sondern bedeutet schlicht und einfach „Lichtspiele des Ostens". An diesem Nachmittag des 9. November 1938 läuft eine Filmveranstaltung, eine zweite wird es noch am Abend geben. Am nächsten Tag wird im „Lido" kein Film zu sehen sein.

Herr Kessel handelt mit Nähgarn, Druckknöpfen und Reißverschlüssen. Der Laden ist klitzeklein. Auf der Ladentheke steht eine Glasvitrine mit allen Sorten von „Gütermanns Nähseide". Herr Kessel hat heute nicht viel verkaufen können, nur eine Handvoll Kunden hat hereingeschaut und Stecknadeln oder ein paar Sterne Stopftwist erworben. Es war ein ganz gewöhnlicher Tag.

Während am neuen Kino in der Boxhagener Straße die Lichtreklame noch Besucher anlockt und Scheinwerfer die

Boxhagener Straße, Ecke Kadiner Straße

Plakate mit den Filmreklamen anstrahlen, schließt Herr Kessel die Ladentür zu und begibt sich in seine Wohnung in der Zorndorfer Straße. Am nächsten Morgen wird er das Geschäft nicht öffnen.
Das ist eine Nacht, die eine eigenartige Bezeichnung erhält. In dieser Nacht gehen die Nazis ganz offen an die Vernichtung der jüdischen Bevölkerung. Viel Schaufensterglas zerbricht in dieser Nacht, und sie geht in die traurige deutsche Geschichte als „Reichskristallnacht" ein.
In dieser Nacht werden Tausende jüdischer Geschäfte beschmiert und demoliert, ihre Besitzer mißhandelt, Synagogen in Brand gesetzt. Die Schaufensterscheiben werden eingeschlagen oder mit Aufklebern versehen, auf denen steht: „KAUFT NICHT BEIM JUDEN!" Auch der kleine Laden von Kessel wird bei dieser Aktion nicht übersehen. Auf das schmale Fenster malen SA-Leute einen Davidstern, an die Türscheibe schreiben sie „JUDE!".
Die schlohweiße Fassade vom „Lido" sieht verheerend aus. Überall ist mit roter Farbe „JUDE" angeschrieben, die Scheiben der Schaukästen sind zum großen Teil eingeschlagen worden.
Im Falle des „Lido" ist die SA über ihr Ziel hinausgeschossen. Der neue Kintopp ist arisch, der Besitzer gehört der „nordischen Rasse" an. Das amtliche Schreiben, seine Rasse betreffend, hängt er anderntags in einem kleinen Glaskasten neben dem Kinoeingang aus, in dem er immer gelauert hat, um Kinder zu vertreiben, die seine schöne weiße Fassade beschmieren könnten.
Der Schaden, den die SA-Leute am „Lido" angerichtet haben, ist reparabel. Nach ein paar Tagen ist von dem Vorfall keine Spur mehr zu sehen. Das Kino spielt wieder, die Besucher strömen hinein, und der Besitzer ist auf dem Posten, die Kinder zu verscheuchen.
Der Schaden, den die SA-Leute am Schneidereibedarfsgeschäft von Herrn Kessel angerichtet haben, wäre ebenfalls reparabel. Aber der Besitzer kann kein amtliches Zeugnis aushängen, das ihm bescheinigt, arisch zu sein.

Herr Kessel öffnet seinen kleinen Laden noch einmal für wenige Tage. Eine Handvoll beherzter Hausfrauen kauft, als sei nichts gewesen, Stecknadeln und ein paar Sterne Stopftwist. Herr Kessel bedient sie freundlich, doch er muß auf der Hut sein, daß kein Nazi sein Geschäft betritt und alles kurz und klein schlägt.
Dann bleibt der Nähgarnladen geschlossen. „Heute haben sie Herrn Kessel abgeholt", erzählen die Leute beim arischen Bäcker und Fleischer, und die sind heilfroh, daß sie durch den Zufall der Geburt keine Juden geworden sind.
Man erzählt auch, daß reiche jüdische Geschäftsleute eine Fahrkarte nach Amerika kaufen können, wenn sie das Geld dazu auf den Tisch des zuständigen beamteten Ariers blättern. Es ist nicht vorstellbar, daß Herr Kessel die geforderte Summe aufbringen kann.

Wir geben Berlin bekannt:
Mit dem heutigen Tage übernehmen wir das Haus
N. ISRAEL
Ecke Spandauer und Königstraße.
Wir schließen die Verkaufsräume vom 8. bis 13. Februar einschließlich zur Durchführung der Übernahme.
Ab Dienstag, dem 14. Februar, wird Berlin seine Einkäufe in unserem Haus im Zentrum machen können.
Berlin wird mit uns zufrieden sein.
Wir melden uns zur Eröffnung wieder.
„BEGE"
Bekleidungs-Aktiengesellschaft
Das Haus im Zentrum
Ecke Spandauer und Königstraße

Geldzähler

Meine Oma war gar keine richtige Oma, nur eine angenommene. Das heißt, mein Vater war ein angenommenes Kind. Soweit ich mich an meine Oma erinnern kann, saß sie aufrecht im Bett und kuckte böse. Sie hatte früher einmal einen Blumenladen besessen, der aber pleite gegangen war. Aus dieser Zeit rieb sie immer Daumen und Zeigefinger der rechten Hand aneinander. „Warum macht sie das?" fragte ich Opa, der auch nur angenommen, aber freundlich und lustig war.

„Sie zählt Geld, das sie nicht hat", sagte Opa. Und die Oma kuckte böse.

Ich kannte viele Leute, die Geld zählten, obwohl es ihnen manchmal gar nicht gehörte. Der Hauswirt zählte Geld, wenn er die Miete kassierte, der Gasmann zählte Geld, der Elektrische, und der blinde Zeitungsverkäufer an der Tilsiter Straße Ecke Weidenweg zählte auch Geld. Manchmal saß in der kleinen Bude seine Frau mit drin, dann zählte sie. Aber wenn er alleine war, zählte er. Obwohl er nichts sehen konnte! Mit Daumen und Zeigefinger der rechten Hand konnte er fühlen, ob es Groschen oder Fünfzigpfennig-Stücke waren oder Blechknöpfe.

Wenn Markt am Weidenweg war, kauften wir bei dem Blinden die BVZ-Abendausgabe, weil die nur fünf Pfennig kostete. Meine Mutter gab mit einen Groschen, den ich durch das kleine Schiebefenster der Zeitungsbude reichte. Ich sagte, was ich für eine Zeitung wollte, und sah dann ganz genau hin. Der blinde Zeitungsverkäufer befühlte das Geldstück, legte es in seine Kasse, nahm einen Sechser heraus, gab ihn mir und die betreffende Zeitung dazu. Im Winter trug der blinde Zeitungsverkäufer wollene Handschuhe, von denen die Fingerspitzen abgeschnitten waren, damit er trotzdem fühlen konnte.

Der Kneipenwirt Grail aus der Hausburg–, Ecke Thaerstraße konnte etwas besser sehen als der Zeitungshändler. Er brauchte die Münzen nicht zu fühlen, weil er sie er-

kannte, wenn er die Hand ganz dicht vor die Augen hielt. Dennoch wurde er manchmal übers Ohr gehauen.
Der Milchhändler Seidler in unserm Haus hob den Kopf ganz hoch, wenn er Geld zählte oder entgegennahm. Er sah dann unter der Brille hindurch. Das machte er auch, wenn er Butter abwog oder irgendetwas anderes. Da ich den Unterschied zwischen einer Fern- und einer Nahbrille noch nicht kannte, fragte ich mich, wozu einer eine Brille aufsetzt, wenn er unten drunter durchkuckt.

An den Oberbefehlshaber des Heeres!

Das Heer hat am 15. März 1939 durch die rasche Besetzung der wichtigsten Städte Böhmens und Mährens altes Reichsgebiet unter die Hoheit Großdeutschlands gestellt.
Ich spreche Offizier und Mann für ihre Leistung und Haltung meine besondere Anerkennung aus.

Adolf Hitler

Als ich mit meinem angenommenen Vater einmal in Berlin spazieren ging, kamen wir an einem Denkmal an der Invalidenstraße vorbei*, der aus einer knieenden Figur bestand. Ich wollte wissen, was das Denkmal darstellt. Vater sagte: „Das ist ein Geldzähler!"
Dieser künstliche Geldzähler hockte direkt am Brunnenrand, und ich fragte: „Wieso zählt er sein Geld so dicht am Wasser? Wenn es hineinfällt, ist es weg!"
Vater sagte: „Du mußt den Bildhauer fragen. Es ist seine Idee!"
Auf dem Heimweg überlegte ich, daß der Bildhauer vielleicht viel Geld hatte, und es ihm egal war, wenn etwas davon ins Wasser fiel, und daß Oma auch ein gutes Denkmal wäre, mit der Zählerei unsichtbarer Münzen. Da würden viel mehr Leute hinsehen, wenn sie Daumen und Zeigefinger aneinanderrieb. Und sie könnte dann alle Leute böse ankucken …

* Geldzählerbrunnen von Ernst Wenck (1912)

Keine Gefahr von oben

Am „Tag der Luftwaffe“ findet eine gewaltige Flugzeugparade über Berlin statt. Die Berliner sind natürlich aus dem Häuschen, zumal diese Attraktion nicht nur über dem Westen der Reichshauptstadt veranstaltet wird, sondern auch über dem Osten, zum Beispiel direkt über der Petersburger Straße.

Das sieht sich jeder an, ob er nun dafür ist oder dagegen, ob er sich darüber freut, daß Groß-Deutschland so viele herrliche Flugzeuge hat, oder ob er befürchtet, daß mit ihnen Unheil über Europa gebracht werden könnte.

Manche Leute haben sogar Feldstecher oder Operettengläser mitgebracht, um das Spektakel genauer verfolgen zu können.

Es ist ein eindrucksvolles Bild. Die Maschinen kommen in Staffeln aus der Richtung Tilsiter Straße und fliegen zum Zentralviehhof weiter. Auf dem Kalenderblatt steht an diesem Tag der 1. März 1939. Tiefster Frieden also. Die Menschen sind glücklich, und manche Frauen winken mit Tüchern zu den Flugzeugen hinauf.

Das deutsche Volk ist ein frohes Volk, weil es nicht nur Flugzeuge, sondern auch Kriegsschiffe und U-Boote besitzt und dazu ein gewaltiges Heer.

Das deutsche Volk ist aber auch ein beengtes Volk, das zuwenig Raum hat. Deshalb hat der Führer ein Jahr zuvor seine eigene Heimat heim ins Reich geholt. Österreich heißt jetzt Ostmark, und von nun an dürfen die bekannten Fußballvereine Rapid Wien, Austria Wien oder Vienna Wien um die deutsche Fußballmeisterschaft mitkämpfen. Auch das Sudetenland ist eingegliedert, und man kann sagen, daß Adolf Hitler etwas mehr Platz für sein Volk angeschafft hat.

Nun fliegen die Flugzeuge am klarblauen Himmel über dem ehemaligen Bezirk Friedrichshain. Sie sehen aus wie silberne Punkte in einer festen Ordnung. Ein Sirren erfüllt die Luft. Vom Westen kommen sie, nach Osten ziehen sie

Luftschutzübung 1939 in Berlin, Kreuzung Frankfurter Allee und Petersburger Straße.
Die Bevölkerung befindet sich in den Kellern oder in der U-Bahn. Vorwitzige bleiben in den Hauseingängen.

hin. Für die Besatzungen muß es ein angenehmes Gefühl sein, in sicheren Flugapparaten zu sitzen, die von unten nicht beschossen werden, weil die Parade über der Heimat stattfindet.
Wenn einmal der Ernstfall eintreten sollte, daß Feinde unser friedliches Land überfallen, werden die kernigen Männer in den Kanzeln der Jagdflugzeuge und Bomber schwer

Das Oberkommando der Wehrmacht gibt bekannt:
Auf Befehl des Führers und Obersten Befehlshabers hat die Wehrmacht den aktiven Schutz des Reiches übernommen. In Erfüllung ihres Auftrages, der polnischen Gewalt Einhalt zu gebieten, sind Truppen des deutschen Heeres heute früh *über alle deutsch-polnischen Grenzen* zum Gegenangriff angetreten. Gleichzeitig sind Geschwader der Luftwaffe zum Niederkämpfen militärischer Ziele in Polen gestartet. Die Kriegsmarine hat den Schutz der Ostsee übernommen.

1. September 1939

auf Zack sein und Schaden vom deutschen Volk abwenden, auch von der Bevölkerung der Zorndorfer Straße.
Das hat Hermann Göring, der dicke Reichsmarschall mit der blendend weißen Uniform, auch am Tag der Luftwaffe ganz deutlich und mit aller gebotenen Schärfe zum Ausdruck gebracht. Er sagte: „Ich glaube an die Unüberwindlichkeit unserer Luftwaffe!“
Die Frauen winken mit ihren Taschentüchern, und die Männer blicken zuversichtlich zum Himmel. Fabelhaftes Wetter.
„Da stürzt ja eins ab!“ rufe ich. „Und da noch eins!“
Jetzt sieht man es deutlich, daß einzelne Flugzeuge aus ihren Formationen ausbrechen, abkippen und zu Boden zu fallen drohen.
„Ja, da stürzt noch einer ab!“ schreit eine Mutter, die einen kleinen Jungen auf dem Arm trägt, der den Fliegern mit einem Hakenkreuzfähnchen aus Papier zugewinkt hat.

„Nein, nein, Leute“, beruhigt ein Mann mit einem großen Parteiabzeichen die Menge. „Sehen Sie genau hin: Jetzt fangen sich die Maschinen wieder. Es handelt sich um Sturzkampfflugzeuge. Sie stürzen aus großer Höhe auf die feindlichen Ziele hinab, die Bomben werden ausgeklinkt, und dann zieht der Pilot die Maschine mit energischem Griff wieder nach oben!“

Die Menge ist beruhigt, und als die Luftparade ihr Ende nimmt, gehen alle mit der Gewißheit nach Hause, daß ihnen nichts passieren wird, zumindest von oben nicht.

Als Schieber am Schlesischen Bahnhof (I)

Wir saßen auf dem Rinnstein und langweilten uns. Wir hatten Autorennen gespielt. Das ging immer den Rinnstein entlang. Die längste Strecke war ums ganze Karree herum, also Zorndorfer, Petersburger, Mattern, Eberty, Zorndorfer. Aber wir waren nur zwei. Da machte es keinen Spaß.

Heini hatte einen „Blauen Vogel“, ich besaß ein normales silbernes Rennauto. Die Wagen waren zirka fünfzehn bis achtzehn Zentimeter lang, bestanden vermutlich aus Gußeisen und hatten Gummiräder. Wenn man den Hohlraum mit Knete zuschmierte, dann rollten die Wagen besser. Sie mußten während des Rennens auf dem Rinnstein bleiben. Man gab ihnen einen Schubs, und dann rollten sie eine gewisse Strecke. Die Ritzen zwischen den einzelnen Rinnsteinen waren tückisch. Die kleinen Gummiräder gerieten bei ihrer Überwindung oft aus der Richtung, und schon purzelte der Wagen auf den Fahrdamm, und sein Lenker oder Schubser mußte an den Ausgangspunkt zurück.

Durch den Straßenverkehr wurden wir bei diesem Spiel kaum gefährdet. Die Zorndorfer Straße befuhren mitunter Viehtransporter oder Ladenschlächter mit ihren Pferdewagen, die meist von ausgedienten Trabern aus Mariendorf

oder Ruhleben gezogen wurden. Auf der Storkower Straße zwischen Landsberger Allee und Kniprodestraße zeigten die Krauter oft, was in ihren Gäulen noch drinsteckte, deshalb wurde dieser Teil der Straße auch Schlächter-Avus genannt. Da wäre es gefährlicher gewesen. Aber so weit entfernten wir uns ja nicht von unserer Straße.
In der Petersburger Straße mußte man schon eher aufpassen. Da rasselte es ganz schön. Die Autos fuhren zur Kreuzung Petersburger-, Warschauer Straße und Frankfurter Allee oder sie kamen von dort herauf. Dieser Schnittpunkt der drei Straßen lag in der Groß-Berliner Verkehrsunfallstatistik immerhin an neunter Stelle! Wir langweilten uns und überlegten ohne Erfolg, was man noch machen könnte.
„Hallo, Jungs! Wollt ihr euch einen Fuffziger verdienen?"
Ein alter Mann mit einem völlig überladenen vierrädrigen Handwagen hatte – von uns zunächst gar nicht bemerkt – angehalten. Der Wagen war mit Lumpen, Altpapier, Flaschen, Schuhen und anderem Gerümpel so eingedeckt, daß man ihn selbst kaum noch erkennen konnte. Lediglich die Deichsel sah hervor.
Der alte Mann sah ein wenig zerlumpt aus, und es wäre nicht aufgefallen, wenn ihn jemand mit auf den Wagen geladen hätte. Wir wunderten uns nicht über sein Aussehen. Es gab viele Leute in der Gegend, die aus Müllkästen allerlei noch verwertbares Zeugs heraussuchten und – fanden. Warum sollten wir ihm nicht helfen? Fünfzig Pfennig waren schließlich nicht zu verachten.
„Helft ihr mir schieben?"
„Wie weit?"
„Bloß bis zur Fruchtstraße!"
„Machen wir!"
Es ging ja immer bergab. Wir lagen auf dem Berg, die Frankfurter Allee quasi im Keller. Von dort bis zum Schlesischen Bahnhof war die Strecke eben. Bis zur Allee ging es auch ganz gut. Bei der Mögliner überquerten wir sie, fuhren bei Hertie vorbei durch die Königsberger Straße zum Küstriner Platz, ließen die PLAZA ebenfalls links liegen

und bogen in die Fruchtstraße ein. Wir asteten ganz schön. Die letzten Meter zog der alte Mann, wir schoben.
Hinter der Müncheberger Straße bog der Lumpensammler in eine Torfahrt ein, wir durchfuhren den ersten Hof, und am Eingang zum zweiten Hof hielt er an. Es war ein ziemlich großer Hof. Überall Bretterzäune und Buden. Der Himmel verdunkelte sich schon langsam, und ein Hund bellte unheimlich.
Der Alte sagte: „Das letzte Stück muß ich alleine fahren. Der Hund ist scharf."
„Was ist mit dem Geld?" fragte Heini.
„Ich komme sofort zurück", sagte der Lumpensammler. „Es dauert keine fünf Minuten!"
Da wußte ich schon, daß wir von dem Alten keinen Sechser sehen würden. Ich spürte es. Aber ich sagte nichts. Es war mir peinlich. Es war mir peinlich für den alten Mann. Ich sah ihn mit seinem Wagen davonziehen und wußte, daß er ein Betrüger war. Die Gabe, rechtzeitig zu merken, wann man übers Ohr gehauen wird, und das Unvermögen, zu protestieren und die Sache schnell klarzustellen, werden mir wohl bis an mein Lebensende anhaften.
„Komm", sagte ich zu meinem Freund. „Den sehn wir nicht mehr wieder."
Eine Viertelstunde hatten wir noch gewartet. Es war dunkel geworden.
„Schweinehund!" rief Heini. Er formte die Hände zu einem Trichter: „Lumpenpenner!"
Der Hund bellte.

Woche der Pimpfe und Jungmädel

Der Ruf der Berliner Hitler-Jugend an die Jungen und Mädel des Jahrgangs 1928/29 ist nicht ungehört verhallt. Schon in den ersten Tagen haben viele Zehnjährige der Reichshauptstadt ihre Ehrenpflicht erfüllt, und am 19. April wird die Berliner HJ mit Stolz feststellen können, daß alle aufgerufenen Jungen und Mädel zum ersten Appell angetreten sind.

7. März 1939

Ein Mitläufer

Wumm – wumm – wummwummwumm! Es wummert durch die Straßen am Viehhof. In Reih und Glied marschieren die Jungvolkjungs hinter der schwarzen Fahne mit der weißen Rune. Das Wummern fabrizieren die großen Landsknechtstrommeln. Wumm – wumm – wummwummwumm.

Das eine Fähnlein heißt „Kamerun", das andre „Hein Godewind". Wenn Leute am Straßenrand stehen, müssen sie die vorübergetragene Fahne grüßen. Wer die vorübergetragene Fahne nicht grüßen will, muß zusehen, daß sie nicht an ihm vorübergetragen wird. Das Wummern ist ja weit genug zu hören.

1938 stehe ich noch abseits. Ich bin erst neun Jahre alt, mit zehn wird man aufgenommen. Aber ich marschiere wenigstens im Geiste in den Reihen von „Hein Godewind" mit. Auf dem Bürgersteig. Wumm – wumm - wummwummwumm.

Mit „Kamerun" marschiere ich hin und wieder auch mit. Aber „Hein Godewind" zieht mich mehr an. Ich weiß auch nicht warum. Die Fahne sieht vielleicht etwas verwegener aus. Wer „Hein Godewind" war, weiß ich bis heute nicht. Ich lande bei „Kamerun".

„Sag bloß Papa nichts", sagt Mama.

Was „Kamerun" ist, das erfahre ich bald: Eine deutsche Kolonie in Afrika, die uns die Engländer und die Franzosen gestohlen haben. Aber der Führer wird auch die Kolonien wieder zurückerobern, weil wir Deutschen ein Volk ohne Raum sind.

Ich bin noch kein halbes Jahr Jungvolkjunge oder sogenannter Pimpf, da geht der Krieg los. Polen wird im Handumdrehen erobert, und schon sind wir Deutschen ein Volk mit etwas mehr Raum, aber noch lange nicht genug!

Die Heimabende des Fähnleins „Kamerun" werden in der Ebertystraße 11/12 abgehalten. Auf dem Hof der Wohnanlage „Weißbachgruppe", die von dem berühmten Architek-

ten Messel um die Jahrhundertwende entworfen worden ist, steht ein villenähnliches Gebäude, das Gesellschaftsräume, Kinderhort und Duschbäder enthält. Die Duschbäder habe ich nicht kennengelernt, obwohl das sicherlich nützlich gewesen wäre. Der Kinderhort geht mich Zehnjährigen auch nichts an, und so bleibt mir die Nutzung der Gesellschaftsräume.
Auf den Heimabenden hält die meisten Reden ein Jungzugführer Krell, der mir nicht unsympathisch ist. Ich erfahre, daß es überhaupt nur ein Volk auf der Welt gibt, das wert ist, die Zukunft aufzubauen und die anderen Völker abzuschaffen, weil die keine richtige Ordnung kennen. Dieses Volk ist das deutsche Volk. Es macht mich ein bißchen froh, zu diesem Volk zu gehören, und nicht zu einem Volk, das abgeschafft werden würde. Wumm – wumm – wummwummwumm.
Dieser Zugführer Krell wird bald darauf eingezogen und fällt irgendwo für Adolf Hitler, so daß er nicht mehr dazu kommt, die anderen Völker abzuschaffen. Mit dem Krell geht für mich die einzige Bezugsperson des Fähnleins „Kamerun". Die anderen Führerpersönlichkeiten sind mir höchst unsympathisch, besonders ein gewisser Snigowsky, der Fähnleinführer. Meine Begeisterung für das Deutsche Jungvolk im allgemeinen und für das Fähnlein „Kamerun" im besonderen schrumpft beängstigend zusammen.
Als wieder einmal ein Heimabend bevorsteht, fragt Mutter, ob ich nicht lieber mit ihr ins Kino gehen will. Das Braunhemd bleibt an diesem Abend im Schrank, und es wird auch immer seltener hervorgeholt, bis es eines Tages ganz weg ist.
Aber vorher werde ich noch auf dem Platz vor der Halle des Fleischgroßmarktes in der Thorner Straße geschliffen und auf Geländespielen von Mücken fast aufgefressen. Als ich einmal aus dem Spandauer Stadtforst von einem Geländespiel heimkehre, zählt Mutter allein an Schenkeln und Waden 109 Mückenstiche.
Nun ist so etwas normalerweise für einen deutschen Jun-

gen ein Klacks. Er sieht darüber hinweg und fühlt sich im Gegenteil sogar gestählt. Er wird noch tapferer, als er vor dem Geländespiel bereits war, und will sein Leben dem Führer nun erst recht opfern.

Bei mir ist das anders. Ich habe keine Lust mehr, durch die Wälder zu robben oder Lieder zu singen, in denen die morschen Knochen der Welt zittern. Und mir ist es ehrlich gesagt auch schnurzpiepegal, ob wir Kamerun jemals zurückbekommen. Ich besuche die Heimabende nur noch ganz selten, um mir die Spielberechtigung für den HSV zu erhalten.

HSV heißt in diesem Fall Hohenschönhauser Sport-Verein, und dort spiele ich begeistert, aber mehr schlecht als recht Fußball. Ich bringe es immerhin zum Spielführer der zweiten Fähnleinmannschaft des Vereins und muß vor jedem Spielbeginn folgende Formel herunterbeten: „Schiedsrichter, ich melde dir, HSV 1910 eins zu zehn angetreten!" Das alles selbstverständlich mit ausgestrecktem Arm.

Ich habe einen schweren Stand. Meine Argumentation ist brüchig. Auf der einen Seite erzähle ich von unzähligen Krankheiten und körperlicher Schwäche, die es mir leider unmöglich machen, an den DJ-Veranstaltungen teilzunehmen, auf der anderen Seite will ich Fußball spielen. Die Spielgenehmigung wird noch ein paarmal erteilt. Ein Karl-Heinz T. macht das. Er sitzt in einem Jungvolkbüro in der Thaerstraße. Wenn er den länglichen Stempel in den Spielerpaß drückt, drückt er gleichzeitig auch mindestens ein Auge zu.

Einmal muß Vater mit in dieses Büro. Es wird ihm klargemacht, daß in Zukunft eine Spielerlaubnis nur noch erteilt werden kann, wenn er seinen Sohn dazu anhält, die Heimabende regelmäßiger zu besuchen. Vater verspricht, seinen Sohn dazu anzuhalten, die Heimabende regelmäßiger zu besuchen. Und dann sagt er noch: „Auf Wiedersehen!" Aber der ersehnte Stempel ist bereits im Paß, und einige Monate später wird kein Stempel mehr gebraucht, weil zuerst die Umkleidekabinen auf dem Sportplatz in der Berli-

ner Straße gegenüber der Keksfabrik Lemke abbrennen, schließlich Bomben das Spielfeld demolieren und die Straßenbahnlinie 64 ihren Betrieb nur noch sehr sporadisch durchführt. Ich hänge die Fußballschuhe an den Nagel, aber auch Braunhemd, Koppel und Halstuch.
Wumm – wumm – wummwummwumm machen die Trommeln des Fähnleins „Kamerun". Ich bin nicht mehr dabei, auch im Geiste nicht. Ich laufe nicht mehr mit.

Hitler im Milchladen

Eines Tages hing in August Seidlers Milchladen ein Hitlerbild. Es war vielleicht ein Meter fünfzig hoch und etwa achtzig Zentimeter breit. Es zeigte den Führer in Farbe und in seiner üblichen Pose, die Hände übereinandergeschlagen vor dem Hosenstall. Darunter stand „Ein Volk, ein Reich, ein Führer", obwohl auf dem Bild von Volk und Reich gar nichts zu sehen war. Nur eben der Führer als solcher.
Die Kunden nahmen das Bild zur Kenntnis oder auch nicht. Man sagte „Guten Morgen!" oder „Guten Abend!", je nachdem. Ein paar sagten auch „Heil Hitler!", aber die hatten schon so gegrüßt, als der Führer noch nicht an der Wand hing. Der Milchhändler erwiderte den Hitlergruß übrigens nicht. Er hatte eine Patentlösung gefunden. Er erwiderte überhaupt keinen Gruß. Er sah die Grüßenden nur an. Das war alles. So konnte ihm nichts passieren.
Einmal kam Otto Döhler, mein Kommunist, in den Milchladen. Er kaufte dort sonst nie ein. Das erledigte seine Frau. Und Döhler kaufte auch diesmal nichts, er sah nur das Bild an. Dann drehte er nach einer Weile den Kopf, blickte den Milchhändler an und sagte: „Jetzt kann in deinem Laden die Milch nicht mehr sauer werden, Aujust!"
Seidlers Gesicht blieb unbewegt. Poker face nennt man so etwas. Aber das wußte ich damals noch nicht.

Etwas für den Führer oder: Der Makel

Im Grunde machten sie alle etwas für Hitler: Der Straßenbahnfahrer, der die Leute zur Arbeit fuhr, die Billettabreißerin im Germania-Palast, weil sie dort die „Deutsche Wochenschau" zeigten, der Luftschutzwart, der die Feuerpatschen und Sandeimer kontrollierte, die Frau auf der Bezugsscheinstelle, der Mechaniker, der Volksempfänger reparierte, die Zeitungsfrau, die die „Mottenpost" in Türschlitze steckte, und der Arbeiter in der Rüstungsfabrik sowieso.

Als mein vornehmer Vater nach sechsjähriger Arbeitslosigkeit bei der Nationalen Automobil-Gesellschaft in Oberschöneweide anfing, stellten sie dort noch Omnibusse her. Kurze Zeit später kursierte folgender Witz im Werk: Eine Gruppe von Männern habe sämtliche Einzelteile aus den Produktionshallen geschmuggelt und versucht, in einem abgelegenen Waldstück einen Omnibus zusammenzubauen. Aber wie sie es auch anstellten, es wurde immer ein Panzer.

Vater holte sich an solch einem Einzelteil eine schwere

Deutsche Großstädte

Nach dem Stande vom 1. Januar 1939 besitzt Deutschland 58 Großstädte, das heißt Städte mit mehr als 100000 Einwohnern, wobei bereits Österreich und das Sudetenland eingeschlossen sind. Nicht enthalten sind in dieser Zahl also die neu hinzugekommenen Großstädte des deutschen Ostens, wie Danzig, Warschau, Kattowitz und so weiter.

Berliner Volks-Zeitung
17. Januar 1940

OKW-Bericht vom 5. Juni 1940

Unsere Armeen sind heute früh in breiter Front gegen das Heer Frankreichs angetreten.

Mein vornehmer Vater mit seiner Frau (links) und seiner Schwester 1938 im Friedrichshain

Blutvergiftung, die im Endeffekt seine linke Hand unbrauchbar machte, so daß er aus dem direkten Produktionsablauf herausgenommen werden mußte und fortan Türschlösser und ähnliches Zeugs reparierte.
Im Grunde machten nur Schulkinder nichts für Hitler. Na, gut: Sie lernten für den Führer und gelobten ihm auch das eine und andere Mal Treue bis in den Tod. Aber konkret taten sie nichts. Daß ausgerechnet ich eines Tages ein Helfer wurde, bemerkte ich erst später, aber nicht zu spät!

Fräulein Witte, ältere Dame und Klassenlehrerin, forderte auf, die Zeichenblöcke herauszuholen und Knochen zu malen. Das war in der fünften Klasse, ich war also etwa zehn Jahre alt. Zeichnen war neben Aufsätzeschreiben meine Lieblingsbeschäftigung, obwohl die gestellten Themen nicht immer, oder fast nie, man kann sogar sagen: überhaupt nicht, meinen geheimsten Wünschen entsprachen.
Wir zeichneten also Knochen, und ich will mich nicht rühmen, aber meine Knochen waren die besten! Ich war ein wenig stolz auf meine Knochen, und die Belohnung folgte auf dem Fuße: In jeder großen Pause durfte ich die kleine Wandtafel im Klassenzimmer mit Knochensammelaufrufen versehen. Knochen waren wichtig. Sie wurden als Rohstoff für irgend etwas gebraucht. Ich glaube bei der Seifenherstellung.
Jedenfalls hatte mich das Künstlerfieber gepackt. Tag für Tag fabrizierte ich nun Knochenwerbung. Ich weiß nicht, ob das Sammelergebnis im Deutschen Reich dadurch besonders in die Höhe schnellte, aber geschadet hat meine Aktion ganz bestimmt nicht. Und Seife war ja eine nützliche Sache, wichtig, aber nicht kriegswichtig!
Ich saß mit meinen Eltern im Kino. Zuerst lief ein Kulturfilm über das Leben der Tiere in einem x-beliebigen Tümpel, dann folgte die „Deutsche Wochenschau“. 1940 war noch ein gutes Jahr für Frontberichterstatter. Belgien und Holland waren erobert worden, und nun war Frankreich an der Reihe. Es ging vorwärts. Mein Vater nahm die Erfolgsberichte mit unbewegter Miene zur Kenntnis. Ich glaube, er war sich seiner Sache zu diesem Zeitpunkt gar nicht sicher, seiner Sache, daß die Nazis nicht mehr lange machen würden.
Vom Stapellauf eines Schiffes wurde berichtet. Eine Sektflasche zerschellte an seinem Bug, und auf Kommando hauten kräftige Schiffsbauer (oder was die darstellten) mit Vorschlaghämmern Stützbalken um. Dann erscholl ein vielstimmiger Jubelschrei, und der Schiffskörper glitt über eine schiefe Ebene aus dicken Bohlen in das feuchte Element.

„Wie machen sie das eigentlich, daß das so gut rutscht auf dem trockenen Holz?" fragte ich meinen Vater, der 1895 an der Wasserkante geboren worden war. Er überlegte einen Moment, aber dann flüsterte er: „Genau weiß ich das nicht. Vermutlich mit Schmierseife, womit sonst?"

Das war's. Das war der Schlag! Ich werbe fürs Knochensammeln, die Leute bringen in Scharen ihre Knochen zu den Sammelstellen, dann wird Schmierseife draus gemacht, und darauf rutschen bis an die Zähne bewaffnete Kriegsschiffe vom Stapel und erobern Frankreich!

Am nächsten Tag sagte ich zu Fräulein Witte: „Fräulein Witte, zu der Knochensammlung fällt mir nun nichts mehr ein. Ich hab aus den Knochen alles herausgeholt!" Die Klassenlehrerin streichelte mich, sagte, ich hätte meine Sache gut gemacht und daß die Aktion nun sowieso abgelaufen sei.

Von da an konnte ich jedem Stapellauf wieder offen ins Gesicht sehen. Gut, die Schiffe rutschen; aber nicht auf meinen Knochen! Trotzdem: der Makel blieb . . .

Drei Eintopf-Gerichte

Der 1. Opfersonntag des Kriegs-WHW 1940/41 ist auf Sonntag, den 8. September, festgesetzt worden. An diesem Tage dürfen infolgedessen in den Gaststätten in der Zeit von 10 – 17 Uhr keine anderen als die nachstehend bestimmten Eintopfgerichte abgegeben werden: 1. Brühkartoffeln mit Einlage, 2. Weißkohl oder Wirsingkohl mit Rindfleisch, 3. Gemüsetopf nach Wahl. Die Gaststätten werden in drei Klassen eingeteilt, in denen der Preis des Eintopfgerichts 0,70, eine bzw. zwei RM beträgt. Hiervon werden als Spende für das WHW 0,20 bzw. 0,30 bzw. 1,20 RM abgeführt. Jeder Gast erhält eine Quittung über seine Eintopfspende.

6. September 1940

Fleischers Traum

Wer von der Kreuzung Petersburger Straße und Landsberger Allee kommt und die Landsberger Allee in Richtung Viehhof weitergeht, stößt nach einer kleinen Weile auf die Brücke über den Ostring. Die Sprengung dieser wichtigen Brücke in Richtung Marzahn haben Widerstandskämpfer 1945 verhindert. Auf der rechten Seite der Brücke konnte deshalb in den fünfziger Jahren der Traum eines Fleischers in Erfüllung gehen.

Fleischer sind in der Regel melancholische Menschen. Viele von ihnen sind – so absurd das klingt – Tierfreunde. Die Tiere, die sie von Berufs wegen tagtäglich töten müssen, sind ihr Arbeitsmaterial; also Kälber, Rinder, Schweine, Hammel. Alle anderen Kreaturen können sich ihres Schutzes, ihrer Zuneigung erfreuen.

Die Fleischer vom Berliner Vieh- und Schlachthof lieben Pferde über alles. Sonntag für Sonntag ziehen die rauhen Gesellen hinaus nach Hoppegarten, Strausberg, Karlshorst, Ruhleben und Mariendorf, um ihren vierbeinigen Freunden nahe zu sein. Vielleicht ist auch ein bißchen Wettleidenschaft dabei; ganz gewiß sogar.

Sie kennen sich in Pferden aus. Sie kennen ihre Stärken und Schwächen. Sie kennen sich in Jockeis und Trabrennfahrern aus. Sie duzen einander. Mancher heiße Tip kommt über manchen Tresen.

Fleischers Traum ist, ein eigenes Rennpferd oder eine eigene Kneipe zu besitzen. Das eigene Rennpferd will er auf der Rennbahn verdienen, die eigene Kneipe auch. Willi Pfeiffer, der Fleischer, fährt mit Kollegen in der S-Bahn durch die Stadt. „Fatty“ ist dabei, „Hammel-Pietzek“, „Wellblech“, „der Blaue“. Vor dem Alexanderplatz deutet Willi auf die Straße hinunter. Dort ist eine Kneipe. „Die kauf ich mir mal“, sagt Willi mit Bestimmtheit. Die Kneipe gehört einem gewissen Tenscher. Pfeiffer hat sofort seinen Spitznamen weg. Er heißt nur noch Tenscher. Das geht 1935 los. Als er 1962 stirbt, hat er weder ein Rennpferd noch eine

Der Viehhof an der Ecke Hausburgstraße und Landsberger Allee

Kneipe besessen. Aber alle sagen: „Tenscher is eingegangen."
Wenn sie keine Zeit oder keine Lust haben, hinaus ins Grüne zu fahren, können die Fleischer ihrer Wettleidenschaft auch von der Stammkneipe aus frönen. Die Kneipe Fritze Grails ist Hausburg-/Ecke Thaerstraße. Die Wettannahmestelle Beckmanns ist Thaer-/Ecke Ebertystraße. Die Wetten besorgt ein einbeiniger Mann namens Schwertfeger. Er ist unermüdlich mit seinen Krücken unterwegs zwischen Grail und Beckmann. Für seine Dienste erhält er Bier

Die Knochenbeilage

Es bestehen verschiedentlich noch Unklarheiten über die Beigabe von Knochen beim Bezug von schierem Fleisch. Bekanntlich ist der Schlächter verpflichtet, beim Verkauf von schierem Fleisch (z. B. Schnitzel, Filet, Goulasch, Rouladen) Abzüge für Knochen von der auf den einzelnen Abschnitten der Reichsfleischkarte angegebenen Gewichtsmenge vorzunehmen, die bei Schweinefleisch 20 Proz. und bei Rindfleisch 25 Proz. betragen.
Der Käufer kann in diesem Fall aber die Differenz als Knochenbeilage verlangen. Die Knochenbeilage, die gesondert zu wiegen und zum Knochenpreis zu berechnen ist, darf also beim Bezug von schierem Schweinefleisch 20 Proz. und bei Rindfleisch 25 Proz. der auf die Kartenabschnitte abzugebenden Fleischmenge nicht überschreiten. Hammelfleisch darf nur mit eingewachsenen Knochen abgegeben werden.

Berliner Volks-Zeitung
15. März 1941

und Zigaretten. Er hat auch einen Spitznamen: „Zito-Renndepeschen". Bier und Zigaretten fallen ebenfalls für den alten Aushilfskellner ab, der ein bißchen tatterig ist. Sie nennen ihn Zitter-Karl.
Die Fleischer verdienen dank ihrem Pferdeverstand ganz ordentlich auf der Rennbahn, aber sie verlieren auch gehörig. Sie scheitern bei sogenannten Schiebewetten. Sie legen

Fatty und Tenscher auf dem Viehhof

sich von einem Rennen aufs andere für ein bestimmtes Pferd fest. Der Gewinn geht auf die jeweils nächste Wette über. Das geht fünf-, sechsmal gut. Nach dem achten Rennen sitzen sie wieder in ihrer Kneipe und blasen Trübsal.
„Was iss'n mit dem Blauen los?" fragt ein Gast den Wirt.
„Laß den bloß in Ruhe", sagt Fritze Grail. „Der hat ruffjestellt wie Ochsenkarl und alles verloren."
Einer schafft es. Wie er richtig heißt, wissen die wenigsten. Er wird „Fatty" genannt, weil er Ähnlichkeit mit einem Filmkomiker gleichen Namens hat. „Fatty" macht in den fünfziger Jahren eine Stehbierkneipe auf. Auf der Leninallee-Brücke. In unmittelbarer Viehhofsnachbarschaft. Das Unternehmen heißt „Fattys Bierstube" und floriert natürlich. Mitte der fünfziger Jahre muß Fatty raus aus seiner Bierstube. Die BVG braucht den Laden als Wartehalle und Sammelkartenverkaufsbude. Fatty übernimmt in der Mühsamstraße 69 (früher Zorndorfer 36) die Gaststätte Hirschfeld, vormals Lemme. Auch hier hat er sein Publikum. Von Fatty lerne ich, daß man Flaschen mit Weißbier ein Jahr

lang bis zum Hals in Sand stellen muß, dann schmeckt die Weiße wie Sekt.
Fatty gewinnt zweimal hintereinander in der Bärenlotterie: einmal 19000, dann 17000 Mark. Er kauft sich ein Grundstück in Rauchfangswerder, setzt sich dort zur Ruhe und stirbt. Eigentlich heißt er Rudolf Wagner. Aber alle sagen: „Fatty is eingegangen."
Fattys Goldgrube wird von einer Dame übernommen, die „Dampfer-Hete" genannt wird. Wie sie mit bürgerlichem Namen heißt, weiß wohl nur die Gewerbepolizei. Dampfer-Hete hatte früher mal die Kantine auf dem Ausflugsschiff „Wintermärchen". So wird der Name des Familienrestaurants in unserer Straße noch ein letztes Mal geändert. „Gaststätte Wintermärchen". Dampfer-Hete hat sich an Land ihren Traum verwirklicht. Das Lokal schließt Mitte der sechziger Jahre. In den historischen Gaststättenräumen arbeiten danach technische Zeichner irgendeines Projektierungsbüros, das mit Bier oder wenigstens Gärungsproblemen nicht das geringste zu tun hat.

Verwundete in der PLAZA

Über 3000 Soldaten, verwundete Wehrmachtsangehörige und ihre Pflegerinnen bildeten gestern nachmittag das Publikum einer großen Sonderveranstaltung der Plaza, deren Bühne aus diesem Anlaß prachtvollen Blumenschmuck aufwies. Der Vorstellung wohnte General Reineke bei, der Chef der Abteilung Inland im OKW. Für Reichsorganisationsleiter Dr. Ley, der am Erscheinen behindert war, war der Reichsamtsleiter „Kraft durch Freude" Dr. Lafferentz zugegen.
Die Veranstaltung lag im Rahmen der großen Truppenbetreuung durch die NS-Gemeinschaft „Kraft durch Freude". Bisher erstreckte sich die Betreuung nur auf die Soldaten und Insassen der örtlichen Lazarette und Unterkünfte. Neuerdings aber werden auch die Fronturlauber einbezogen, so daß „KdF" also auch ihnen frohe Stunden bereitet.

Morgenpost, 7. September 1940

Der Friedrichshain (I)

Im Friedrichshain wird emsig gebaut. Ein großer Teil des Parks ist gesperrt. Lediglich der sogenannte NEUE HAIN zwischen der Elbinger Straße, der Langenbeckstraße, der Virchowstraße und der Werneuchener Straße ist zugänglich und darf für Sport und Spiel und auch zum Planschen genutzt werden. Im eigentlichen Hain, dessen Anlage 1840 beschlossen worden war und der am 17. August 1848 eröffnet wurde, entstehen zwei Meisterwerke der Architektur des Dritten Reiches – Flakbunker.

Es sind mächtige Bauten. Zweimal so hoch etwa wie eine Berliner Mietskaserne. Die Bunker haben keine Fenster, nur Luken, die mit dicken Stahltüren verschlossen werden können. Der größere der beiden Bunker hat oben an allen vier Ecken sogenannte Balkons, runde Vorsprünge. Auf den Balkons stehen Flakgeschütze. Im Innern des Bunkers soll es Luftschutzräume, Lazarette und Depots für Kunstschätze geben, erzählt man. Die beiden Bunker erschlagen den Stil des Parks. Sie sind nun die absoluten Höhepunkte der Anlage ...

„Zur Feier des Tages, an welchem der Hochselige König Friedrich II. (vor hundert Jahren) den Thron bestiegen und zum bleibenden Gedächtniß dieses grossen Königs, beschlossen die Communalbehörden unter dem 30. Mai 1840 zwischen dem Landsberger und dem Neuen-Königsthore der Stadt Berlin unter dem Namen

FRIEDRICHSHAIN

einen Erholungsplatz, und zwar nach der Art des Thiergartens, anzulegen."

Auch die ursprüngliche Parkanlage weist schon mehrere markante Punkte auf: den Denkmalsplatz, den Heckenplatz, das Plateau, den Lindenberg, den Finkenberg, den Büschingsberg, den großen und den kleinen Teich.

Auf dem großen Plateau, dem höchsten Punkt des Hains, befindet sich der gute Alte Fritz. „Auf dem Plateau erhebt

Friedrichshain, Büste Friedrichs des Großen

sich eine etwa 12 Fuß hohe, nach oben verjüngte Säule aus poliertem, schlesischem Marmor. Diesselbe trägt das metallene Brustbild des großen Königs von mindestens doppeltem Maße natürlicher Größe. Das Gesicht ist der Stadt zugekehrt."

Die Nazis haben Friedrich II. die Sicht nicht versperrt. Von seinem Standpunkt aus kann er an dem großen Bunker vorbeischauen, der auf dem Heckenplatz wächst. Der kleinere Bunker wird halbrechts hinter dem großen König errichtet. Wenn die Bunker dann mal fertig sind, und gar nicht viel später die Sirenen Voralarm oder öffentliche Luftwarnung geben werden, sausen die Bewohner der umliegenden Straßen in den Friedrichshain. Die Bunker sind eine bombensichere Sache. Aber der Weg zu ihnen ist gefährlich. Viele, die in dem Betonkoloß Schutz suchen wollen, werden unterwegs von Bomben- und Granatsplittern getroffen. Manche, die ihn dennoch erreichen, werden vor verrammelter Tür stehen. Das Fassungsvermögen der Schutzräume wird schnell erschöpft sein. Wer draußen vom Angriff überrascht wird, kann in sogenannten Splittergräben verschwinden, die überall gegraben werden, aber völlig sinnlos sind. Von weither werden die Leute herbeieilen – aus der Greifswalder Straße, vom Arnswalder Platz, aus der Bardelebenstraße, der Büschingstraße, der Palisadenstraße, der Kochhannstraße. Sie werden nur das notwendigste Gepäck mit sich führen. Sie werden um ihr Leben laufen.

Reichspressechef Dr. Dietrich:

Zum zweiten Mal begeht der Führer seinen Geburtstag in diesem großen Kriege.
Im vorigen Jahre verlebte er diesen Tag zwischen den Schlachten in Berlin – gekrönt mit dem frischen Lorbeer des Sieges in Norwegen und erfüllt von den kühnen strategischen Planungen für den bevorstehenden gewaltigen Vernichtungsfeldzug im Westen.
Diesmal aber fällt sein Geburtstag mitten hinein in die großen Entscheidungen des Balkanfeldzuges. Der Führer verbringt ihn in soldatischer Einfachheit in seinem Hauptquartier, von dem aus er die siegreichen Operationen seiner Südostarmeen leitet.

BZ am Mittag
20. April 1941

Der gesamte Friedrichshain ist 52 Hektar groß. Seine Wege sind über zwanzig Kilometer lang. Er ist mit allen Arten von Bäumen bepflanzt, die in Deutschland vorkommen. Aber auch ausländische Gehölze und Gewächse hat man herbeigeschafft: aus Frankreich, Italien, Schweden, vom Balkan, aus Rußland und Sibirien, aus Nordamerika, China und Japan. Viele Bäume müssen den Bunkerbauten weichen. Eine weitaus größere Zahl wird das Kriegsende nicht überstehen.
Was für den Westen der Stadt der Tiergarten, das ist für den Osten der Friedrichshain geworden. Aber es gibt

augenfällige Unterschiede. Im Tiergarten absolviert man vornehm Morgenritte, im Friedrichshain lagern, solange es erlaubt ist, Arbeiterfrauen in Ermangelung von Strandkleidern in Unterröcken auf den großen Wiesen und spielen mit ihren nackten Kindern. Im Friedrichshain werden Bunker gebaut, der Tiergarten wird rund um die Siegessäule und die Ost-West-Achse mit Tarnnetzen überzogen.
Die Bunker wachsen und wachsen. Der kleinere erhält einen unterirdischen Zugang zur Schultheiß-Brauerei in der Landsberger Allee. Verdursten wird in diesem Betonklotz so schnell niemand. Auf den Balkons des großen Bunkers werden die vier Flakgeschütze in Stellung gebracht. Wenn die amerikanischen Bombengeschwader gar nicht viel später die Wohnviertel der Reichshauptstadt planmäßig einäschern, werden die Flakschützen vom Friedrichshain ihnen mächtig Zunder geben. Für die Sicherheit der Zivilbevölkerung ist diesem Staat nichts zu teuer . . .

Hitler zieht Balkan-Bilanz:

Die Verluste des deutschen Heeres und der deutschen Luftwaffe sowie der Waffen-SS sind nun in diesem Feldzug die geringsten, die wir bisher hatten. Die deutsche Wehrmacht hat im Kampf gegen Jugoslawien, Griechenland bzw. Großbritannien in Griechenland verloren:
Heer und Waffen-SS
57 Offiziere und
1042 Unteroffiziere und Mannschaften tot
181 Offiziere und
3751 Unteroffiziere und Mannschaften verwundet
13 Offiziere und
372 Unteroffiziere und Mannschaften vermißt.
Luftwaffe
10 Offiziere und
42 Unteroffiziere und Mannschaften tot
36 Offiziere und
104 Unteroffiziere und Mannschaften vermißt.

4. Mai 1941
(Reichstagssitzung)

Man müßte Klavier spielen können

Als ich zwölf Jahre alt war, liebte ich zwei blonde Frauen. Die eine war Filmschauspielerin und hieß Kristina Söderbaum. Sie spielte in Filmen, die ihr Ehemann Veit Harlan anfertigte und die der Nazipropaganda dienten. Aber das war mir in diesem Fall egal, weil ich nur die Frau sah. Die meisten ihrer Rollen endeten tragisch: Sie schied aus dem Leben. Es gab Leute, die liebten Kristina Söderbaum nicht in dem Maße wie ich und nannten sie respektlos „Reichswasserleiche". Dadurch wurde ich in meiner Liebe zu ihr nur noch bestärkt. Erst vierzig Jahre später entnahm ich einem Interview mit Frau Söderbaum, daß sie in all der Zeit nichts dazugelernt hat, und meine Liebe erlosch.

Die zweite blonde Frau war Wurstverkäuferin in der Lebensmittelabteilung bei Hertie, Frankfurter Allee, Ecke Königsberger Straße. Auf der Registrierkasse hatte sie den Buchstaben „H" oder „H Aufr". „Aufr" bedeutete Aufrechnung, die Kasse konnte schon damals mehrere Positionen speichern und zusammenzählen. Während Mutter in der Reihe wartete, beobachtete ich ganz genau, wie meine Verkäuferin die Wurst in Scheiben schnitt oder Hackepeter abwog. Von der ewigen Wurstanfasserei hatte sie ganz rötliche Hände, was sich aber verlieren würde, wenn sie erst mit mir verheiratet war und nicht mehr arbeiten mußte. Leider gerieten wir uns durch die Kriegsgeschehnisse aus den Augen.

Im Sommer 1941 verlor ein englischer Mosquitobomber, der eigentlich schon nach Hause fliegen wollte, ausgerechnet über der Eckertstraße eine sogenannte Luftmine. Das war eine teuflische Bombe. Während die herkömmliche Sprengbombe, bevor sie explodierte, erst ein bißchen in ein Wohnhaus eindrang beziehungsweise sich in den Boden bohrte, war die Luftmine mit einem Aufschlagzünder versehen. Die erwähnte Luftmine landete direkt vor der 271. Volksschule in der Eckertstraße 16 und bewirkte, daß alle in der Straße befindlichen Häuser baufällig wurden

und gesperrt werden mußten. Eine normale Sprengbombe hätte vielleicht ein Haus vernichtet, und ein paar hundert Fensterscheiben wären kaputt gewesen. Durch die Luftmine flogen aber im weiten Umkreis die Fensterscheiben heraus, zum Beispiel bei Stiller, Petersburger Straße Ecke Zorndorfer alle Schaufenster, bei Hertie, Frankfurter Allee Ecke Königsberger, dic meisten. So eine starke Druckwelle war entstanden, und man mußte uneingeschränkt zugeben, daß die Engländer dem Fortschritt der Zerstörungstechnik einen großen Dienst erwiesen hatten.
Da dieser Abwurf bereits im Jahre 1941 erfolgte, also der Bombenkrieg gegen Berlin überhaupt noch nicht in Mode war, setzte eine emsige Bautätigkeit in der Eckertstraße ein. Die Nazis wollten ja zeigen, daß das alles halb so wild war, und so renovierten sie die gesamte Eckertstraße und zwei Häuser in der Zorndorfer Straße, wobei auch die Central-Lichtspiele eine völlig neue Fassade erhielten. Der Familie meines Mitschülers Otto R. wurde das beschädigte Klavier total ersetzt. So konnte man sich ein Bombardement gefallen lassen, und ich beschloß, wenn wir einmal ausgebombt würden, daß wir dann auch angeben, wir hätten ein Klavier besessen. Sicherlich hätte der Schadenserfasser gefragt, wo dafür in Stube und Küche Platz gewesen sei. Aber bis es soweit war, wäre mir schon etwas eingefallen. Tatsächlich machte ich mir unnütz Gedanken, weil wir nicht ausgebombt wurden und unsere paar Habseligkeiten (und kein

Der Schlager
Die Männer sind schon die Liebe wert
(1941 Adolf Steimel)
Horst Winter m. Orchester Lutz Templin

Die Männer sind schon die Liebe wert,
Wer nicht so denkt, denkt bestimmt verkehrt,
Wer ohne Mann lebt, wird bald belehrt:
Für einen richt'gen Mann gibt's keinen Ersatz.

Eckertstraße nach dem Luftminenabwurf;
Häuser gegenüber der Volksschule

Das Hertie-Warenhaus in der Frankfurter Allee, Ecke Königsberger Straße

Klavier) über den Krieg retten konnten. Glück muß man haben!

Das besonders Positive an dieser verlorenen Bombe war jedoch, daß sie das Verwaltungsgebäude der Schule so stark in Mitleidenschaft gezogen hatte, daß es teilweise neu aufgebaut werden mußte. Während dieser Zeit wurde der Unterricht für die Eckert-Schüler abwechselnd in der Hausburg-, der Zelle- und der Rigaer-Schule mit etlichen Ausfallstunden durchgeführt, was auch ein konfessionelles Durcheinander hervorrief. Das störte aber weder Schüler noch Lehrer. Der Religionsunterricht wurde von Lehrer Kroppenstedt dermaßen weltlich gehalten, daß auch die Jugendweihlinge ohne Schaden zu nehmen in der Klasse verbleiben konnten.

Unsere beiden jüdischen Mitschüler, Harry und Gerhard Itzig, waren sowieso längst nicht mehr dabei. Ich glaube, sie durften überhaupt nicht mehr zur Schule gehen, was uns natürlich nicht als besondere Strafe vorkam. Einige Male tauchten die Brüder in unserer Gegend mit Pferd und Wagen auf und boten Brennholz für Kartoffelschalen. Die wurden für die Kühe im Kuhstall Thaerstraße gebraucht. Daß wir mitfahren durften, nahmen wir dankbar auf. Es war das letzte Mal, daß wir Harry und Gerhard Itzig sahen. Sie seien nebst ihren Eltern mit unbekanntem Ziel verzogen, hieß es.

DAS OBERKOMMANDO der Wehrmacht gibt bekannt:
An der sowjetrussischen Grenze ist es seit den frühen Morgenstunden zu Kampfhandlungen gekommen.
22. Juni 1941

Der Germania-Palast (I)

Zuerst suchte man ja in Begleitung etwas größerer Kinder die Kinos in der Nachbarschaft heim. Die Kindervorstellungen begannen sonntags um 2 Uhr nachmittags, Eintritt kostete 30 Pfennig, in einigen Lichtspielen auch nur 25.
Die Kinos in unserer unmittelbaren Nachbarschaft hießen „Monopol" (Petersburger Straße), „Central" (Zorndorfer Straße) und „Tilsiter" (Tilsiter Straße). Sie hatten zusammen gut gerechnet 600 Plätze. „Monopol" war das größte von den dreien, und es war auch das räumlich höchste, weil der geschäftstüchtige Besitzer des Eckhauses Petersburger/ Ecke Zorndorfer Straße anfangs der zwanziger Jahre aus Halbkeller und Hochparterre eine einzige Etage ausbauen ließ.
In dem in der Zorndorfer Straße gelegenen Teil des Hauses ließ sich der Gastwirt Max Lunow nieder, die ganze Ecke nahm seit 1938 das Schuhhaus Karl Stiller ein, der Rest in der Petersburger Straße war Kino.

Die Monopol-Lichtspiele in der Petersburger Straße 20, heute Bersarinstraße 61

Ich machte mir damals keine Gedanken darüber, was „Monopol" eigentlich bedeutete, aber da der Filmtheaterbesitzer sich offenbar diesbezüglich auch keine Gedanken gemacht hatte, mußte ich mir nichts vorwerfen.
Der Zuschauerraum der „Monopol-Lichtspiele" war mit rotem Plüsch ausgeschlagen, die Leinwand hatte keinen Vorhang. Sie war so groß wie möglich gehalten, so daß das Leuchtschild „Ausgang" links unten eingeklinkt werden mußte.

Das Programm bestand aus amerikanischen Spielfilmen und aus Mickey-Mouse-Filmen. Absoluter Renner war der Streifen „Dick und Doof, die bösen Buben im Wunderland“, den ich ungefähr zwanzigmal gesehen habe. Meine Bewunderung galt aber weniger den Leinwandhelden wie Tom Mix oder Pat und Patachon als vielmehr dem hochaufgeschossenen Billettabreißer, der von einem hohen Bord unterhalb der Leinwand vor den Vorstellungen aus einem Pappkarton Lakritze, Nappos und Veilchenpastillen verkaufte, deren wundervollen Geschmack ich nie vergessen werde. Der Billettabreißer konnte bei Programmwechsel die in Holzrahmen befindlichen DIN A 0-Plakate, ohne eine Leiter zu besteigen, abheben und anbringen. Ich überlegte damals ernsthaft, ob ich an Stelle von Straßenbahnschaffner nicht doch lieber Nappoverkäufer im „Monopol“ werden sollte.

29 Kinos im ganzen bespielten Berlin O., Flora, Filmstern, Lido, Intimes, Merkur, Concordia, Alhambra, Viktoria, Luna, Comenius, Thalia, Tempo und wie sie alle hießen.

Aber sie wurden von einem einschlägigen Unternehmen völlig in den Schatten gestellt. Als 1925 in der Frankfurter Allee 314 die Germania-Brauerei abgebrannt war, hatte man Platz für einen Kinogiganten gefunden. Es entstand innerhalb eines knappen Jahres das Prunkstück des ganzen Ostens: der Germania-Palast. 1075 Sitzplätze im Parkett und den Logen und 815 Sitzplätze auf dem Rang.

Vor der Riesenbühne (8 mal 12 Meter) ein mächtiger, aber zugedeckter Orchestergraben, links und rechts davon die angedeuteten Pfeifen der Kino-Orgel. Über dem gewaltigen Rang von der Decke herabhängend eine Muschel, die den Vorführraum enthielt. Das Foyer mit den Logen, der breite Garderobengang davor, dann die pompöse Kassenhalle mit den beiden Treppen zum Rang. Von der Straße aus der offengehaltene Eingang mit drei riesigen Glastüren, darüber ein Transparent von den Ausmaßen 20 mal 5 Meter, noch darüber in gewaltigen Leuchtbuchstaben GERMANIA-PALAST und Lichterketten und Neonröhrenlinien und zwei Geschäfte und rechts und links zwei Toreinfahrten, aus denen die Massen nach Schluß der Veranstaltung das Theater verließen. Und –

Für mich war der Germania-Palast – wenn man von der harten Bestuhlung absah – das schönste, größte und prunkvollste Kino Berlins. Diese Einstellung wurde auch nicht erschüttert, als ich herausbekam, daß der Ufa-Palast am Zoo und das Ufa-Kino in der Wagnitzstraße etwas mehr Zuschauer faßten. Zwei andere Fakten machten mich eher traurig: Es hatte noch nie eine Film-Uraufführung in der Frankfurter Allee gegeben – die Premieren fanden nur am Zoo und in der Kaiserallee statt –, und mein Lieblingskino gehörte nicht zur Ufa-Kette. Ich hatte keine Ahnung, was Ufa oder Hugenberg bedeuteten, aber so viel stand fest: Alle führenden Berliner Kinos waren Ufa-Theater.

Ich fand es ungerecht, daß die Uraufführungen ausschließlich bei den Reichen im Westen stattfanden und nicht auch im Osten oder am Gesundbrunnen oder in Neukölln.

Egal. Ich mußte mit meinem Germania-Palast und seinen Mankos leben. Eines Tages, dachte ich so, wenn mal andere Zeiten kommen, gibt's die Premieren vielleicht nur noch im Osten, Süden und Norden und nicht mehr im Westen. Ich wußte schon sehr früh, daß der am besten lacht, der es zuletzt tut.

Dem Germania-Palast verdankte mein vornehmer Vater auch eine seiner größten Stunden. Er stand einmal in seinem besten Anzug am Durchgang zu den Garderoben, hatte die Hände auf dem Rücken übereinandergelegt – seine typische Haltung – und wippte andeutungsweise in den Knien. Meine praktische Mutter stand nach Karten an. Es war ein gewaltiges Durcheinander in der Kassenhalle und besonders vor den beiden Kassen. Die Leute schoben und bufften sich. Da trat ein Herr auf meinen Vater zu und sagte: „Das ist unerhört! An den Kassen ist Mord und Totschlag, und Sie, als Geschäftsführer, stehen hier herum, als ginge Sie das überhaupt nichts an!"

Als Frau Schmieja, Nachbarin in der Zorndorfer 37, anläß-

Der Germania-Palast mit einem „Blut-und-Boden"-Schinken der Ufa aus dem Jahre 1934

lich eines Luftschutzkelleraufenthaltes schwärmerisch zu meiner Mutter sagte: „Im Vertrauen, Frau Stave, Ihr Mann sieht aus wie ein Graf oder Baron, so richtig edel!", da winkte Mutter nur ab und sagte: „Mein Mann ist sogar schon mal für den Geschäftsführer des Germania-Palastes gehalten worden."

Kino stand in diesen Kriegstagen hoch im Kurs. Aus Angst vor Fliegerangriffen wagte sich niemand allzuweit von seiner Wohnung weg. Vom Osten aus gesehen hieß das: Theater fällt flach – mit Ausnahme des Rose-Theaters in der Großen Frankfurter Straße. Plaza ging auch. Es wurde so kalkuliert, daß man nach einem Luftangriff zur Not auch zu Fuß nach Hause konnte. In der Zeitung berichtete das Hauptsteueramt, „daß im 1. Halbjahr 1941 in Berlin 44104483 vergnügungssteuerpflichtige Kinokarten verkauft wurden. Im letzten Jahr ging der Berliner im Durchschnitt 22mal ins Kino. Das heißt, daß der ‚kinofähige' Berliner im Durchschnitt alle vierzehn Tage einmal ein Lichtspieltheater besucht."

Die meisten Leute gingen „um die Ecke" ins Kino. Wer ein bißchen was auf sich hielt, ging in ein führendes Lichtspielhaus . . .

Das Oberkommando der Wehrmacht gibt bekannt:

In der Nacht zum 12. August überflog der Feind mit schwachen Kräften die Reichsgrenze und warf an mehreren Orten Westdeutschlands einige Bomben, die unbedeutenden Schaden verursachten. Eine geringe Zahl von Feindflugzeugen, vermutlich Sowjetbomber, unternahm planlose Angriffsversuche ohne jede Wirkung im Nordosten des Reiches. Nur zwei Flugzeugen gelang es, bis in die weite Umgebung Berlins vorzudringen. Sie wurden jedoch durch gut liegendes Flakfeuer zum Abdrehen gezwungen.

BZ am Mittag
12. 8. 1941

Das erste Manko meines Lieblingskinos wurde am 6. November 1941 beseitigt. Es fand eine Uraufführung im Germania-Palast statt, und es blieb nicht die einzige! Irgend jemand hatte offenbar eingesehen, daß man den vielen Leuten im Osten der Stadt auch einmal etwas taufrisch anbieten mußte. Der Film hieß „Oh, diese Männer“, in den Hauptrollen spielten Grete Weiser und Paul Hörbiger. Sicherlich war er kein ausgemachtes Werk der Filmkunst, aber das war mir egal. Mein Kino war in der Tabelle der führenden Filmtheater der Reichshauptstadt ein ganzes Stück vorangekommen.

WILLY HEIN THEATER

Vom 4. bis 6. 11.

4 30 7 30

LUXOR-PALAST Kurfürstendamm	Angelika (Wiederauff.)
ALHAMBRA Kurfürstendamm	Immer nur Du **)
PICCADILLY Bismarckstraße	Immer nur Du **)
NOLLENDORF-PALAST	Die gold. Maske (Wiederauff.)
ATLANTIK Bismarckstraße	Jakko *)
BALDUR, Schul- Ecke Kirchstr.	Walzer ein. Nacht
PRINZESS Augsburger Str. 27	Walzer ein. Nacht
ROTE MÜHLE Halensee	Walzer ein. Nacht
RIVOLI Halensee	Wie d. Hase läuft (Wiederauff.)
GERMANIA-PAL. Frankfurter Allee	am 4. und 5. 11. Immer nur Du **) am 6. 11. Urauff.. O diese Männer! nur 6 Uhr
VIKTORIA Frankfurter Allee	Jakko *)

*) jugendfrei **) jugendfrei ab 14

Ruf: 31 80 36

Uraufführung im Osten

Wie schon bei dem Film „Die Kellnerin Anna", so fand auch die Uraufführung des Films „Oh, diese Männer" nicht nur in den bekannten Lichtspielhäusern des Berliner Westens, sondern auch gleichzeitig in einem solchen des Ostens der Reichshauptstadt, und zwar im Germania-Palast in der Frankfurter Allee, statt. Zu dieser Uraufführung hatte der Gauleiter von Berlin, Reichsminister Dr. Goebbels, wiederum Einladungen an verwundete Soldaten und an Rüstungsarbeiter ergehen lassen. Diese begrüßenswerte Neuerung ermöglichte es den Männern, eine Uraufführung in einem günstig gelegenen Filmtheater mitzuerleben.

BZ am Mittag
7. November 1941

Landsberger Allee 40/41. Hinterhofkino „Flora",
wie das „Rose-Theater" nur durch den Hausflur zu erreichen

Der gelbe Onkel

Einer fehlte bei keiner Unterrichtsstunde. Er lag unauffällig, aber stets griffbereit auf dem Lehrerpult. Ein Stock. Eine Rute. Aus Weide? Oder Rohr? Ja, ein Rohrstock, sagt man wohl. Klassenlehrer Kroppenstedt („Kroppi") nannte ihn liebevoll den „gelben Onkel".

Der gelbe Onkel hatte Stammkundschaft. In der Klasse gab es eine ganze Reihe von Prügelknaben, die immer drankamen. Schurlick war so einer oder Schallwig. Aber denen machte das nicht allzuviel aus. Sicherlich wurden sie auch zu Hause unentwegt durchgebimst, so daß ihnen vermutlich etwas fehlte, wenn sie in der Schule einmal nicht an der Reihe waren.

Knicke war ebenfalls Dauerabonnent. Er ist später Musiker geworden. Seine Bekanntschaft mit dem Rohrstock verdankte er seiner Gabe, unentwegt Blödsinn produzieren zu können oder recht unpassende Antworten zu geben.

Rektor Woelkerling, ein bereits pensionierter Lehrer, der im Krieg reaktiviert worden war, unterrichtete die 8. Klasse. Er hatte ein sehr rosiges Gesicht und machte den Eindruck, als litte er täglich unter der morgendlichen Naßrasur. Als Sehhilfe benutzte er einen sogenannten Kneifer, zwei randlose Brillengläser, die durch einen Klappmechanismus aus purem Gold zusammengehalten wurden. Wenn Woelkerling sprach, spielte er unablässig mit dem Kneifer. Die meiste Zeit hatte er ihn in der Hand.

„Meine Buben", sagte der Rektor. „Am Sonntag findet im Rose-Theater eine Konzertmatinee mit Werken deutscher Komponisten statt. Matinee ist eine Vormittagsveranstaltung, wer also erst am Nachmittag hingeht, der kommt zu spät. Wer von euch Buben kann mir nun einmal die Namen einiger deutscher Komponisten nennen? Nun?"

Ein kolossales Schweigen breitete sich in der 40köpfigen Klasse aus und legte Zeugnis ab von der Qualität der musischen Erziehung an der Volksschule. Selbst der Streberflügel verfiel komplett in Ratlosigkeit.

„Nun, nun“, ermunterte der Rex.
Aus einer Ecke mutmaßte es „Beethoven“, und es klang auch mehr fragend als antwortend.
„Na also, Beethoven“, sagte Woelkerling beglückt und spielte mit dem Kneifer in der Hand. „Weiter, weiter!“
„Wagner?“ „Schumann?“ „Schiller.“ „Bach?“
„Wieso Schiller?“
„Na: Das Lied von der Glocke!“
Der Rektor setzte den Kneifer auf und starrte auf seine Stiefelspitzen. Er verschränkte die Arme auf dem Rücken und begann durch den Klassenraum zu stolzieren. Irgend jemand schnippte mit den Fingern, machte sich bemerkbar, wußte offenbar etwas. Ich drehte mich ahnungsvoll um, es war Knicke. Der Rektor hob den Kopf und sah Knicke ermunternd an.
„Peter Igelhoff!“ sagte Knicke.
Ich wollte schon lospruschen, aber das wäre verfrüht gewesen, denn die Pointe kam erst.
Woelkerling legte sein gerötetes Gesicht in tiefe Falten. Nach einigen Sekunden intensiven Nachdenkens sagte er, indem er den Kneifer in die Hand nahm und zur Decke blickte: „Igelhoff, Igelhoff? Nie gehört.“

Diesmal bezog ich die Prügel wegen nicht enden wollenden Lachens. Ich lachte sogar noch während der sogenannten Züchtigung.
Einmal hatten die Kameraden Schallwig, nur so aus Spaß,

in den Papierkasten gezwängt. Er wurde richtiggehend hineingestopft, so daß er sich selbst nicht befreien konnte. Obendrein bemalten sie seine Glatze mit Ölbuntstiften. Es war ein netter Spaß.
Die Schulklingel beendete die kurze Pause, und Oberlehrer Otto betrat den Klassenraum, ein etwas kurzgeratener, aber kräftiger Mann mit großen Händen. Er befahl, Schallwig aus seinem Gefängnis zu befreien. Als das geschehen war, ergriff Otto den Rohrstock und walkte Schallwig, der ja an sich Opfer war, nach allen Regeln der Kunst durch. Der gelbe Onkel landete nicht nur auf dem Hintern des Gemaßregelten, sondern auch auf seinen Schenkeln. Die Striemen waren deutlich zu sehen, weil ja im allgemeinen kurze Hosen getragen wurden.
Schallwig – als er wieder einmal tüchtig durchgewalkt worden war – sagte mit Tränen in den Augen zu seinem pädagogischen Folterknecht: „Keile vergeht, Arsch besteht." Er bekam darauf noch mehr Senge, aber das machte nichts. Hauptsache, er hatte eine Perspektive ...
Der Rohrstock war nicht das einzige Instrument, das der Oberlehrer beherrschte. Er konnte seine Aggressionen auch an dem in der Aula befindlichen Klavier abreagieren. Mit hartem Knöchel schlug er auf die Tasten: „Ein Jä – ger längs dem Wei – her ging, lauf, Jäger lauf!" Was ein Weiher war, das wußten die wenigsten, aber darauf kam es ja auch nicht an. In Ermangelung eines Klavierhockers hatte der Musiklehrer eine Sitzbank aus der Bestuhlung der Aula an das Klavier schaffen lassen. Unmittelbar hinter dieser Bank waren die anderen Bänke herangerückt worden, auf ihnen hockten die Schüler andächtig. Besonders Prügelknabe Schurlick. Er rutschte mit dem Hintern etwas nach vorn und legte seine Füße auf die Lehne der Bank, von der aus Lehrer Otto das Klavier bearbeitete.
Schurlick sah sich beifallheischend um, und er sah in zufriedene Gesichter. Ein guter Einfall –
Plötzlich schnellte der Lehrer herum, ergriff die Füße des Delinquenten und zog sie zu sich herauf. Der Gefaßte

rutschte von der Bank und schlug mit dem Kopf auf den Fußboden. Während er mit der linken Hand den Missetäter festhielt und mit der rechten nach dem Rohrstock tastete, sagte Otto triumphierend: „Ich kann auch nach hinten sehen. Deine Quanten haben sich in meiner Brille gespiegelt!“ Dann sauste der gelbe Onkel auf Schurlick herab, der absichtlich ein wüstes Geschrei anstimmte, das in der fast leeren Aula ausgezeichnet klang und normalerweise die ganze Schule hätte in Aufruhr versetzen müssen, wenn die körperliche Züchtigung etwas Verbotenes gewesen wäre ...

Damit alle etwas davon hatten, ordnete der Musiklehrer an, daß die ganze Klasse zehnmal die zwei Stockwerke von der Aula zum Parterre und zurück hinab und hinauf zu steigen hätte. Ich machte nur zweimal mit und blieb dann unten stehen. Beim fünften Mal hatte Otto das spitzgekriegt und schlich mitten in der Schafherde als Wolf die Treppe hinunter. Auf dem untersten Treppenabsatz bekam ich mein Fett weg. Ich schrie laut „Au! Au! Au!“, und ich muß sagen, daß das Treppenhaus auch keine schlechte Akustik aufzuweisen hatte.

Alles in allem konnte man sagen, daß diese Musikstunde nicht schlecht verlaufen war.

Lehrer Kroppenstedt war kein Hartprügler. Nur wenn er zur Weißglut gebracht wurde – was hin und wieder vorkam –, schlug er wild um sich. Kroppi saß nie hinter dem Katheder, sondern stellte den Stuhl seitlich daneben. Wenn ein Schüler sich besonders dumm anstellte, mußte er nach vorn kommen, sich aufs Katheder setzen und folgenden Vers aufsagen: „Auf dem Dache sitzt ein Greis, der sich nicht zu helfen weiß!“ Dieser Vorgang wurde von der Klasse stets sehr belacht.

Wenn der Vortrag des Lehrers zu langatmig oder, was auch vorkam, zu unverständlich war, wurde von der Klasse das Rhabarbergemurmel angestimmt. Rhabarber, Rhabarber, Rhabarber ...

„Hört auf mit dem verdammten Rhabarber!“ forderte Kroppenstedt, und er versuchte, wenigstens einen Rhabarbermurmeler zu erwischen. Aber wo er auch hinsah, da murmelte gerade niemand. Nur Knicke tat ihm den Gefallen. Er tat es mit Absicht. Er wartete einen stillen Moment ab und sagte dann laut und vernehmlich: „Rhabar – ber!"

„Komm nach vorn, Knieriem", sagte Kroppenstedt. Er nannte ihn immer Knicriem, und ich glaube sogar, daß der Lehrer dieses Enfant terrible auf irgendeine Weise schätzte.

Kroppi saß breitbeinig neben dem Pult, den gelben Onkel in der rechten Hand haltend und ihn schon ungeduldig rhythmisch, aber leicht in die offene linke Hand schlagend. Knicke mußte seine rechte Hand vorstrecken, auf die der Knüppel niedersausen sollte.

Das war Kroppenstedts Art zu strafen. Er schlug auf die Hände. Das war geradezu human gegen das Schlagen aufs Gesäß und auf die Schenkel oder das Drehen der Ohren. Es zeckte ein bißchen, aber wenn man sich die Hände hinterher ordentlich rieb, war der Schmerz bald vergessen.

Knicke streckte also die rechte Hand vor, aber er hielt nicht still. Immer wenn sich der Rohrstock hob, zog Knicke die Hand flugs zurück. Kroppi kniff die Lippen zusammen. Er machte das Spiel mit.

Rohrstock hoch, Hand zurück. Rohrstock hoch, Hand zurück. Endlich sauste der gelbe Onkel wie ein Blitz nach unten, aber Knicke hatte die Hand geistesgegenwärtig zurückgezogen, so daß das Marterinstrument den Oberschenkel des Lehrers traf, quasi ein ungewollter Akt von Selbstzüchtigung.

Kroppi sprang auf und hieb wild auf Knicke los, aber der war schon in den Gang zwischen den Bänken gespurtet. Der Lehrer hinterher, die Jagd ging quer und kreuz durch den Klassenraum, über Bank und Tisch, sehr zum Gaudi der Klassenkameraden, auch wenn der eine oder andere diesen und jenen Schlag mit dem Rohrstock abbekam. Die Pausenklingel beendete die Verfolgungsjagd. Kroppenstedt ließ den gelben Onkel sinken. Knicke blinzelte den alten

Lehrer treuherzig an. Beide wußten, daß es nicht ihre letzte Schlacht gewesen war. –
Trotzdem: Das Ohrendrehen war die schlimmste Folter. Man hatte das Gefühl, daß das Ohr abgerissen würde. Ein scheußlicher Schmerz. Ob man wollte oder nicht, einem schossen die Tränen aus den Augen. Nicht selten konnte man in der Pause auf dem Schulhof die drei heiligen Affen – von denen ich damals natürlich noch nichts gehört hatte – in etwas abgewandelter Form sehen: einer rieb sich die Hände, einer die Ohren und einer den Hintern.
Genaugenommen war es eine Affenschande ...

PLAZA

Mit Peter Igelhoff stellt sich im Osten ein Künstler vor, dessen Akzent bisher vorwiegend „westlich" orientiert schien, nun aber in der Verlagerung des Milieus plötzlich ganz neue Kräfte mobil werden läßt. Der Blumenstrauß nach einigen Draufgaben bedeutete mehr als eine förmliche Höflichkeit.

BZ am Mittag im Oktober 1941

Der Germania-Palast (II)

Der Uraufführung des Films „Oh, diese Männer" folgen im Jahre 1942 „Die große Liebe" mit Zarah Leander (die ganze Allee ist voll von erwartungsvollen Menschen, aber die Diva gibt sich nicht die Ehre) und „Die goldene Stadt" mit Kristina Söderbaum im Germania-Palast. Das Theater gehört zur Willy-Hein-Kette, einem privaten Unternehmen, das seine Kinos überwiegend im Westen der Stadt betreibt, nur Germania und Viktoria sind in der Frankfurter Allee. Viktoria ist schräg gegenüber vom Germania-Palast in den „Prachtsälen des Ostens" untergebracht, kurz vor der Niederbarnimstraße.

Am 3. Dezember 1942 blättere ich während des Verzehrs einer Marmeladenstulle unlustig in der „Berliner Morgenpost" und falle um ein Haar vom Küchenstuhl: Mein Lieblingskino ist in die Liste der Ufa-Kinos übergewechselt! Tatütatah! Ich hüpfe vor Begeisterung in der Küche umher. Mutter wundert sich: „Los, mach, daß du in die Schule kommst!"

Ich bin völlig aus dem Häuschen und teile die Sensation auch meinen Klassenkameraden mit, aber die tippen sich nur an die Stirn, denen ist das völlig egal, ob der Germania-Palast ein Ufa-Theater ist oder sonstwas. Im späteren Leben werde ich diese Erfahrung noch öfter machen, daß mir etwas sehr wichtig vorkommt, was andere Leute überhaupt nicht zur Kenntnis nehmen. Seltsam.

Nach der Schule rase ich sofort in die Frankfurter Allee, und tatsächlich! Auf dem großen Transparent, 30 Meter lang und 6 Meter hoch, steht es dunkelblau auf hellblau: Ufa-Theater Germania-Palast! Reklame gibt es ja längst nicht mehr, und auf den Werbeflächen der Kinos ist überall der gleiche Text zu lesen: „Unser Programm entnehmen Sie bitte den Schaukästen!" Aber das hier ist gewaltig. Vielleicht ein bißchen doppelt gemoppelt; denn oben am Dach steht ja sowieso groß und unübersehbar: GERMANIA-PALAST. Aber egal.

UFA VON HEUTE

Ufa-Palast am Zoo
Die goldene Stadt Kristina Söderbaum, Eugen Klöpfer (2.30, 5.15, 8)
Gloria-Palast (2.30, 5.15, 8)
Der große Schatten mit H. George
Capitol am Zoo (2.30, 5.15, 8)
**Andreas Schlüter mit H. George
Tauentzien-Palast
Der Seniorchef mit Otto Wernicke Hildegard Grethe (3, 5.30, 8)
Marmorhaus (2.30, 5.15, 8)
Meine Freundin Josefine H. Krahl
Kurfürstendamm
Stimme des Herzens (5.15, 8)
Piccadilly Bismarckstr. (5.15,8)
**Die Entlassung mit Emil Jannings
Friedrichstr. (12, 2.30, 5.15, 8)
Der Seniorchef Otto Wernicke
Ufa-Pavillon (5.15, 8)
Einmal der liebe Herrgott sein
Kammerlichtspiele
Stimme des Herzens (12,2.30,5.15,8)
Turmstraße (5.15, 8)
Einmal der liebe Herrgott sein
Alexanderplatz (ab 12)
**Die Entlassung E. Jannings, Loos
Germania-Palast Frankf. All.
**Die Entlassung E. Jannings (5.15, 8)
Wagnitzstraße (5.15, 8)
Einmal der liebe Herrgott sein
Colosseum (5.15, 8)
**Die Entlassung E. Jannings, Loos
Weinbergsweg (5.15, 8)
**Die Entlassung E. Jannings, Loos
Königstadt (5.15, 8)
Einmal der liebe Herrgott sein
Friedrichshain (5.15, 8)
Einmal der liebe Herrgott sein
Weißensee (5.15, 8)
Einmal der liebe Herrgott sein

**Für Jugendl. über 14 Jahre zugel

Zwei Jahre und zwei Monate können wir beide, der 13jährige Stave und der 16jährige Kinogigant, uns unter der Ufa-Raute, dem Markenzeichen der Universum-Film-Aktiengesellschaft von Hugenberg, sonnen. Genaugenommen ist A. Hugenberg nicht mehr dabei, er hat 1933 die Ufa an den Staat verkauft, und nun sitzt er als stiller Teilhaber im Reichstag. Ich glaube beinahe, der Hugenberg ist in seinem ganzen Leben nicht im Germania-Palast gewesen.
Wir beide haben noch eine ganze Anzahl Uraufführungen zu bieten. Unter anderem „Altes Herz wird wieder jung", „Romanze in Moll", „Man rede mir nicht von Liebe" und „Der große Preis".
Im Theater selbst hat sich kaum etwas geändert. Lediglich im Foyer, vor den Logen, steht jetzt auf einer Säule ein Hitlerkopf. Das ist ja der eigentliche Besitzer, der Hitler. Eines Tages, sage ich mir, wird der Besitzer wechseln und auch dieses neue Manko von meinem Lieblingskino genommen werden ...

Erziehung zur Höflichkeit

Die achte, also die Abgangsklasse der Volksschule wurde in einem Klassenzimmer unterrichtet, das dem Rektorzimmer genau gegenüber lag. Dieses Zimmer mußte ständig besetzt sein, für den Fall, daß ein Anruf ankam oder irgend etwas anderes vorfiel. Zu diesem Zweck wurde für je eine Stunde ein Schüler abgestellt, der die Wache übernahm.

Als ich einmal an der Reihe war und vor Langeweile gerade mit dem Gedanken spielte, Alarm zu läuten, klopfte es an der Tür. Ich rief: „Herein", die Tür öffnete sich und eine Mutter mit ihrem Kind trat ein. Ich bat sie, einen Moment zu warten, und begab mich in das Klassenzimmer.

„Was gibt's?" fragte Herr Otto, der amtierender Rektor war.

„Da ist eine Dame", sagte ich.

„Bleib solange hier", sagte der Lehrer und verschwand im Rektorzimmer. Die Klassė schrieb eine Arbeit, quatschte aber sofort los. Es dauerte keine drei Minuten, da kehrte der Lehrer zurück.

„Geh wieder auf deinen Posten", befahl er. Als ich schon in der Tür war, setzte er noch hinzu: „Übrigens: das war keine Dame, das war eine Anmeldung, verstanden!?"

Neujahrsaufruf des Führers:
„Dieser Kampf muß mit einem klaren Siege enden."

Das Oberkommando der Wehrmacht gibt bekannt:
Die Helden von Stalingrad erfüllten ihre Pflicht bis zur letzten Minute.

4. Februar 1943

Der Ernst des Lebens

Der Ernst des Lebens, das wußte ich längst, beginnt in dem Moment, in dem man die Schule verläßt. In Arbeiterkreisen war es üblich, daß man mit vierzehn Jahren eine Lehre aufnimmt, um irgendeinen praktischen Beruf zu erlernen, von dessen Lohn man später eine Familie gründen und Kinder zur Welt bringen würde, die ihrerseits mit vierzehn Jahren von der Schule abgehen, um einen praktischen Beruf zu erlernen. Und so weiter.

Die Vorstufe zum Ernst des Lebens war demnach die Berufsberatung. Das war eine äußerst wichtige Stelle, die Eltern und Kindern die entsprechende Berufswahl enorm erleichterte. Wollte zum Beispiel ein vierzehnjähriger Junge unbedingt Friseur werden, wurden seine Eltern so lange beraten, bis sie einwilligten, daß der Sproß eine Lehre als Gesenkschmied antrat. Wenn ein anderer Junge um jeden Preis Holzfäller zu werden gedachte, bearbeitete man ihn so lange, bis er von sich aus Feinmechaniker als den erstrebenswerten Beruf anerkannte.

Mein Talent zum Zeichner war während der Knochensammelaktion seinerzeit deutlich hervorgetreten. Es war klar, daß ich einen Beruf ergreifen wollte, der wenigstens irgend etwas mit Zeichnen zu tun hatte. Ich konnte schließlich nicht nur Knochen malen, sondern auch Trapper und Indianer. Und dann konnte ich auch noch fabelhaft Witze aus dem „Brummbär" – einer heiteren Beilage der „Morgenpost" – kopieren.

Mein Vater wollte mein Bestes. Ich sollte nicht, wie er, tagtäglich an Drehbänken herumturnen oder olle ölige Motore auseinandernehmen und wieder zusammenbauen oder mir beim Schweißen die Augen verderben.

„Technischer Zeichner", sagte mein Vater, „das ist ein schöner Beruf. Da läufst du den ganzen Tag im weißen Kittel umher und kannst dich auch mal hinter deinem Reißbrett verstecken."

Der Berufsberater aber sprach: „Wenn Ihr Sohn so ein vor-

trefflicher Freihandzeichner ist, wie ich an den mitgebrachten Zeichnungen unschwer erkennen kann, dann wäre das Beste für ihn, wenn er im graphischen Gewerbe den Beruf eines Positivretuscheurs erlernte!"
Nachdem der Berater einige Erklärungen zum Berufsbild abgelassen hatte, die mein Vater hin und wieder mit den Worten „Sehr interessant!" unterbrach, weil er sie nicht verstanden hatte, drückte uns der Berufsberater einen Zettel mit der Adresse einer Firma in die Hand, die einen vielversprechenden Namen führte:

Graphische Kunstanstalt Felix Köhring
Berlin SW 61
Belle-Alliance-Straße 92.

Der Ernst des Lebens konnte beginnen, und zwar am 1. April 1943, um 7.00 Uhr in der Frühe.
Mitte März hatten wir uns besonders gründlich rasiert und unseren besten Anzug angezogen. Ich, als Hauptperson, war äußerst sorgfältig gekämmt und derart instruiert worden, daß ich sehr höflich zu sein hätte, deutlich mit „Ja" oder „Nein" antworten oder am allerbesten gar nichts sagen sollte. „Papa macht das schon", sagte Mama.
Wir stiegen am U-Bahnhof Belle-Alliance-Straße aus, und als wir oben standen, suchte ich sofort die Dächer der in Frage kommenden Häuser nach einer Leuchtreklame ab, die mir von weitem zurufen würde: „Hier bin ich! Deine Graphische Kunstanstalt!"
Aber ich hörte nichts und sah nichts. An der Nummer 92 war nur zu lesen: „Morgens Odol, abends Odol!"
Das Haus hatte einen großen Torweg, durch den auch Lastwagen fahren konnten, wenn sie wollten. Die Wände waren mit unzähligen gleichformatigen Blechschildern bepflastert. Ungefähr fünfundzwanzig Firmen waren auf den Gewerbehöfen angesiedelt, die zur Nummer 92 gehörten. Dann entdeckten wir das Schild: „Graphische Kunstanstalt Felix Köhring, zweiter Hof, 5. Etage."
Ich war maßlos enttäuscht. Ich fand mich in meinen Vor-

stellungen nicht annähernd bestätigt. Eine Hinterhofbude. Schicksal?
Im Büro, hier Kontor genannt, saß eine freundliche Frau, die nicht sehr dünn war, uns aber sofort anmeldete. Dann trat Köhring auf. Er trug einen sportlichen Anzug und am Oberhemd eine Fliege. Er war älter als mein Vater und auch etwas größer. Köhring bat uns in sein Büro und hielt meinem Vater eine Kiste Zigarren hin. Vater lehnte dankend ab, obwohl er ganz gerne Zigarren rauchte.
Herr Köhring bedauerte sehr, daß er gar keine Lehrstelle für einen Positivretuscheur frei habe. Aber da sei etwas viel

„Stalingrad-Anfragen"

Durch Presse und Rundfunk ist bekanntgegeben worden, daß Anfragen wegen der Stalingradkämpfer an die Wehrmeldeämter zu richten sind. Diese Anfragen werden von der Deutschen Reichspost gebührenfrei befördert, sofern sie auf der Anschriftseite den Vermerk „Stalingrad-Anfrage" tragen.

Presse-Mitteilung April 1943

Besseres anzubieten, ein Beruf mit Zukunft, und vor allem eine selbständige, eigenverantwortliche Tätigkeit. Dieser Beruf heiße Klischeeätzer, und man könne auch gleich einmal einen Blick in die betreffende Abteilung werfen.
Jetzt hätten wir wissen müssen, daß es bei den Klischeeätzern zwei Sorten gibt. Die einen fertigen Strichätzungen an, die anderen nennen sich Autoätzer. Das kommt von dem Wort Autotypie. Diese Autoätzer sind besser dran. Köhring zeigte uns ihre Abteilung. Das war, wie gesagt, Mitte März 1943. Die Strichätzerei lernte ich dann gleich ab April kennen.
Damit ist schon gesagt, daß wir den Vertrag machten. Drei Jahre Lehrzeit.
„Ist denn das zeichnerische Talent meines Sohnes da auch von Nutzen?" wollte Vater wissen.
„Aber, mein bester Herr Stave", sagte der Alte und klopfte meinem Vater jovial auf die Schulter. „Zur Ausübung die-

ses interessanten und gut bezahlten Berufs ist ein starkes künstlerisches Talent, und das zeichnet ja ihren begabten Sohn unverkennbar aus, geradezu Grundvoraussetzung!"
Vater setzte seinen Wilhelm aufs Papier . . .
Die Graphische Kunstanstalt war eine ziemlich miese Bude. Die Autoätzer saßen an alten ramponierten Schreibtischen. Auf einem Bord stand ein kleiner Volksempfänger, eine sogenannte Goebbelsschnauze, die von Meister Spritulle an- und ausgeknipst wurde, um Nachrichten und Luft-

Goebbels: Das Jahr 1944 wird uns bereit finden! Unsere Voraussetzungen zum Sieg sind mehr als günstig.

lagemeldungen zu verfolgen. Farbätzer Schmidt war Spritulles Sitznachbar. Rademacher, der Nachschneider, saß auch dabei. Gäbler, der Fräser, war durch eine Glaswand von ihnen getrennt, ebenso der Andrucker Kiersten. Durch eine niedrige Tür gelangte man in die Strichätzerei.
Sie bestand aus einem Raum mit einem einzigen großen Tisch, in dessen Platte seitlich Einbuchtungen gesägt worden waren, in denen die Strichätzer auf Hockern saßen und schabten. Sie kratzten von Zinkplatten, die mit klebriger schwarzer Farbe eingewalzt, dann durch Asphaltstaub gezogen worden waren, den man mit Bunsenbrennern fest einbrannte, die Stellen wieder frei, welche in mehreren Ätzvorgängen tiefer gelegt werden mußten. Sie sollten später nicht mitdrucken. Der abgeschabte Lack wurde mit echten Hasenpfoten von diesem sogenannten Klischee heruntergebürstet. Weil das schwarze Zeug aber spröde war, spritzte es während des Schabens auch in die Gesichter der Arbeiter. Mit Seife konnte man die Lacksplitter nicht abwaschen. Die Strichätzer polkten sie nach Feierabend vor dem Spiegel mit den Fingernägeln einzeln ab.
In einem Nebenraum standen die Schalen mit der Salpetersäure. Je nach Art der Ätzung setzte man die Bäder unterschiedlich stark an. Bei der Tiefätzung war der Ansatz

besonders kräftig. Die Säure erwärmte sich rasch, und beißend-stinkende Dämpfe stiegen empor. Aus Gründen des Arbeitsschutzes lief den ganzen Tag ein altersschwacher Ventilator, aus Gründen des Gesundheitsschutzes erhielt jeder Ätzer täglich gratis einen halben Liter Vollmilch. Die Finger der Strichätzer waren gelb wie bei einem Kettenraucher.
Der Beruf des Klischeeätzers war also ein Beruf, in dem ich ganz und gar aufgehen sollte. Einschließlich meines unverkennbaren zeichnerischen Talents.
Die Retuscheure waren besser dran, viel besser. Sie trugen weiße Kittel und waren immer gut gelaunt. Sie hörten den ganzen Tag Radio und erzählten sich Witze. Der Meister hieß Fechner und wurde das erste Bombenopfer in der Firma. Im Frühjahr 44 kam er eines Morgens nicht zur Arbeit. Das fiel auf, weil Fechner ein Ausbund an Pünktlichkeit war. Dann sickerte durch, daß er ausgebombt sei. Fechner erschien einen Tag später und war sichtlich verwirrt.
„Es ist alles verloren", berichtete der Meister. „Was nicht verbrannt ist, wurde durch die Löscharbeiten unbrauchbar. Das Klavier ist vollkommen ausgebrannt, spielt aber noch."
Das mit dem Klavier erzählte er jedem. Das hatte sich irgendwie in seinem Kopf festgehakt. Manche Kollegen zogen Fechner nun damit auf. Ich verstand das nicht. Gehörte so etwas zum Ernst des Lebens?
„Was ist mit dem Klavier?" fragten sie scheinheilig. Und der Meister antwortete prompt: „Das Klavier ist vollkommen ausgebrannt, aber es spielt noch." Die Kollegen lachten sich scheckig. Ich wünschte den Brüdern, daß sie auch mal eine Bombe auf den Kopf kriegen sollten. Viel lieber allerdings wäre mir gewesen, wenn die Firma Köhring dran glauben müßte . . .
Als ich eines Tages, lustlos von der Berufsschule kommend, in den Torbogen des Hauses Nummer 92 der Belle-Alliance-Straße einbog und über den 1. Hof schlenderte, traute ich meinen Augen kaum. Überall lagen Feuerwehrschläuche herum, aber die behelmten Leute hatten die

fünfte Etage des Gebäudes auf dem zweiten Hof nicht mehr retten können.
Nur das Schild im großen Torweg an der Belle-Alliance-Straße war unbeschädigt geblieben. Dort las man nach wie vor:

Graphische Kunstanstalt Felix Köhring
Zweiter Hof, 5. Etage.

Ungläubig polkte ich einen besonders festsitzenden Lacksplitter von meiner rechten Wange.

Morgenpost-Rezept: Gebratene Grützwurst

Am Abend zuvor werden 250 g Gerstengrütze in 1 Liter Wasser, Fleisch- oder Würfelbrühe eingeweicht, dann mit der Einweichflüssigkeit weichkochen und abkühlen lassen. Dann wird die Masse mit einem gehäuften Eßlöffel Milei G, 3 bis 4 gekochten geriebenen Kartoffeln und 100 g gehackter Blutwurst, Salz, Pfefferersatz, Zwiebeln (Poree), gehackter Petersilie, auf Wunsch auch Knoblauch oder Kümmel abgeschmeckt. Mit Hilfe geriebener Semmeln formen wir eine Rolle. Diese wird mit 20 bis 30 g Margarine unter Beiguß von etwas Brühe durchgebraten, in Scheiben geschnitten und mit dem verkochten und gewürzten Satz begossen.
Teilt die Hausfrau solche Wurstgerichte zweckmäßig ein, kann sie für vier Personen mit insgesamt 100 g Wurst je Mahlzeit auskommen und bringt trotzdem ein gut schmeckendes Essen auf den Tisch.

5. Januar 1944

S
Schlesischer Bahnhof
GUTHJAHR
U
Bhf. Memeler Straße
Phonoschränke
GroßeAuswahl in Radioapparaten
Große Frankfurter Straße 141
Ecke Fruchtstraße · 1 Minute vom Rose-Theater
10 Schaufenster · Ruf: 35 31 51 und 57 15 15
RADIO
Reparaturen
Filialen: Schönhauser Allee 69 · Reinickendorfer Straße 5 · Turmstraße 30

20. Juli 1944

Mein Vater hatte eine Aversion gegen alles Militärische, besonders gegen Offiziere. Er war im ersten Weltkrieg Soldat in Frankreich gewesen. Diesmal hatte er das Glück, infolge einer Handverletzung, die er sich in einem Rüstungsbetrieb zugezogen hatte, kriegsuntauglich zu sein. Als er von dem mißglückten Attentat auf Hitler hörte, sagte er: „Nicht mal das können die richtig."

Erfolgreiche Selbstverstümmelung

Immer wenn ein Fliegerangriff glücklich überstanden war, und ich überstand – soviel kann ich jetzt schon verraten – alle Fliegerangriffe auf Berlin glücklich, kletterte ich vom Hausboden aus über eine wacklige Leiter aufs Dach und blickte in die Runde. Ungefähr konnte man immer ausmachen, wo die Amerikaner oder die Engländer wieder zugeschlagen hatten.

Es war an und für sich ein fantastisches Bild, das sich einem bot. Der trübe Himmel von einem schwachen Rot im ganzen durchzogen, und dann die hellen Brandherde, die das Rot bewirkten, dazu der ewige Kokelgeruch über der Stadt, an den man sich längst gewöhnt hatte.

Ich sah, daß es in Neukölln brannte, in Treptow, in Lichtenberg, am Gesundbrunnen, am Alexanderplatz, und ich stellte wieder fest, daß es im Südwesten nicht brannte. Es war wie verhext. Es war, als schwebte ein spezieller Schutzengel über diesem Gebiet rund um die Wassertorstraße.

Dort lernte ich, nachdem das Haus in der Belle-Alliance-Straße zerstört war. Wassertorstraße 42, bei Felix Köhring, Graphische Kunstanstalt. Es war ungerecht, daß es da nicht einschlug. Nicht, daß ich den Leuten, die dort wohnten, Bomben auf den Kopf wünschte. Es waren arme Luder wie wir selber, und die Gegend sah auch danach aus. Lauter

Häuser ohne Balkons, und hinter diesen Wohnhäusern Fabriken, sogenannte Gewerbehöfe.
In einem derartigen Fabrikgebäude waren jeweils gleich mehrere Kleinbetriebe untergebracht. Das Bauwerk in der Wassertorstraße 42 beherbergte im Parterre und im Keller eine „Berliner Rollgesellschaft und Paketfahrt".
Die Hälfte der Kellerräume war als Pferdestall eingerichtet, denn die Firma beförderte ihre Pakete und ihr Stückgut mit Pferdefuhrwerken. Sie hatte etwa siebzig Pferde eingestallt. Die restlichen Kellerräume waren zu Luftschutzkellern umfunktioniert worden. Im ersten Stock befand sich die Turmuhrenfabrik Rochlitz. In der obersten Etage saßen wir. Die Räume gehörten eigentlich einem gewissen Erich Paul, dem aber alle Chemigrafen eingezogen worden waren, so daß er nur noch seine Galvanotechnik betrieb, während in der Chemigrafie Felix Köhring wirtschaftete. Als einziger Stift der Firma war ich dazu verdonnert, Hilfsarbeiten zu verrichten, zum Beispiel von heißgemachten Zinkplatten Asphaltlack mit Hilfe eines übelriechenden Ätzmittels herunterzuwaschen. Klar, daß ich mir sehnlichst eine Brandbombe wünschte, wenigstens eine einzige.
Aber sie fiel und fiel nicht. Während das übrige Berlin, die Hauptstadt des Reiches, nach und nach weggebombt wurde, besaßen die Geschäfte in der Umgebung unserer Kunstanstalt noch ihre Schaufensterscheiben! Da war überhaupt nichts passiert. Ich deutete ja bereits diesen Schutzengel an.
Zur Wassertorstraße konnte ich auf zwei Wegen gelangen. Erstens vom Baltenplatz mit den Straßenbahnlinien 4, 5 und 109 zur Warschauer Brücke und dann mit der Hochbahn bis zur Station Prinzenstraße. Von da aus waren es noch fünf Fußminuten durch die Prinzenstraße, Moritzstraße, Brandenburgstraße zur Wassertorstraße.
Die zweite Variante war unterirdisch: Zehn Minuten zum U-Bahnhof Petersburger Straße, vier Stationen Fahrt zum Alexanderplatz, umsteigen in die D-Linie und mit ihr drei Stationen bis zum Moritzplatz. Von da aus waren es noch

zehn Fußminuten durch die Prinzenstraße – nun von Norden herunterkommend – bis zur Wassertorstraße.
Ich bevorzugte die erste Variante. Man sah mehr, obwohl man immer weniger sah, weil immer weniger stehengeblieben war. Nur wenn die Hochbahn infolge von Bombentreffern nicht fuhr, begab ich mich in den Untergrund.
Aber wie gesagt: Ich lernte beziehungsweise hilfsarbeitete auf einer unzerstörten Insel. Was mag der Grund gewesen sein, daß Amis und Tommys hier ihre Bombenlast nicht abluden?
Einmal versuchte ich es mit Selbstverstümmelung oder wie man das nennt. Ich stand vor dem Abwaschrost, unter dem der stinkende klebrige Asphaltlack heraufblinzelte und blubberte. Ich hatte die Spritzflasche mit dem Göll-Ätz – so hieß dieses ätherische Lösungsmittel – in der Hand und war dabei, eine Zinkplatte zu säubern, als mir die Idee kam. Ich goß eine ganze Menge Göll-Ätz auf meinen linken Kittelärmel, legte den Kopf in die Armbeuge und atmete tief durch. Ich wollte mich nicht etwa umbringen, o nein, kampfunfähig wollte ich mich machen. Wir schrieben ja bereits Juli 44. Das Ende der Nazis wollte ich unbedingt miterleben.
Und tatsächlich: Es klappte. Plötzlich hörte ich das Ticken einer Uhr, die gar nicht vorhanden war, dann knickten mir die Knie ein, und schließlich wurde mir schwarz vor Augen.
„Tragt ihn erst mal auf die Treppe", hörte ich den Alten sagen. Ich schlug die Augen auf und bemerkte, daß Köhring ziemlich nervös und blaß war. Ich hatte ja einen regelrechten Lehrvertrag, in dem ausdrücklich das Verrichten von Hilfsarbeiten während der Ausbildungsjahre verboten war.
„Warum schicken Sie ihn nicht nach Hause?" fragte Willi Schmidt, der Farbätzer, der mich bewußtlos aufgefunden hatte.
„Na, so schlimm wird's wohl nicht sein", sagte der Alte und wischte sich den Schweiß aus dem Genick. „Ein deutscher Junge, wat, Stave?!"

Ich wurde fortan nicht mehr mit chemigrafischen Hilfsarbeiten beschäftigt. Bis zum 3. Februar 1945, vormittags zehn Uhr dreißig, brauchte ich keine chemigrafischen Hilfsarbeiten mehr auszuführen. Ich hatte mir – ohne jede Hilfe von dritten – mein Recht erkämpft.
Ich ließ den Blick noch einmal in die Runde schweifen: Neukölln, Treptow, Lichtenberg, Gesundbrunnen, Alexanderplatz – mindestens zehn riesige Brandherde, Funken flogen durch die Nacht, es roch brenzlig. Aber im Südwesten nichts. Nicht eine einzige Brandbombe . . .

Die feinere Klinge

Wenn man den US-amerikanischen Luftangriffen auf Berlin überhaupt eine angenehme Seite abgewinnen will, dann ist es die, daß sie überwiegend am Tage stattfinden. Die Amis bombardieren die Stadt vormittags und nachmittags, manchmal abends, nachts selten.
Die Engländer kommen spätabends oder nachts, gar nicht in allzu großen Staffeln, aber mit schnellen Bombern, Mosquitos genannt. Die werfen „vereinzelt" Spreng- und Brandbomben ab.
Wenn am Tage die Sirenen heulen, dann muß man sich auf das Schlimmste gefaßt machen, aber wer gute Nerven hat, kann unter Umständen im Luftschutzkeller schlafen, und außerdem ist es während der Arbeitszeit!
Wird jedoch spätabends oder nachts Alarm gegeben, kann man mit geruhsameren Angriffen rechnen. Es gibt jedenfalls keine Bombenteppiche. Die britischen Anflüge sollen nicht unbedingt die Stadt einäschern, sondern den Menschen zermürben, indem sie ihm den Schlaf rauben.
Wenn man die Amerikaner und die Engländer im Luftkrieg gegen Berlin miteinander vergleicht, muß man sagen, daß die Engländer die feinere Klinge schlagen . . .
Dieses ewige Schlafdefizit macht einem mächtig zu schaf-

fen. Man lebt immer wie im Tran, gähnt unaufhörlich, reibt sich die Augen.
Am 11. August 1944 wird um Mitternacht Alarm gegeben, am 12. August kurz nach Mitternacht, am 13. um halb eins, am 14. um halb zwölf nachts, am 15. August kurz vor Mitternacht, selten, daß sie mal eine Nacht auslassen. Über Drahtfunk kann man die Luftlagemeldungen abhören. Da ertönt zunächst ein Weckerticken, dann bricht es ab, und eine nicht unfreundlich klingende Männerstimme sagt: „Feindlicher Kampfverband im Anflug auf den Raum Hannover-Braunschweig!"
Das ist das Signal. Jetzt dauert es nicht mehr lange. Auf dem Hof rufen sie schon: „Hannover-Braunschweig! Hannover-Braunschweig!" Die Sirenen geben Voralarm, amtlich „Öffentliche Luftwarnung", doch meist heulen die Sirenen schon wenige Minuten später „Fliegeralarm".
Das Kellergepäck steht griffbereit in der Küche. Es sind Papiere, ein paar Decken, eine Thermosflasche mit Tee oder Muckefuck. Wertsachen gehören nicht zu unseren Luftschutz-Siebensachen. Wir besitzen gar keine Wertsachen. Aber der Wellensittich Peter gehört dazu. Er lebt von Haferflocken, denn Körnerfutter gibt es nicht. Kenner sagen, daß Haferflocken einen Wellensittich – einen Exoten, sagen sie – zugrunde richten.
Aber bis jetzt geht es noch. Peter spricht und nimmt auch seine Flugstunden in der Küche wahr. Während wir mit langen Zähnen Kohlrübeneintopf ohne alles essen, knabbert er lustlos an seinen Haferflocken herum. Während wir an Koteletts oder wenigstens an Buletten denken, träumt er vielleicht von goldgelben Hirsekörnern. Er wird keine mehr zu sehen bekommen. Die nächtlichen Ausflüge in den Luftschutzkeller macht unser Liebling ohne große Aufregung mit ...
Übermüdet stehe ich am nächsten Morgen gegen halb sieben auf dem U-Bahnhof Alexanderplatz, Linie D, Gesundbrunnen-Leinestraße. Der Bahnsteig ist ein wenig gebogen, und wenn man in den Tunnelschacht hineinsehen will, ob

schon Lichter des Zuges auftauchen, muß man sich etwas nach vorn beugen.
Der Bahnsteig ist knüppeldicke voll. Die Zeiten, zu denen alle zweieinhalb Minuten ein Zug fuhr, sind lange vorbei. Entweder es kommt ein Zug oder es kommt keiner. Je nachdem. Pünktliches Erscheinen am Arbeitsplatz ist zwar nach wie vor erwünscht, aber nicht einzuhalten. Der eine kommt früher, der andere später. Manch einer kommt überhaupt nicht mehr.
Plötzlich liege ich auf den Schienen! Ich muß die Balance verloren haben. Vielleicht bin ich eingeschlafen! Ich höre einen mehrstimmigen Aufschrei, aber dann bin ich schon wieder oben, samt Kunstlederaktentasche, in der sich zwei trockene Scheiben Brot befinden.
Es ist mir ungeheuer peinlich. Daß ausgerechnet mir das passieren mußte! Die Leute im Zug sehen mich neugierig an. Ein älterer Mann sagt: „Da hast du Glück gehabt, daß gerade kein Zug gekommen ist!“ Ich überlege, daß er niemals zu mir hätte sagen können: „Da hast du Pech gehabt, daß gerade ein Zug kam!“
Moritzplatz. Endlich. Ich steige aus.
Ein paar Tage später. U-Bahnhof Alexanderplatz. Linie D, Gesundbrunnen-Leinestraße. Der Bahnsteig ist knüppeldicke voll. Ich halte meine Kunstlederaktentasche fest an die Brust gepreßt. Eine Frau von zirka vierzig Jahren stößt ihre ebenso alte Begleiterin an, nickt mit dem Kopf in meine Richtung und sagt halblaut: „Kuck ma, Mariechen, da ist wieder der junge Mann, der immer auf die Schienen fällt.“

Schluß mit dem Theater!

Der Stadtpräsident von Berlin und Reichsminister für Volksaufklärung und Propaganda, Dr. Josef Goebbels, ist ein Freund der Musen. Besonders Schauspielerinnen haben es ihm angetan. Goebbels humpelt zwar ein bißchen, aber diesen kleinen Makel gleicht er durch Charme und Geschick spielend aus. Einmal kriegt er sogar von einer Filmdame eine geklebt; ich glaube, es war Hilde Hildebrand.

Um so verwunderlicher, daß gerade Musenfreund Goebbels zum 1. September 1944 alle Theater in Berlin schließen läßt, die Schauspieler an die Front jagt, die Schauspielerinnen in die Rüstungsbetriebe.

Mir kommt das zu plötzlich. Ich bin fünfzehn Jahre alt und gerade im Begriff, mir die Bretter, die die Welt bedeuten, wenigstens als Zuschauer zu erobern. Im „Lessing-Theater" sehe ich „Das Fräulein mit dem Koffer" und im „Theater des Volkes" – dem späteren Friedrichstadtpalast – die Operette „Der Obersteiger". Ich kann ja nur ins Theater gehen, wenn die Anfangszeiten günstig liegen, also nicht zu spät. In den letzten Monaten fangen die Vorstellungen schon nachmittags an.

Im „Fräulein mit dem Koffer" wirken nur ein paar Leute mit. Keine Ausstattung, nichts. Nicht so wie in den Filmen mit Johannes Heesters. Kein Ballett. „Der Obersteiger" gefällt mir schon besser. Da ist die Bühne auch viel größer, und viel mehr Personen agieren, ganze Chöre singen und tanzen.

Aber in diese meine sich stürmisch entwickelnde Theaterleidenschaft hinein werden die neuen „Maßnahmen zur totalen Kriegsführung" wirksam. Theater, Varietés, Kabaretts, Zirkus, Schauspielschulen und Konservatorien schließen, Orchester werden aufgelöst. „Die frei werdenden Kräfte werden, soweit sie kriegsverwendungsfähig sind, der kämpfenden Truppe zugeführt. Alle anderen finden in Rüstung und Kriegsproduktion Verwendung", heißt es in der entsprechenden Verlautbarung.

„Vorhang auf!“ wird zum letzten Mal am 31. August 1944 geboten. Das „Deutsche Opernhaus“ im Admiralspalast gibt den „Figaro“. Das Staatliche Lustspielhaus bringt „Mit meinen Augen“, das Deutsche Theater den „Diener zweier Herren“. „Der kleine Herr Niemand“ läuft in den Kammerspielen über die Bretter. Die Volksbühne in der Saarland-

ROSE

Gr. Frankfurter Str. 132
Telefon: 57 34 22

Wochentags 6.30 Uhr
Mittwoch u. Sonnabend auch 3.30 Uhr
Sonntags 2.15 und 5.30 Uhr

Liselott von der Pfalz

Lustsp. von R. Presber mit Traute Rose

straße zeigt „Prinzessin Turandot“, im Schiller-Theater-Saal zeigt man den „Urfaust“, im Renaissance-Theater die „Emilia Galotti“. „Eine Nacht in Venedig“ läuft im Theater am Nollendorfplatz, das im Thalia-Theater, Dresdener Straße, untergekommen ist. Im Schiffbauerdamm-Theater geht „Die fremde Yacht“ vor Anker, und das Rose-Theater offeriert „Friederike“.
Das ist der gesamte letzte Spieltag in der Reichshauptstadt. Die Plaza hat schon vorher dichtgemacht und wird als Ufa-Kino im September wiedereröffnet. Die anderen Theater sind sowieso zu Bruch gegangen.
Kam denn das alles wirklich überraschend? Im Berliner Sportpalast hatte Goebbels 5000 Zuhörern, darunter vielen hervorragenden Kulturschaffenden, die Frage gestellt, ob sie den totalen Krieg wollten. Und da haben alle Heil und Sieg geschrien. Das brachte die „Deutsche Wochenschau“ ganz ausführlich. Manche sind sogar auf die Stühle im Palast gestiegen, um besser gesehen zu werden. „Ja“, haben sie gebrüllt, „wir wollen den totalen Krieg!“
Nun sind die Vorhänge der Theater gefallen. Die Ufa übernimmt einige Bühnen als Kinos. Sie zieht in den Admiralspalast und ins Rose-Theater. Die anderen Theater sind für Filmvorführungen wohl weniger geeignet. In den Zeitun-

gen erscheinen ein paar Bilder, auf denen glückliche Schauspielerinnen zu erkennen sind, die in Rüstungsbetrieben Anker wickeln oder Bleche stanzen.
Aber noch funktioniert die Stadt.
Straßenbahnen, U-Bahnen und S-Bahnen fahren, wenn auch ein bißchen eingeschränkt, fahrplangetreu.
Ganze Lkw-Züge werden zwecks Benzineinsparung durch Arbeitswagen der Straßenbahn von einem Ende Berlins zum anderen gezogen, und auf den Parkanlagen beginnt die Rübenernte. Auch vom Baltenplatz im Berliner Osten werden erstaunliche Ernten eingefahren. Bauern mit Pferdegespannen pflügen die Grünflächen der Parks um und bereiten die Frühjahrssaat vor. Ein Bild wie aus dem Lesebuch der ersten Klassen.
Die Menschen klettern nachts in die Luftschutzkeller, morgens gehen sie ihrer Arbeit nach, abends ins Kino. In die Theater gehen sie nicht mehr.

Bollwerke und Barrikaden

An unserer Ecke zur Petersburger Straße werden Barrikaden errichtet. Sie ragen über die Bürgersteige hinaus bis auf den Fahrdamm. In der Mitte bleibt etwas Platz frei, so daß zur Not ein Auto und die Feuerwehr hindurchfahren können.
Die Barrikade besteht aus alten Mauersteinen und verbogenen Eisenträgern. Diese Materialien kann man reichlich aus den Ruinen herausholen. Wenn die Russen kommen, egal von welcher Seite, werden sie an dieser Barrikade scheitern, erklären die Ortsgruppenleiter, die den Bau leiten. Solche Sperren entstehen in der ganzen Stadt. An manchen Plätzen werden sogar ausgebrannte und noch nicht ganz ausgebrannte Straßenbahnwagen zu Barrikaden zusammengeschoben.
Überall – am Potsdamer Platz, am Alexanderplatz und auch

in der Zorndorfer Straße – werden die russischen Panzer steckenbleiben. Natürlich lachen die Leute darüber – insgeheim. Aber sie schippen tüchtig mit. Wenn einer nicht tüchtig mitschippt, könnte ihm das als Verrat an Volk, Reich und vor allem Führer angekreidet werden. Ich schinde mich auch zweimal bei der Errichtung von Panzersperren – in Hohenschönhausen und Wartenberg.
In den Boden wird eine schiefe Ebene gegraben. Sie hat ein Gefälle von etwa vierzig Grad. Die Ebene ist vielleicht acht Meter lang und endet an einer senkrechten Wand. Der russische Panzer rollt nun vorsichtig die schiefe Ebene hinab, und wenn er auf die senkrechte Wand stößt, buddelt er sich unweigerlich selbst ein. Er kommt nicht mehr zurück. Natürlich gehört dazu ein gewisses Geschick des Panzerfahrers.
Wenn die Berechnungen stimmen, müßten in späteren Zeiten Geologen oder Tiefbauer in Hohenschönhausen und Wartenberg oder sonstwo auf jede Menge manövrierunfähiger, aber tadellos erhaltener Panzer stoßen, falls sie nicht einfach über die senkrechte Wand hinweggerollt sind.
Natürlich lacht der Schipper, wenn ihm von einem Ortsgruppenführer der Sinn der Arbeit erläutert wird. Er geht nach Hause in dem gewünschten Bewußtsein, zumindest in Wartenberg ein gewaltiges Bollwerk gegen den Bolschewismus errichtet zu haben. Und dann lacht er erst richtig.
„Es ist eine Ehrensache für jeden Volksgenossen, daß er an der Heimatfront dazu beiträgt, dem Feind das Vorwärtskommen so schwer wie möglich zu machen“, erklärt das senffarbene Jackett. Und der Mann auf der Straße kratzt sich am Kopf und grübelt, wo die Nazis nun eigentlich endgültig die Grenze Großdeutschlands ziehen wollen.
Die Barrikade in der Zorndorfer Straße wird übrigens nie geschlossen. Es findet sich, als es soweit ist, keiner mehr, der eine diesbezügliche Anordnung trifft.

Lauter gute Menschen

Jeden Freitag klettern die Lehrlinge der Turmuhrenfabrik C. F. Rochlitz, die sich ebenfalls in der Wassertorstraße 42 etabliert hat, auf den Turm der Simeonskirche und ziehen die Uhr auf. Ich hab mir das mal erklären lassen. Ich bin kein einseitiger Mensch. Ich interessiere mich nicht nur für die Herstellung von Klischees, sondern auch zum Beispiel für das Aufziehen von Kirchturmuhren. Durch derartige Fachgespräche weitet sich der Gesichtskreis ungemein.
Abends erzähle ich das Gehörte meinem Freund Bernd Rose. Er versteht nicht, worauf ich hinauswill. Ich sage: „Die Uhr der Pfingstkirche geht schon lange nicht mehr!"
Jetzt fällt der Groschen. Wir spannen eine einfache Postkarte in die Schreibmaschine von Bernds Vater – der ist Bücherrevisor oder so was ähnliches – und tippen kühn:

„Sehr geehrte Firma Rochlitz!
Bitte reparieren Sie die Uhr der Pfingstkirche.
Hochachtungsvoll!" Unleserlich. In Klammern: „Pfarrer"

Die nächsten Tage schleichen wir um den Kirchturm herum wie zwei Katzen um den ziemlich heißen Brei. Es tut sich nichts. „So blöd können die nicht sein", vermutet Bernd, „daß sie auf jede Postkarte hin sofort ihre Reparaturtasche und ihre Leitern nehmen und auf einen x-beliebigen Turm krabbeln."
Bernd ist so ein Streich zu läppisch. Er hat da ganz andere Sachen drauf. Er ist ein Jahr älter als ich, wird von seinem Vater offenbar auch nicht angehalten, sich freiwillig zu melden. Ernst Rose, das ist also eine ganz schön verdächtige Person für mich– ich meine: in guter Hinsicht.
Bernds Einfälle sind gewaltiger und bedeutender als meine. Er stellt zum Beispiel aus Magnesiumpulver kleine Bomben her und bringt sie zur Explosion. Dabei fliegt ihm leider der rechte Mittelfinger weg. Einmal spazieren wir um einen See. Da ist an einem Steg ein Ruderboot angebunden, das bereits zu einem Drittel voll Wasser ist. Bernd

macht das Boot selbstverständlich los, wir geben ihm gemeinsam einen Schubs. Es treibt bis zur Mitte des kleinen Sees. Es gibt nur dieses eine Boot auf dem See.
Wir spazieren um das Gewässer, und als wir wieder in die Nähe des Stegs gelangen, hat sich eine erregte Menschenmenge von ungefähr siebzehn Leuten angefunden, die alle fürchterlich schimpfen.
„Komm", sage ich, „wir haun ab. Nachher hat uns einer beobachtet, dann landen wir noch auf der Polizei!"
„Warte mal", sagt Bernd, und er mischt sich mir nichts dir nichts unter die Menschen. „Ich hab's gesehen, wer es war. Drei Jungs warn's. Die sind, nachdem sie das Boot in den See geschoben haben, in diese Richtung gelaufen!"
Die aufgeregten Leute bedanken sich bei Bernd und beteuern, daß es unter der heutigen Jugend noch anständige Jungen gäbe und daß dies ein Glücksumstand sei. Weil ich merke, daß die Geschichte eine gute Wende für uns nimmt, schiebe ich mich unauffällig nach vorn und bekomme etwas von dem Lob ab.
Was lernen wir daraus? Wir lernen daraus, daß die Menschen an und für sich gut sind.
Auch in der Turmuhrenfabrik C. F. Rochlitz gibt es gute Menschen. Bereits vierzehn Tage nach unserem Auftrag haben sie die Kirchturmuhr vom Petersburger Platz wieder in Gang gebracht.

Aus dem „Völkischen Beobachter"

Kann man mit Knochen schießen?
Gewiß nicht, aber man kann viele kriegswichtige Dinge damit machen wie: Leime, Gelatine, Phosphor. Darum kann man wohl sagen: Auch Knochen helfen siegen!

5. September 1944

Der Führer verkündet den Volkssturm

Ich befehle: Es ist in den Gauen des Großdeutschen Reiches aus allen waffenfähigen Männern von 16 – 60 Jahren der deutsche Volkssturm zu bilden.

19. Oktober 1944

Das Tagebuch

Irgendeiner hatte mir geraten, ein Tagebuch zu führen. So etwas sei sehr wichtig, weil man viele Ereignisse schnell vergessen würde und weil die wenigsten Leute sich etwas merken könnten. Ich wollte zuerst nicht so recht an die Sache heran, zumal ich nicht wußte, wo ich in unserer kleinen Wohnung so ein geheimes Buch verstecken konnte, und zweitens war auch kein geeignetes Schreibheft aufzutreiben. Es müßte ja so eine Art Diarium sein.

Mitte November 1944 konnte ich in der Frankfurter Allee ein Heft ergattern, das meinen Vorstellungen ungefähr entsprach . . .

Am Abend des 18. November setzte ich mich feierlich an unseren Küchentisch und nahm die erste Eintragung vor: „*Sonnabend* 18. November 1944 (1. Tag) Keine besonderen Ereignisse."

Ich versteckte das Heft in einem Steintopf, in dem sich früher immer ausgelassenes Schweineschmalz befand. Jetzt war er glücklicherweise leer, und es bestand auch keine Gefahr, daß er in nächster Zeit seinem eigentlichen Verwendungszweck wieder zugeführt werden würde. Es war ein gutes Versteck.

Beglückt zog ich mich aus und schlich, um die Eltern nicht zu stören, auf Zehenspitzen ins ungeheizte Schlafzimmer auf mein Sofa. Unter dem Deckbett lag eine tönerne Weißbierflasche, die zur Wärmekruke umfunktioniert worden war. Wenn man vergaß, sie vor dem Einschlafen aus dem Bett zu nehmen und auf den Fußboden zu stellen, konnte es sein, daß sie das während der Nacht mit Getöse allein vollbrachte.

Wenn alle Tage so gut verlaufen, dachte ich, konnte man ganz zufrieden sein. Ich zog die Bettdecke bis unter das Kinn und nahm die Wärmflasche zwischen die kalten Füße; da tuteten die Sirenen.

Männer im Kino

Ein Sternchen vor dem Filmtitel in der Tageszeitung bedeutete „Für Jugendliche zugelassen". Zwei Sternchen besagten, daß der betreffende Film „Für Jugendliche über 14 Jahren zugelassen" sei. Gar kein Sternchen verhieß, daß Jugendlichen unter 18 Jahren der Zutritt zum Streifen verwehrt würde. Dieses Prädikat war unsere Reizschwelle, die wollten wir nun übertreten. „Über vierzehn" – das waren wir ja schon. Freund Heini war sogar reichlich vierzehn, ich stand bereits knapp vor Vollendung meines sechzehnten Lebensjahres. Einmal „über achtzehn" durchschlüpfen ...

Wir verkleideten uns. Ich hatte meinen Einsegnungshut aufgesetzt und aus der äußeren Brusttasche meines paspelierten Jacketts – Mutter hatte die ausgefransten Ärmelenden mit Borte eingefaßt – sah eine Zigarettenspitze heraus. Zum Polohemd hatte ich eine Krawatte meines Vaters umgebunden.

Heini wirkte verwegener. Er trug die ihm viel zu weite Joppe seines Bruders und auf dem Kopf eine sogenannte Schimütze, die ihm ebenfalls zu groß war und seine Ohren halb verdeckte. Weil ihm infolge seiner Dünnheit immer etwas kalt war, hatte er knallrote Fausthandschuhe übergestreift.

Wir entschieden uns für den Film „Das Hochzeitshotel". Der Tag, an dem es geschehen sollte, war der 26. Dezember 1944, der zweite Weihnachtsfeiertag. Wir kalkulierten, daß die Billettabreißer in diesen christlichen Stunden milder gestimmt wären. Die Massen strömten zum „Germania-Palast". Je mehr wir uns dem Kino näherten, um so flauer wurde uns im Magen. „Dich lassen sie bestimmt rein", sagte Heini. „Du siehst prima aus!"

Ich hatte ja noch eine Windjacke über, die ich vor Betreten des Palastes ausziehen und lässig über den Arm legen wollte, damit die Zigarettenspitze besser zur Geltung kommen konnte. Ich sagte: „Du siehst auch prima aus. Dich lassen sie auch rein!" So ganz überzeugt war ich von meinen

Mit Freund Heini auf der Promenade der Petersburger Straße

halblauten Worten nicht, aber ich wollte mir selber Mut machen. „Außerdem", flüsterte ich beklommen, „kommen wir beide rein oder keiner. Ehrensache!"
Der Kartenkauf war kein Problem. Die beiden Kassiererinnen hatten alle Hände voll zu tun. Sie blickten kaum auf. „Zwomal Parkett", verlangte ich und legte das passende Geld hin. Die Frau gab mir wortlos die Billetts. Sie hatte mich überhaupt nicht angesehen. Trotzdem triumphierte ich innerlich. Die erste Klippe war überwunden. Ich über-

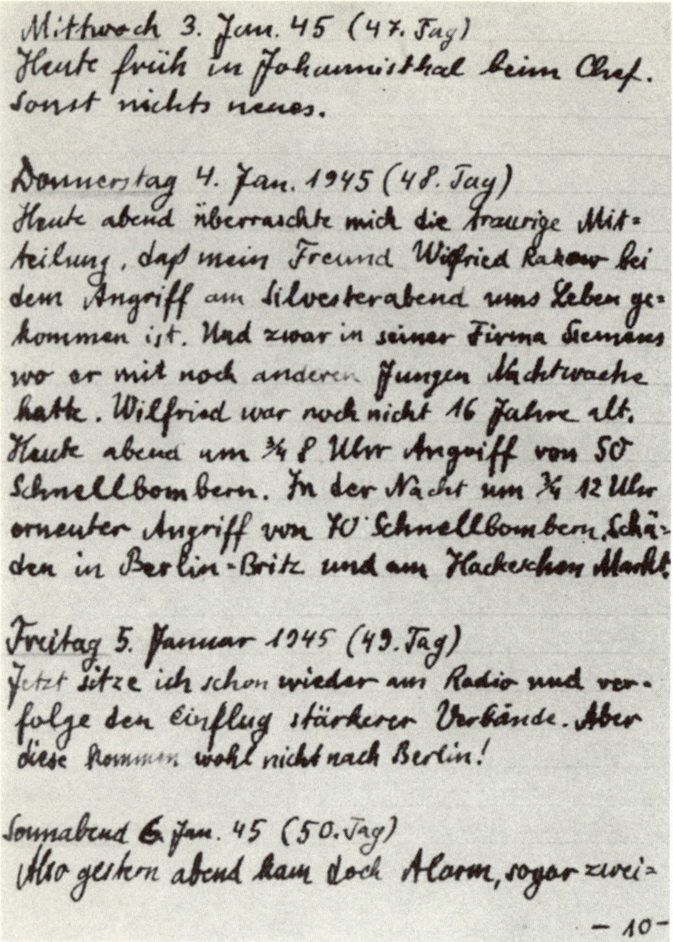
Mittwoch 3. Jan. 45 (47. Tag)
Heute früh in Johannisthal beim Chef.
Sonst nichts neues.

Donnerstag 4. Jan. 1945 (48. Tag)
Heute abend überraschte mich die traurige Mit-
teilung, daß mein Freund Wilfried Rakow bei
dem Angriff am Silvesterabend ums Leben ge-
kommen ist. Und zwar in seiner Firma Siemens
wo er mit noch anderen Jungen Nachtwache
hatte. Wilfried war noch nicht 16 Jahre alt.
Heute abend um 3/4 8 Uhr Angriff von 50
Schnellbombern. In der Nacht um 3/4 12 Uhr
erneuter Angriff von 70 Schnellbombern. Schä-
den in Berlin-Britz und am Hackeschen Markt.

Freitag 5. Januar 1945 (49. Tag)
Jetzt sitze ich schon wieder am Radio und ver-
folge den Einflug stärkerer Verbände. Aber
diese kommen wohl nicht nach Berlin!

Sonnabend 6. Jan. 45 (50. Tag)
Also gestern abend kam doch Alarm, sogar zwei=

– 10 –

reichte meinem Freund die Karte. Er nickte mir glücklich zu. Nun war er an der Reihe.
Heini lief tapfer in die Arme der Kartenabreißerin. Wie er später sagte, hatte er sich „die lieblichste" ausgesucht. Ich folgte ihm auf dem Fuße. Aber die Rechnung ging nicht auf. Heini wurde schroff abgewiesen. „Na, Kleiner", sagte

die lieblichste Billettentwerterin, „mach mal erst deine Schularbeiten . . .“ Heini wurde tollkühn. „Ich hab ja eine Impfbescheinigung!“ Doch die Frau schob ihn kurzerhand beiseite, nahm meine Karte, riß den Kontrollabschnitt ab, und ich war durch. ICH WAR DURCH! Ein unbeschreibliches Glücksgefühl durchrieselte mich. Ich schritt stramm auf die Saaleingänge zu. Ich blickte nicht zurück. Von wegen Ehrensache . . .
Die ganze Veranstaltung dauerte einundeinedreiviertel Stunde – Kulturfilm, Wochenschau, Hauptfilm. Ich schloß geblendet die Augen, als ich auf den Hof hinaustrat. Die Menge zwängte sich durch eine Toreinfahrt auf die Frankfurter Allee hinaus. An der erstbesten Laterne stand Heini. Aber er machte kein böses Gesicht. Er lief mir entgegen. „Es war gut, daß du reingegangen bist“, sagte er. „Erzähl mal, wie der Film war.“
„Welcher Film?“ fragte ich. „Ich hab keinen Film gesehen. Ich dachte die ganze Zeit, die holen mich noch raus. Immer hab ich was knacken gehört, Dielen und so weiter, Türen, die leise aufgemacht wurden. Immer, wenn es hell wurde, sah ich, wie Leute auf mich zeigten. Von dem Film hab ich überhaupt nichts gesehen. Du hast es gut gehabt, hier auf der Straße, an deiner Laterne.“
„Das tut mir leid“, sagte Heini. Wir schritten eine Weile schweigsam in Richtung Petersburger Straße. Plötzlich blieb mein Freund stehen und meinte: „Wenn du wirklich nichts gesehen hast von dem Film, dann könnte ich doch auch erzählen, daß ich mit drin war. Ich erzähle es einfach so wie du. Daß ich vor Angst nichts gesehen habe . . .“
„Von Angst hab ich überhaupt nichts gesagt“, wies ich ihn zurecht.
Dann gingen wir lässig weiter – zwei junge Männer, die sich einundeinedreiviertel Stunde in einem Hochzeitshotel aufgehalten hatten, in dem der Zutritt Jugendlichen unter achtzehn Jahren im allgemeinen verwehrt wurde.

Inferno

Der Himmel über dem großen Hofgeviert in der Wassertorstraße 42 ist klar und blau. Es ist so ein durchsichtiges Blau, man spürt förmlich, welche Eiseskälte da oben herrschen muß.

Hier unten geht es. Null Grad – zwei Grad plus?

Die Belegschaft der Graphischen Kunstanstalt Felix Köhring hat sich geschlossen auf dem Gewerbehof versammelt. Sonnabend ist's, ein halber Arbeitstag.

Um halb elf ist Fliegeralarm gegeben worden. Die Leute haben sich umgezogen. Man geht davon aus, daß der Alarm länger als eine Stunde dauert, und wenn das so ist, würde es sich nicht mehr lohnen, die Arbeit nochmals aufzunehmen.

„Wenn hier mal 'ne Bombe rauffällt", sagt Rademacher, der Nachschneider, „dann kommt die hydraulische Presse, die

> Es geschieht jetzt selten, daß ein Besucher die enge Stiege in der Großen Frankfurter Str. 62 im Osten Berlins hinaufsteigt, um ein paar Minuten in dem kleinen Zimmer zu verweilen, in dem vor 15 Jahren, am 14. Januar 1930, die tödlichen Schüsse gegen Horst Wessel fielen, denen er nach qualvollem Krankenlager schließlich erlag. Auf den Möbeln liegt dünner Staub, und wenn man durch das Mansardenfenster auf die Straße hinunterschaut, fällt der Blick auf Schutthaufen und Trümmer.
>
> *Völkischer Beobachter*

bestimmt ihre drei bis vier Tonnen hat, bis in den Keller runter!"

Die hydraulische Presse gehört zum stillgelegten Betriebsteil der Galvanischen Firma Erich Paul & Sohn, bei der Köhring untergekommen ist, als seine erste Firma in der Belle-Alliance-Straße 92 zerbombt worden war. Es ist ein mächtiger Apparat, der tadellos in Schuß, aber nie in Betrieb ist. Ich weiß nicht, was damit jemals gemacht wurde,

Große Frankfurter Straße, Richtung Alexanderplatz, mit dem Turm der Markuskirche

frage blöderweise auch nicht. Irgend etwas werden sie aber gepreßt haben.
Zur Zeit ist die Wasserleitung in der Ätzerei nicht in Ordnung, da muß ich in einer großen Kanne Wasser aus der Galvanik holen. Dort steht die mächtige Presse, und sie sieht aus, als warte sie ungeduldig auf einen neuen Einsatz. Ein Koloß.
„Mensch, Rademacher", sagt der Alte. „Mal'n Se bloß nicht den Teufel an die Wand."
Köhring sieht immer wie frisch gekirnt aus, so als rasiere er sich unentwegt und wasche ständig scharf nach.
Rademacher ist der Gemütsmensch in der Firma. Er pfeift den ganzen Tag Schlager und Operettenmelodien, und wenn sich Farbätzer Schmidt, ein Sozi, und Andrucker Kiersten, ein Nazi, an die Wäsche wollen, dann geht der gute Rademacher, wenn auch ungelenk, sofort dazwischen.
3. Februar 1945. Vormittag. Glasklar.
Ich hab noch Kohlen für den Kanonenofen herangeschleppt, einen Vorrat geschafft, damit ich Montag früh nicht gleich losasten muß. Es ist immer gut, ein bißchen vorauszudenken.
„Bis in den Keller kommt das Ding runter", sagt Rademacher. „Jede Wette!" Und er pfeift die Blume von Hawaii.
„Wat Sie da sagen, det is direkt defaitistisch, Rademacher", sagt der Alte, und er blickt, während er das sagt, unvermittelt an der Fassade empor.
Plötzlich erfüllt ein Sirren die Luft. Ein Pfeifen ist es nicht, auch kein Zischen. Und dann sieht man die silbernen Punkte, wohlgeordnet gestaffelt, sich deutlich vom Himmelsblau abheben. Los, untertauchen!
Das waren noch Zeiten, als man das Belfern der Flak, der Flieger-Abwehr-Kanonen, hörte. Nicht, daß es einen besonders beruhigte, aber es tröstete doch, wenn man wußte, daß die Amis oder Engländer nicht so völlig unbehelligt ihre Bombenziele anvisieren konnten, schließlich war man selbst so ein Bombenziel . . .
Das waren noch Zeiten.

3. Februar 1945. Vormittag. Glasklar. Keine Flak. Nur das Grummeln in der Luft. Ja, jetzt ist es ein Grummeln geworden, ein gefährliches, Unheil verkündendes Grummeln. In den Keller, Leute!

Diesmal erwischt es uns! Das spürt man. Hat der Schutzengel Urlaub? Als wir noch auf der Treppe zum Luftschutzkeller sind, kommen die ersten Bomben herunter. Jetzt pfeift und zischt es. Das Licht flackert, die Kellerwände zittern. Ätzergehilfe Zeidler, gehörlos, hat meinen Arm gepackt. Für Zeidler muß es noch schlimmer sein als für uns, die wir den Angriff auch akustisch wahrnehmen können. Solange das Licht an ist, sieht Zeidler wenigstens, wie sich Risse in der Kellerdecke bilden, wie die Wände wackeln.

Risse in der Kellerdecke? Kommt die Presse?

Das Licht geht aus, und man hat das Gefühl, der ganze Keller steht kopf. Zeidler krallt sich mit den Fingern in meinen rechten Oberarm.

Jetzt riecht es im wahrsten Sinne des Wortes brenzlig. Ich hab nie Angst vor Fliegerangriffen gehabt, aber nun wird's mir doch mulmig.

Es geht Schlag auf Schlag. Man hat den Eindruck, sie kreisen über der Wassertorstraße. Denkbarer ist aber, daß es viele Bomber sind. Der Qualm dringt durch die Ritzen. Jemand rät, Taschentücher vor den Mund zu halten. Man kann sie in den bereitstehenden Löscheimern naß machen. Die ersten fangen an zu husten.

Wumms, wumms, wumms, geht es.

„Das war ein Volltreffer", sagt einer. Kinder heulen, sie sind mit ihren Müttern aus den Wohnhäusern in unseren bombensicheren Fabrikkeller gekommen.

Mörtelstaub rieselt von der Decke herunter. Rademacher pfeift jetzt nicht mehr.

„Beste Grüße von Hermann Meier", sagte der Sozi zum Nazi. Das bezieht sich auf den Ausspruch Görings, er wolle Meier heißen, wenn auch nur ein einziges feindliches Flugzeug Berlin erreicht.

Irgendwer hat eine Lampe angemacht. Schemenhaft sitzen

die Gestalten an die Wände des Kellers gelehnt und husten.
Draußen ist es jetzt still. Wie lange ging das Bombardement? Zwanzig Minuten? Eine Stunde? Eine Ewigkeit!
Ein Gerücht macht sich im Keller breit: Der Ausgang ist verschüttet!
Das Husten verstummt vorübergehend. Es ist so still, daß man das Schnaufen der Pferde im Nebenkeller hören kann. Das sind die Zugtiere der Paketfahrtgesellschaft. Etwa siebzig Stück. Wo sind die Kutscher?
Der Qualm zieht direkt in den Luftschutzraum. Es wird auch spürbar wärmer.
„Die Durchbrüche", sagt einer. „Die Durchbrüche müssen aufgeschlagen werden!"
„Vielleicht kommen wir durch den Stall raus", hofft ein anderer.
Von oben ertönt ein mächtiges Poltern. Ist es die hydraulische Presse?
„Bis in den Keller kommt das Ding runter", hat Rademacher gesagt. Und der Alte hat gebarmt: „Mal'n Se bloß nicht den Teufel an die Wand."
Köhring macht sich wahrscheinlich selbst die meisten Vorwürfe, weil er an diesem halben Arbeitstag nicht zu Hause geblieben ist, zu Hause in seiner Johannisthaler Villa. Andererseits traut er seiner Gefolgschaft nicht. Köhring ist kein Fachmann, er ist Kaufmann. Am wenigsten traut er seinem Farbätzer Schmidt, dem alten Sozi.
Der jüngste Zusammenstoß der beiden war fabelhaft: Schmidt pinselt mit Asphaltlack auf seiner Zinkplatte, dem sogenannten Klischee, herum, und der Alte nähert sich mit einem Fadenzähler in der Hand. Das ist so eine Minilupe, die muß sich der Alte neu angeschafft haben.
„Zeigen Se mal her, Schmidt", sagt der Alte. Der Farbätzer lehnt sich zurück und verschränkt die Arme über der Brust. Es ist leise im Raum geworden. Alle wissen, nun kommt gleich was.
Der Alte setzt den Fadenzähler auf die Metallplatte, beugt

Leitmeyer-, Ecke Petersburger Straße im Jahre 1944

sich ächzend herunter und versucht, im Fadenzähler etwas wahrzunehmen, den Raster oder etwas ähnliches zu erkennen.

Da sagt Schmidt, laut und vernehmlich. „Ob Sie da durchkucken oder sich mit'm Hintern ruffsetzen, hat jenau denselben Effekt!"

Und der Alte verschwindet hochroten Kopfs in seinem Kontor, vom ungenierten Gelächter der Belegschaft begleitet. –

Jetzt lacht niemand.

Hier im Keller hat das große Hangen und Bangen angefangen. Sind wir wirklich eingeschlossen? Soll das das Ende sein? So klanglos? Es wird immer heißer und stickiger. In vielen Luftschutzkellern sind schon Menschen bei lebendigem Leibe verbrannt. Im Café Leitmeyer an der Ecke Frankfurter Allee und Petersburger Straße soll eine ganze Hochzeitsgesellschaft in den Flammen umgekommen sein. Ob man vorher ohnmächtig wird? Oder ob man einfach losbrennt? Ob dann alle schreien? Die Wand, an der ich sitze, ist heiß wie ein Ofen. Ich werde – „Sie rufen von draußen", meldet einer. Hat er sich verhört? Nein!

„Wir holn euch raus! Bleibt ruhig! Keine Panik!"

Es sind die Kutscher der Rollgesellschaft, die schräg gegenüber in einer Kneipe vom Alarm überrascht worden waren, und die dann geistesgegenwärtig im Kneipenkeller Schutz und sonst was gesucht haben.

Sie schippen unter Mühen und Fluchen einen Zugang frei, und dann stoßen sie mit Brechstangen den Durchbruch auf. Die Hitze schießt jetzt in den Keller.

„Frauen und Kinder zuerst!" befiehlt jemand.

Und ich höre, wie der Alte, der nun zum zweiten Mal seine Bude verloren hat, widerspricht: „Wieso denn Frauen und Kinder? Die Männer zuerst. Die können doch helfen . . ."

Wie lange waren wir eingeschlossen? Zwanzig Minuten? Eine Stunde? Eine Ewigkeit!

„Hier entlang!"

Man läuft gebückt, wird gestoßen, geschoben, mit Zurufen

dirigiert. Wo sind die anderen? Ach was. Jeder ist sich selbst der Nächste. Nur raus aus dem Inferno!
Plötzlich stehe ich in einem großen Hausflur. Seine Wände und die Decke sind schwarz. Das Feuer scheint hindurchgefegt zu sein. Mir kommt es so vor, als sei das ganze Haus, zu dem der Flur gehört, schon weggebrannt, und nur der Hausflur steht. Aber wie lange?
Am Ende des schwarzen Hausflurs ist das Flammenmeer. Eine einzige rote Wand. Die Hitze verschlägt einem den Atem.
Ein paar Männer, die ich nicht kenne, stehen am Ausgang des Flurs. Ob es die Kutscher sind?
Sie stehen dort, als sei es das Selbstverständlichste der Welt. Sie schleusen die Leute in die Sicherheit. Lotsen im Flammenmeer. Retter.
„Hier", sagt einer zu mir. „Lauf geradeaus!"
Ich sage: „Ich kann ja gar nichts sehen!"
„Lauf geradeaus", sagt der Retter. „Wenn dir dein Leben lieb ist! Immer geradeaus. Zwanzig Meter. Dann hast du's geschafft!"
Und ich laufe. Ich laufe, so schnell ich kann. Immer geradeaus. Ich laufe schnell, aber es kommt mir unheimlich langsam vor. Wie in einem Alptraum.
Ich laufe durch eine Unwelt. Sie ist nur rot. Und heiß. Und rot. Und heiß. Ich glaube, ich kann nicht mehr atmen ...
Ich bin durch! Es ist, als wenn ein Film reißt. Aus der Unwirklichkeit in die Wirklichkeit. Oder umgekehrt?
Mir wird kalt. Ich stehe in der Moritzstraße. Die scheint nicht ganz soviel abbekommen zu haben. Sie ist jedenfalls begehbar. Das Chaos liegt hinter mir. Eine unendlich hohe heiße rote Wand ...

Aus meinem Tagebuch:
„*Sonnabend*, den 3. Februar 1945 (78. Tag)
Großangriff von ca. 2000 Flugzeugen auf Berlin. Ich war mit den Arbeitskollegen über 1 Std. verschüttet. Unsere Firma ausgebombt. Die ganze Wassertor-, Prinzen-, Mo-

ritz-, Neander-, Brandenburg-, Oranien- und Ritterstraße ein Trümmerhaufen. Aber die Todesglocken vom Simeonturm läuten, obwohl die Kirche vollkommen ausgebrannt ist! – Bei uns hier ist es nicht ganz so schlimm! Aber die Frankfurter Allee von der Proskauer bis Petersburger Str. ist ein Trümmerhaufen. Deutsches Haus, Ufa-Theater Germania-Palast, Viktoria und Lido-Lichtspiele waren einmal! Der Baltenplatz sieht aus wie ein Schlachtfeld, von den sieben Ecken steht noch eine! Aber auch diese ist abbruchfällig. Petersburger Str. 18, 19, 19a und um die Ecke Zorndorfer Str. 24 und 25 abgebrannt. Schallock und Werner Hanke sind dort ausgebombt. Die Petersburger Schule hat einen Volltreffer bekommen. Im Hundebunker viele Tote! Bombentreffer Zorndorfer Str. 39, zwei Häuser von uns ab. Vorne an unserem Haus geht es noch. Fensterkreuze sind selbstverständlich heraus. Das ist nur das, was ich gesehen habe. – Ich frage: ‚Wer wird das alles wieder aufbauen?' Und im OKW-Bericht wird dann so siegeszuverlässig berichtet, daß V 2 gegen England fliegt. Aber die armen Menschen dort sind genauso zu bedauern als wie wir. Hoffentlich ist der Krieg bald zu Ende!!!" –

„Völkischer Beobachter" meldet:

Kaffeezusatz verbessert!

Die besondere Leistung der Kaffeemittelwirtschaft während des Krieges liegt darin, daß sie sich den ständig wechselnden Rohstoffverhältnissen mit gutem Erfolg anpaßt. Sie hat es auch verstanden, die Ergiebigkeit der von ihr hergestellten Kaffeemittel ständig zu steigern. Infolgedessen konnte die Menge der benötigten Kaffeemittel bei gleichbleibender Stärke des Getränks herabgesetzt werden. Während man früher z. B. 22 bis 24 g Kaffeemittel für einen Liter Kaffee benötigte, kann man heute ein gleichwertiges Getränk bereits aus 10 g Kaffeemittel herstellen.

Die Firma ist am Ende

Rademacher, der Nachschneider und Prophet, hat nicht recht behalten. Die hydraulische Presse von Erich Paul ist nicht bis in den Keller hinuntergekommen. Sie brach zwar durch den Fußboden, blieb aber stecken.

Das ganze Fabrikgebäude ist ausgebrannt. Wenn man uns nicht aus dem Keller herausgeholt hätte, wäre die Lage brenzlig geworden.

Ich stolpere durch die Wassertorstraße und suche irgendein Lebenszeichen der Firma Köhring. Es gibt keines.

Die Gegend sieht wüst aus. Alles ist kaputt. Jetzt sind die Flammen erloschen, aber der Gestank nach verkokeltem und naßgewordenem Holz steht in der Luft. Man hat sich daran gewöhnt. Die Berliner Luft hat einen anderen Duft bekommen.

Die Lehrlinge der Turmuhrenfabrik C. F. Rochlitz haben gut gearbeitet. Die Uhr der Simeonskirche geht immer noch, sieben Tage nach dem Luftangriff vom 3. Februar. Sie geht genau, und die Glocken schlagen die Viertel- und die vollen Stunden. Jeden Freitag müssen die Jungs rauf auf den Turm. Sie ziehen die Gewichte hoch, und dann geht die Uhr wieder eine Woche. Jetzt geht sie schon den achten Tag. Deutsche Qualitätsarbeit.

František Havel läuft mir über den Weg. Er ist Tscheche und Reprofotograf bei Köhring. Er weiß was von einem Treffpunkt in einer Kneipe am Kottbuser Tor, Reichenberger Straße.

Havel ist der letzte Zwangsarbeiter in unserer Firma. Zuerst hatten wir Holländer. Feine Kerle. Jan Dooms, Hermann Hekkenberg, Jan Bansberg. Joseph van Osta war Belgier, auch Albert Verhagen. Herr Pelez war Finne. Die Holländer verfrachtet der Alte als erste nach Flensburg. Es bedarf keiner großen Überredungskünste. Flensburg ist näher an Holland als Berlin.

Ich versteh mich gut mit den Holländern. Wir machen Ruderpartien auf der Spree. Köhring: „Stave, Sie wissen, daß jeder über das Berufliche hinausgehende Kontakt zu den Fremdarbeitern strafbar ist!"

Wenn wir in der Ätzerei unter uns sind, singen wir holländisch. In einem Lied heißt es sinngemäß: Nun dauert's nicht mehr lange, dann ist der ganze Spuk zu Ende!

„Der Angriff" meldet:

Wir alle wollen opfern!

Im Auftrage des Führers rufen wir alle Deutschen, Männer, Frauen und unsere Jugend zu einem

VOLKSOPFER

auf. Die Nationalsozialistische Deutsche Arbeiterpartei wird mit ihrer bewährten Tatkraft die Trägerin dieser Aktion sein.

Vom 7. bis 28. Februar werden für die Wehrmacht und den Volkssturm gesammelt:

Uniformen und Uniformteile der Partei, ihrer Gliederungen und Verbände, der Wehrmacht, Polizei, Feuerschutzpolizei, Reichsbahn, Reichspost usw.

Tragfähiges Schuhwerk und Ausrüstungsgegenstände für die kämpfende Truppe, wie Zeltbahnen und Zeltzubehör, Woll- und Felldecken, Brotbeutel, Rucksäcke, Kochgeschirre, Koppel, Schulterriemen, Spaten, Stahlhelme und alles andere, was der Soldat braucht.

Ferner werden Kleidung, Wäsche und Spinnstoffe jeder Art gesammelt, um hieraus neue Bekleidung und Ausrüstungsstücke herzustellen.

Berlin, 6. Febr. 45
Bormann, Funk
Dr. Goebbels, Himmler

Einmal kommt der Alte dazu und fragte: „Wat singen Se denn da dauernd, Hekkenberg?"

„Volkslieder", sagt Hermann treuherzig. „Wir denken an zu Hause."

Und das ist ja nicht einmal gelogen.

Die Holländer gehen Mitte November 1944 weg, Joseph van Osta Mitte Dezember. Sie arbeiten nun in der „Flensburger Reproduktionsanstalt", die der Alte in einem ehemaligen Kino eingerichtet hat. Köhring: „Könn Se ooch

hin, Stave. Müssen doch mal raus ausm Nest. Flensburg is ne feine Gegend, und die Holländer sind doch ooch da!"
Zwischen Weihnachten und Neujahr ist arbeitsfrei. Ich packe ein Päckchen für meine Freunde im hohen Norden. Nie wieder höre ich was von ihnen.
Während der freien Tage sehe ich folgende Filme: „Hochzeitshotel", „Es leuchten die Sterne", „Philharmoniker", „Münchhausen" und „Die Frau meiner Träume". Für den Film „Hochzeitshotel" bin ich von Rechts wegen gar nicht zugelassen ...
Am 12. Februar 1945 sitzt der Restbestand der „Graphischen Kunstanstalt Felix Köhring" im Hinterzimmer einer Kneipe in der Reichenberger Straße. Der Alte fordert, daß alle nach Flensburg gehen. Aber keiner hat Lust. Das Ende wollen sie in der Heimat erleben. Am 16. Februar entläßt der Chef den Propheten Rademacher und den Andrucker Kiersten. Am 19. wird der spezielle Freund Köhrings, der Farbätzer Schmidt, auf die Straße gesetzt. Die übrigen, ein paar Retuscheure, arbeiten fortan in der Köhringvilla am Großberliner Damm in Johannisthal. Sie sind bald unter sich. Die gnädige Frau hat sich bereits nach Flensburg abgesetzt. Dem Alten wird der Boden unter den Füßen auch langsam zu heiß.
Die Firma ist am Ende. Und nicht nur die Firma!

Das Oberkommando der Wehrmacht gibt bekannt:
An der Oderfront gelang es dem Feind, seine kleinen Brückenköpfe südlich Küstrin geringfügig zu erweitern.
1. März 1945

Der Mann im grauen Kittel

Was soll ich bloß machen? Ich habe einen Bereithaltungsbefehl zum Wehrertüchtigungslager erhalten. Ich dachte schon, es sei alles vorbei und überstanden. Und nun dies. Am 15. Februar kommt der Wisch. Zwölf Tage nach dem großen Luftangriff. Seither hat sich das Leben in Berlin nicht mehr so recht normalisiert. Aber die Bahnen fahren, die übriggebliebenen Geschäfte verkaufen dieses und jenes. Die Lebensmittelkartenabschnitte werden beliefert.
Köhring hat seine Firma bis auf die Retuscheabteilung aufgelöst. Die Retuscheure sitzen in seiner Johannisthaler Villa. Und der Stift ist natürlich nicht entlassen worden. Ich bin billig, bin ein besserer Dienstbote. Jedenfalls habe ich nicht mehr so dreckige Finger und muß auch den Salpetersäuregestank nicht mehr einatmen. Es geht mir ganz gut. Der Alte sagt: „Stave, wenn Se in den Gachten (Garten) gehn, passen Se uff, daß Se de Bööme (Bäume) nicht zertreten!"
Wir haben einen jungen Hilfsarbeiter bekommen. Es ist der Sohn des Retuscheurs B., ein Dollbrägen. Nur Unsinn im Sinn. Ich entwickle so ein blödes Verantwortungsgefühl für den Knaben. Einmal fahren wir nach Tempelhof in die Ringbahnstraße. Dort ist eine Niederlassung der pp. Spiritus-Monopol-Verwaltung. Wir sollen vergällten Alkohol abholen. Sicherlich hat Köhring nicht gemeldet, daß seine Bude kaputt ist. Vielleicht braucht er den vergällten Alkohol auch für seine Flensburger Firma.
Wir stehen an einem Schalter, hinter dem in einem grauen Kittel ein Beamter sitzt und uns nicht beachtet. Er füllt Listen aus, und B. jr. macht mir schon allerhand Zeichen, die nichts Gutes verheißen. Der Schalterbeamte scheint es nicht zu bemerken.
An der Wand des Schalterraumes ist ein Plakat angebracht. „Du bist ein Deutscher, dein Gruß sei ‚Heil Hitler!'"
B. liest den Text halblaut vor. „Du bist ein Deutscher, dein Gruß sei Heil Mischmasch!"

Da schießt der Graukittel wie eine Rakete an das Schalterfenster. Er hat den Füller in die Federschale geworfen, aber der Füller ist zu Boden gefallen. Das interessiert den vergällten Alkoholbeamten im Moment nicht. Er schreit uns an: „Ich habe genau gehört, was ihr gesagt habt! Ich habe es genau gehört! Ihr habt den Führer beleidigt!“

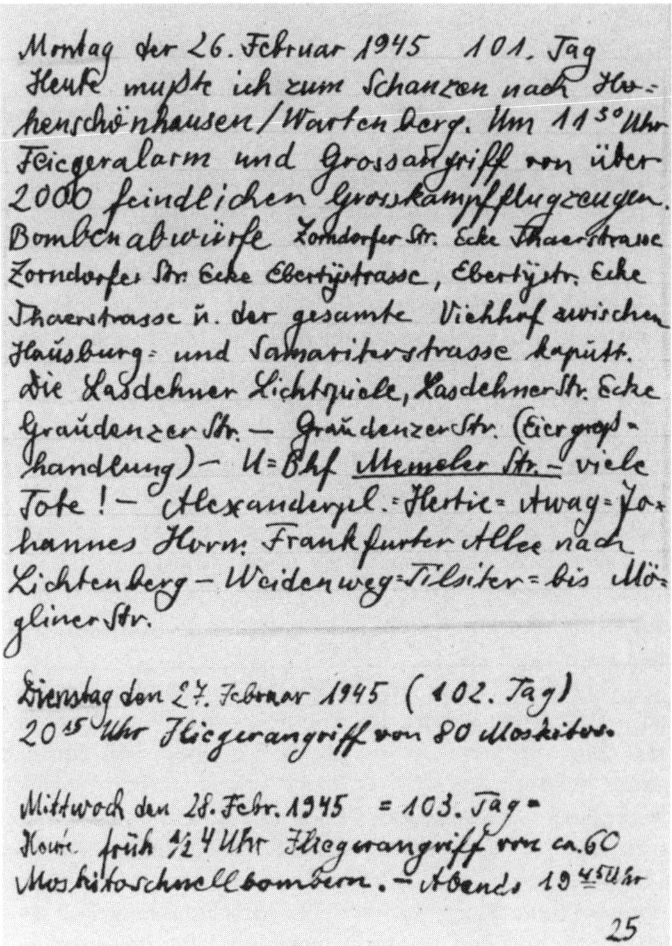
Montag der 26. Februar 1945 101. Tag
Heute mußte ich zum Schanzen nach Ho-
henschönhausen/Wartenberg. Um 11^{30} Uhr
Fliegeralarm und Grossangriff von über
2000 feindlichen Grosskampfflugzeugen.
Bombenabwürfe Zorndorfer Str. Ecke Thaerstrasse
Zorndorfer Str. Ecke Ebertystrasse, Ebertystr. Ecke
Thaerstrasse u. der gesamte Viehhof zwischen
Hausburg- und Samariterstrasse kaputt.
Die Lasdehner Lichtspiele, Lasdehner Str. Ecke
Graudenzer Str. – Graudenzer Str. (Eiergroß-
handlung) – U-Bhf Memeler Str. – viele
Tote! – Alexanderpl. – Hertie – Awag – Jo-
hannes Horn: Frankfurter Allee nach
Lichtenberg – Weidenweg – Tilsiter – bis Mö-
gliner Str.

Dienstag den 27. Februar 1945 (102. Tag)
20^{15} Uhr Fliegerangriff von 80 Moskitos.

Mittwoch den 28. Febr. 1945 = 103. Tag =
Heute früh ½ 4 Uhr Fliegerangriff von ca. 60
Moskitoschnellbombern. – Abends 19^{45} Uhr
25

Der Mann ist außer sich. Deutschland steht unmittelbar vor dem totalen Zusammenbruch, die Reichshauptstadt ist fast zur Hälfte zerstört. Ich überlege, ob ich den Befehl zum Einrücken ins WE-Lager befolgen soll, da macht dieser Kerl hier den Hund los.
„Hier", schreit er, „dieses Telefon. Eine Nummer gedreht, ein Anruf genügt! Und ihr seid erledigt! Den Führer verunglimpfen, in dieser schweren Zeit!"
B. jr. ist nun doch blaß geworden. Ich – als Verantwortlicher – sage: „Das war ja nicht so gemeint. Es sollte –"
„Du hältst die Schnauze! Ich lasse euch abholen! Ein Anruf genügt!"
Er hebt den Hörer hoch und fuchtelt damit herum.
Mir fällt ein, was Frau Nawrocki erzählt hat. Wie sie die Leute im KZ quälen, wie sie bis zum Zusammenbrechen arbeiten müssen. Wie sie die Juden umbringen, die das Fahrgeld nach Amerika nicht aufbringen können. Der junge B. sieht ein ganz klein wenig jüdisch aus. Um Himmels willen!
„Wir wollen uns ja entschuldigen", stammele ich.
„Es war nicht so gemeint", wiederholt B. Etwas Besseres fällt ihm auch nicht ein. Er schlottert am ganzen Leibe. Und ich erst.
Dem Beamten sind Schweißperlen auf die Stirn getreten. Er hat sich zu unserem Glück überanstrengt. Er ist vielleicht nicht ganz gesund. Sonst würde er ja auf den Feldern der Ehre herumkrauchen, um für seinen Führer zu retten, was noch zu retten ist.
„Ihr Strolche!" sagt er jetzt leise. „Ihr verdammten Strolche! Ich hab's genau gehört. Ich könnte euch ‚alle werden' lassen. Aber ich werde es eurem Chef melden. Soll der sich damit befassen. Ich –"
Schließlich hebt er seinen Füller auf. Er setzt sich schweigend an den Schreibtisch. B. und ich sehen uns an. Die Luft scheint bei dem Beamten draußen zu sein. Er nimmt ohne weitere Worte unseren Bezugsschein entgegen und überreicht uns den Auslieferungsschein fürs Warenlager.

Wir sagen zackig als Deutsche: „Heil Hitler!“ Aber der Mann im grauen Kittel reagiert nicht mehr.
Als wir mit unserem Kanister auf der Straße stehen, hat B. schon wieder Oberwasser. „Den Alten haben wir ganz schön ins Schwitzen gebracht!“ Er lacht.
Ich sage: „Halt die Schnauze, du Vollidiot!“
Ob der Beamte dem Köhring alles mitteilt? Aber auf dem Bezugsschein steht als Adresse noch die Wassertorstraße. Da kann er lange telefonieren. Und wenn er schreibt? Und wenn sie die Post nachschicken? Bestimmt ist das ein ech-

ter Nazi, der am liebsten in Rußland herumballern will. Was heißt Rußland? Sie sind ja schon in der Mark Brandenburg, östlich der Oder.
Und ich soll noch einrücken. Kurz vor Toresschluß. Aber wann wird das sein? Die Front ist vor Stettin stehengeblieben. Wenn man genau wüßte ...
Vater weiß auch keinen Rat. „Bei Oma in Petershagen ist es zu unsicher." Wir haben sonst niemand. 36 Tage soll die Ertüchtigung dauern, vom 6. März bis zum 11. April.
Am Sonnabend, dem 17. Februar, klettere ich sinnlos in den Trümmern des Germania-Palastes herum. Am Sonntag, dem 18. Februar, sehe ich in den Lasdehner Lichtspielen „Es fing so harmlos an". Mit Lingen und Heesters. Das kann man wohl sagen, daß es so harmlos anfing.
Bis zu meiner Abfahrt ins WE-Lager nach Glöwen erlebe ich noch siebzehn Fliegerangriffe auf Berlin, darunter einen ganz grausamen am 26. Februar. Ich habe mich entschlossen zu fahren. Aber vorher hole ich noch zu einem gewaltigen Schlag gegen Hitler aus. Das hatte ich mir schon lange vorgenommen ...

Etwas gegen den Führer

Daß es Leute gab, die etwas gegen Hitler unternahmen, war allen spätestens klar, als 1942 die Naziausstellung „Das Sowjetparadies" im Lustgarten abbrannte. Also sie brannte nicht direkt ab, aber sie trug Schäden davon. In den Zeitungen war darüber eigenartigerweise nichts zu lesen, trotzdem wußten alle Bescheid.
Ich beobachtete Herrn Döhler an diesem Tag genau. Ich umschlich ihn fast. Ich sagte mindestens dreimal „Guten Tag" – Döhler ließ sich nichts anmerken. Entweder hatte er mit dem Anschlag gar nichts zu tun, oder er verstellte sich prima. Dabei wußte ich genau, daß es die Kommunisten gewesen waren, wer sonst?

Ich hatte mal ein Foto gesehen, auf dem waren Kommunisten abgebildet. Sie trugen Uniformen und Mützen. Sie marschierten, und eine Musikkapelle war auch dabei. Klar, daß sie ihre Uniformen und Mützen weggeworfen oder versteckt hatten, als die Nazis ans Ruder kamen.
Ich hätte zu gern gewußt, wie sie den Brand gelegt hatten. Wieviel Männer mögen es gewesen sein? Vielleicht wohnten sie bei uns in der Gegend? In der Thaerstraße, in der Matternstraße, unter Umständen sogar in der Zorndorfer? Aber es zeigte sich nichts Verdächtiges. Und Herr Döhler? Hätte ich ihn fragen sollen? Wie denn? „Guten Tag, Herr Döhler. Haben Sie vielleicht gestern oder vorgestern die Ausstellung im Lustgarten angezündet?“ Möglich, daß er ganz blaß geworden wäre, weil er mich für einen Nazi gehalten hätte, der ihn verraten will . . .
Am nächsten Tag hab ich mir die Ausstellung angesehen, das heißt, ich achtete nicht so sehr auf das Ausgestellte, ich achtete vielmehr auf eventuelle Spuren des Anschlags, aber ich konnte nichts entdecken. Ich war etwas enttäuscht, und beim Abendbrot erzählte ich von meinem Besuch und von meiner Enttäuschung. Vater sagte: „Das haben die längst in Ordnung gebracht.“ Mutter sagte: „So was ist schnell weggewischt.“
Mir war klar, daß die Brandstiftung nicht richtig hingehauen hatte, aber mir war auch klar, daß es immer noch Kommunisten gab, die etwas gegen Hitler unternahmen, auch wenn es nicht hundertprozentig und nicht in jedem Fall klappte. Und mir war auch klar, daß man etwas gegen Hitler machen mußte – irgend etwas. Aber was? Und wie? Und mit wem?
Heini wäre der einzige gewesen, der in Frage gekommen wäre. Aber sein Vater war Politischer Leiter der Werkschar auf dem Viehhof, jedenfalls spielte er sich so auf. Er hatte mal ein Foto stolz herumgezeigt, das auf einer Tagung für Politische Leiter gemacht worden war. Auf dem Bild waren etwa dreißig Männer in dunklen Uniformen zu sehen, die sich wie zur Erinnerung aufgestellt hatten. Heinis Vater

hatte als einziger den Revolver, der ja gewöhnlich über der rechten Gesäßhälfte getragen wurde, am Koppel nach vorn geschoben, so daß er auf dem Foto deutlich zu erkennen war.

Wenn Voralarm gegeben wurde, dann zog Heinis Vater sofort seine Werkscharuniform an und lief zum Viehhof hinüber. „Ich will mal sehen, was da los ist", sagte er und lief davon. Die Nachbarn wußten jedoch, daß auf dem Viehhofgelände ein bombensicherer Bunker war, in den sich Heinis Vater begab. Wie manche Bewohner der Viehhofsgegend hatte er einen Spitznamen: Bammelpiepe.

Also, Heini, mein bester Freund, kam nicht in Betracht. Bernd Rose auch nicht. Bernds Vater war zwar kein Nazi, im Gegenteil, der war schon eher Kommunist, obwohl er den Brand in der Hetzausstellung bestimmt auch nicht gelegt hatte. Bernd hatte eine zu große Klappe. Der hätte bestimmt etwas ausgequatscht. Bernd ging nicht. Auch Wilfried war ungeeignet. Er war ein prima Freund, aber zu ängstlich. Die Eltern hatten ihn sehr fromm erzogen, und sie waren sehr darauf bedacht, daß ihm nichts geschieht. Wenn es dunkel wurde, mußte er nach Hause. Am 31. Dezember 1944 kam er – noch nicht 16 Jahre alt – bei einem Fliegerangriff ums Leben. Er hatte Nachtwache bei der Firma Siemens, unbeschützt von Vater und Mutter.

Ich mußte die Aktion allein starten. Das war auch am besten. Nachher riß man noch jemand mit hinein . . .

Zuerst sollte es eine Parole werden. Unserem Vorderhaus gegenüber, Zorndorfer Straße 28, wohnte eine Treppe ein Nazi, der hatte an seinem Balkon eine Parole angebracht: „Sieg oder bolschewistisches Chaos!" In dieser Art dachte ich mir die Aktion. Andersherum natürlich. Aber wie? Die Sache zog sich hin. Aber was? Man konnte ja niemand fragen. In der „Morgenpost" stand auch nichts Brauchbares. „Nieder mit Hitler!" wäre gegangen. Aber Schrift entfiel. Das mußte ja schnell gehen, es durfte niemand sehen, jedenfalls während man es anbrachte. Hinterher schon. Da war es sogar wichtig, daß man es sah.

Ich dachte an meine Schande von der Knochensammelaktion. Knochen konnte ich damals gut zeichnen, doch was half mir das jetzt. Etwas zeichnen mußte ich, etwas, das schnell ging und doch deutlich war. Das keiner falsch verstehen konnte. Einen Totenkopf? Ein Hakenkreuz und dann durchgestrichen ... Ich übte zu Hause. Das sah nach nichts aus. Es wurde immer ein Stern mit Querbalken. Ein Kreuz kann man nicht durchkreuzen.
Die Russen hatten in ihrer Fahne Hammer und Sichel. Das wußte ich. Eine rote Fahne mit Hammer und Sichel. Das müßte gehen: Hammer und Sichel. Aber wo?
Ende Februar 1945 waren die Eckhäuser am Viehhof durch Brandbomben zerstört worden: Zorndorfer Ecke Ebertystraße, Eberty- Ecke Thaerstraße und Thaerstraße Ecke Eldenaer. Wenn die Häuser nur ausgebrannt waren, gab es keinen großen Schuttanfall. Die Fassaden standen, der Rest war Asche. Man konnte in die Keller hinabsehen.
Ich hatte mir einen Pfeiler an der Ecke Ebertystraße ausgesucht. Das war eine stumpfe Ecke. Ich konnte mich an zwei Geschäfte erinnern. In einem Geschäft wurde Zubehör für Fleischereien verkauft, in einem kleineren wurden einmal Nähgarn, Nähnadeln, Reißverschlüsse, Stopfpilze und ähnliches angeboten. Dieser Laden war bis 1938 in Betrieb. Er gehörte einem Herrn Kessel, einem freundlichen alten Mann mit dünnem grauem Haar.
Durch die stumpfe Ecke war an der Kreuzung, die auch während der Verdunkelung von einem beleuchteten Verkehrsteiler geziert wurde, eigentlich ein kleiner Platz entstanden, der aber keinen Namen trug. Mein Pfeiler stand an der stumpfen Ecke zur Zorndorfer hin. Wenn man dort etwas anmalte, konnte man während des Anmalens die Zorndorfer Straße und die stumpfe Ecke überblicken, und wenn man mit dem Rücken zum Pfeiler malte, konnte man außerdem auch noch die ganze Kreuzung im Auge behalten. Mit dem Rücken zur Wand!
Schon Tage vorher hatte ich ein Stück Tafelkreide in der Tasche und wartete auf einen günstigen Augenblick. Gün-

stige Augenblicke waren die Zeitspannen zwischen Voralarmen und den eigentlichen Alarmen. Das waren oft nur zehn oder fünfzehn Minuten. In dieser Zeit befanden sich meist nur äußerst ängstliche Leute auf der Straße, die zu einem nahegelegenen Bunker hasteten, den sie oft nicht erreichten, so daß sie doch in einem fremden Wohnhauskeller Schutz suchen mußten.
Ich brauchte eigentlich nur zu warten, bis Heinis Vater im Sturmschritt Richtung Viehhof stakste, dann war keine Gefahr mehr. Alles verlief planmäßig. Am 2. März 1945 wurde gegen 20 Uhr Voralarm gegeben. Ich beeilte mich mit dem In-den-Keller-Kommen. Normalerweise mußte ich von Mutter angetrieben werden. Heute ging es schnell. Ich trug das Vogelbauer mit meinem Wellensittich Peter in unseren Kohlenkeller, dann schlich ich mich auf die Straße. Sie war menschenleer. Das Nebenhaus, Nummer 36, hatte neben der Toreinfahrt auch einen Extraeingang zum Vorderhaus. Dort drückte ich mich in die Ecke. Etwa zwei Minuten später stürzte Heinis Vater aus der 37. Er lief quer über die Straße, an Jo's Bierbar und Jordans Schreibwarenladen vorüber und verschwand hinter der Ruine des Eckhauses zur Thaerstraße. Die Soldatennägel seiner Stiefel waren noch einen Augenblick lang auf dem Pflaster zu hören.
Ich lief zur Ecke Ebertystraße und blickte mich ängstlich um. Aber niemand folgte mir. Ich erreichte meinen Pfeiler, der von Ruß geschwärzt war (deshalb auch die Idee mit der Tafelkreide!) und stellte mich mit dem Rücken davor. Die Kreide zerbrach in meiner zitternden Hand, aber dann malte sie fast von allein: Zuerst den Hammerkopf, dann den Stiel, schließlich den großen Bogen der Sichel und den kleinen Handgriff.
Ich sah gar nicht mehr hin. Die Sirenen tuteten Alarm, ich wetzte los, warf die zwei Kreidestücke in die Ruine und war noch während des Heulens der Sirenen an unsere Haustür gelangt. Milchhändler Seidler, der auch den Luftschutzwart verkörperte, war gerade aus dem Hausflur gekommen. Er hatte die private Alarmglocke in der Hand.

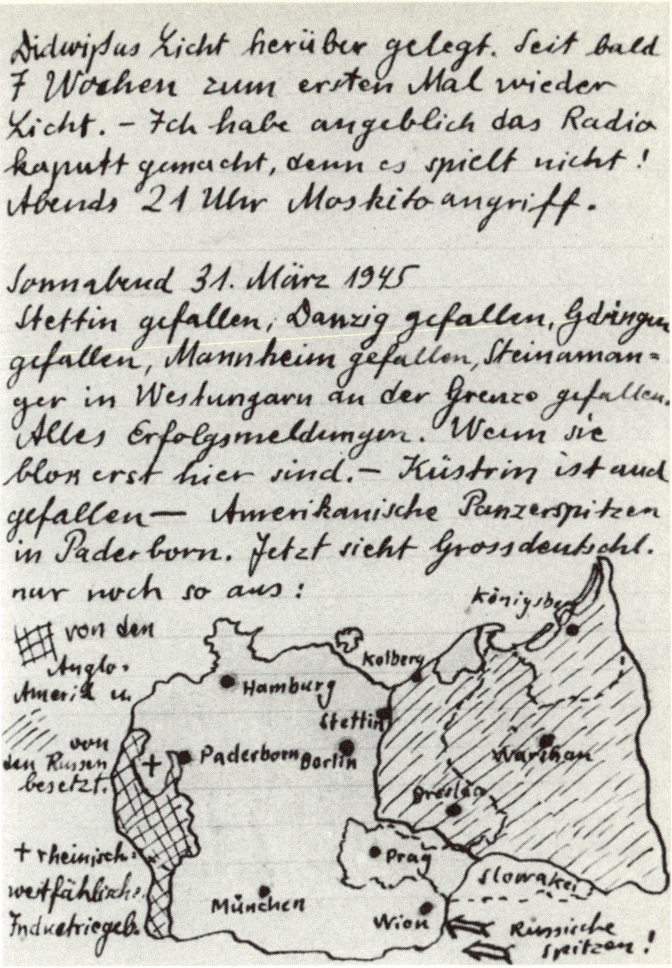
Didwipfus Licht herüber gelegt. Seit bald 7 Wochen zum ersten Mal wieder Licht. – Ich habe angeblich das Radio kaputt gemacht, denn es spielt nicht! Abends 21 Uhr Moskitoangriff.

Sonnabend 31. März 1945
Stettin gefallen, Danzig gefallen, Gdingen gefallen, Mannheim gefallen, Steinamanger in Westungarn an der Grenze gefallen. Alles Erfolgsmeldungen. Wenn sie bloß erst hier sind. – Küstrin ist auch gefallen — Amerikanische Panzerspitzen in Paderborn. Jetzt sieht Grossdeutschl. nur noch so aus:

„Nun aber schnell in den Keller", sagte er. Ich sagte: „Ich wollte nur mal sehen –" „Ab in den Keller!" befahl der Milchhändler. Er hatte nichts bemerkt. Ich hatte ein Alibi. Am nächsten Tag, einem Sonnabend, kam ich mit Heini aus dem Rose-Theater. Wir hatten in einer Nachmittagsveran-

staltung den Film „Meine Herren Söhne“ gesehen. Das Rose-Theater war ja nach der Schließung der Theater in ein Ufa-Kino umgewandelt worden. Wir bogen, von der Petersburger Straße kommend, in die Zorndorfer ein, und ich sagte: „Wir wollen noch einmal Karree rum gehen!“
Wir gelangten an die Ecke Ebertystraße. Hammer und Sichel waren deutlich zu sehen. Bedeutend kleiner, als ich sie mir vorgestellt hatte, aber deutlich erkennbar. Ich sagte: „Die alten Ladenschriften kann man noch lesen. Hier links –“
Heini unterbrach mich: „Da rechts war der Laden von Kessel!“
„Und hier links“, blieb ich hartnäckig.
Heini sagte: „Links kann man nichts mehr erkennen. Das waren Blechschilder. Rechts kann man noch was lesen, links nichts mehr.“
Ich hatte keinen Mut, auf meine großartige nächtliche Tat hinzuweisen. Sie kam mir plötzlich auch ganz klein vor, ganz unwichtig . . .
Hammer und Sichel waren noch eine ganze Weile gut erkennbar, jedenfalls für den, der es wußte. Auch unmittelbar nach dem Krieg noch, als der sowjetische Befehl erging, alle Straßen müßten mit Schildern in russischer Sprache bezeichnet werden, und ich die ehrenvolle Aufgabe erhielt, so ein Schild anzufertigen. Ich malte die Buchstaben von einem kyrillischen Alphabet ab: СОРНДОРФЕР ШТР. Oder so ähnlich. Das Schild wurde an meinen Pfeiler genagelt, schräg über meinen Hammer und meine Sichel.
Viel hatte meine tollkühne Aktion nicht genutzt. Offenbar gar nichts. Niemand hatte sie bemerkt, nicht einmal dran herumgewischt hatte jemand. Und sie sollte mich doch entmakeln. Es war sehr schwer, im Dritten Reich etwas Wirkungsvolles gegen Hitler zu tun . . .

Ab ins WE!

Horst Lindemann, ein Junge aus der Nummer 38, mit dem habe ich alles zusammen erlebt. Alle unangenehmen Angelegenheiten. Musterungen zum Beispiel. Eines Tages kommt er zu mir:
„Hast du schon deine Einberufung zum WE-Lager?"
„Nein, noch nicht", sage ich. „Aber die wird schon noch kommen!"
Sie kommt nicht. Nicht für diesen Durchgang. Sie kommt für den nächsten. Hotta fährt ab, ich bleibe. Hotta macht den ganzen Durchgang mit, 36 Tage. Bei mir wird es nicht so lange dauern ...

Am 6. März fährt der Bummelzug vom Lehrter Bahnhof ab. Um halb 10 Uhr. Mutter hat mich hingebracht. Sie heult. Ich habe auch einen Kloß im Hals.
Mutter winkt noch lange. Man weiß ja nie, ob man sich wie-

dersieht. Scheiß Zeit! Amtliche Lesart: „Es ist eine hohe Ehre für jeden deutschen Jungen, in dieser glorreichen Zeit leben, kämpfen und sterben zu dürfen!“
Im Abteil kenne ich niemand. Unsympathisch sind mir die Mitfahrenden nicht. Keiner hat eine HJ-Uniform an. Manche tragen auffallend langes Haar. Das ist nicht erwünscht. Wir fragen einander, wo wir wohnen. Danach kriegt jeder seinen Namen verpaßt. Ich sage: „Ich wohne in der Zorndorfer Straße.“ Die kennt keiner. Ich sage: „Das ist an der Petersburger!“ Und schon habe ich meinen Namen weg. Ich heiße Peters.
Nach über dreistündiger Bahnfahrt kommen wir in Glöwen an. Das liegt an der Hamburger Strecke. In Hamburg habe ich auch Verwandte. Daran hat keiner in der Familie gedacht.
Die Stimmung im Abteil ist nicht mal bedrückt. Witze über Hitler werden erzählt. Ob das gut ist? Eine Sache habe ich mir gemerkt: „Tausche großes Bild von Hitler gegen kleines Brot von Wittler!“
Der Weg vom Bahnhof zum Lager wird zu Fuß zurückgelegt. Auf halber Strecke begegnen wir den Jungen, die wir ablösen. Hotta stürzt aus dem Glied. „Hüte dich vor Leutnant sowieso!“ Den Namen vergesse ich leider.
Wir stehen auf dem Appellplatz. Es wird eine kernige, kurze Ansprache gehalten. „Alle, die kriegsfreiwillig sind oder es noch werden wollen, rechts raustreten! Die nicht Kriegsfreiwilligen nach links!“
Was nun? Ich bin nicht kriegsfreiwillig, und will es auch nicht werden. Wenn ich mich aber zu den nicht Kriegsfreiwilligen stelle, geht's mir vielleicht an den Kragen. Andererseits könnte ich den Zusatz „es noch werden wollen“ für mich in Anspruch nehmen. So tun als ob. Ich weiß nicht recht. Man sieht sich an. Ist es falsch, was man macht? Mit Hotta hätte ich das beredet. Mit Heini hätte ich gesagt, wir machen's so oder so, und dann hätten wir's so oder so gemacht. Aber wie jetzt? Es geht vielleicht um Leben und Tod. Und ich bin ganz auf mich gestellt.

Der mir den Namen Peters verpaßte, geht mit seinem Bündel auf die rechte Seite rüber. Ich nehme meinen kleinen Fußballkoffer und gehe ebenfalls auf die rechte Seite. Eine weise Entscheidung.
Wir werden in Stuben zu achtzehn Mann untergebracht. Zu Mittag um halb vier gibt es Graupen und harte Kartoffeln. Um nicht aufzufallen, wickele ich die Kartoffeln in mein Taschentuch und schmeiße sie später ins Klo. Abends reicht man Brot, Butter und Wurst. Um 19.45 Uhr tuten die Sirenen. Die Bomber fliegen in Richtung Berlin. Um 22 Uhr kommt die nächste Luftwarnung. Wir bleiben in den Betten. Ich mache mit dem Bleistift sechsunddreißig Striche an die Wand. Den ersten streiche ich gleich durch. Bleiben fünfunddreißig.

Aus meinem Tagebuch:
„Mittwoch, 7. 3. 1945 – 110. Tag – 2. Tag in Glöwen
Heute früh 6 Uhr Wecken. Um 1/2 8 Uhr Frühstück (Marmeladenstullen). Vor dem Mittagessen wurden wir gefragt, ob wir uns freiwillig melden wollen, zur SS-Division Hitler-Jugend. Ich habe mich nicht gemeldet. Und das war mein Glück. Zu Mittag gab es Klops, Soße und Kartoffeln – hat prima geschmeckt. Nachmittag 5 Uhr 1 Stunde Dienst. Dann Abendbrot. Abends 20 Uhr Alarm. 1/2 10 Uhr Zapfenstreich.“

„Donnerstag, 8. 3. 45 – 111. Tag – 3. Tag in Glöwen
Um 6 Uhr Wecken und Waschen. Um 7 Uhr Frühstück (Marmeladenstullen). Wir wundern uns, daß kein Dienst angesagt wird. Um 1/2 9 Uhr heißt es plötzlich, Geschirr, Besteck und Decken abgeben. Wir wundern uns noch mehr. Um 1/2 10 Uhr müssen wir (die sich nicht freiwillig zur SS gemeldet haben) reisefertig raustreten. Es geht zum ‚Gebiet‘, nach Berlin, Elsässerstraße. Nach 3 1/2 Stunden Bahnfahrt erreichen wir Berlin. Lehrter Bahnhof. Unsere Freude ist groß. Das hat sich ja keiner gedacht. Aber wir werden gleich schön empfangen. Wie Vieh müssen wir ca.

1 1/2 Stunden auf einem langen Korridor stehen. Man sagt uns, daß wir uns lieber zur SS hätten melden sollen. Das wäre besser für uns! Aber bei mir erreichen sie damit nichts. Jedenfalls sind wir in Berlin. Dann geben die Hunde uns einen neuen Einberufungsbefehl für abends 6 Uhr zum Reichssportfeld, Adler-Portal. Es war inzwischen 1/2 5 Uhr, und wir wollten doch alle nach Hause. Aber ich bin dann doch noch schnell heimgefahren vom Rosenthaler Platz. Meine Mutter war nicht schlecht erstaunt. Ich habe mich entschlossen, erst morgen früh zum Adler-Portal zu fahren. Abends wie immer pünktlich 20.15 Uhr Fliegeralarm. In der Nähe keine Bomben."
Ich habe keine gute Nacht. Ich wälze mich hin und her. War es richtig, daß ich nach Hause gefahren bin? War es klug? Sind die anderen auch heimgefahren, oder war ich der einzige? Mit mächtigen Beklemmungen steige ich am nächsten Morgen in die Stadtbahn. Am Bahnhof Savignyplatz fällt mir ein Stein vom Herzen. Zwei Bekannte. „Hallo, Peters!" Ich fühle, wie ich stärker werde . . .

„Freitag, 9. 3. 45 – 112. Tag – wieder in Berlin
Um 8 Uhr früh war ich am Reichssportfeld. Ein Hitler-Junge nahm uns die Befehle ab und sagte, wir können wieder nach Hause gehen, weil alles überfüllt ist. Neuen Einberufungsbefehl abwarten!– Gerne! – Abends pünktlich 20.15 Uhr Fliegerangriff. Russische Truppen haben Stettin und das Haff erreicht. – Die Amerikaner bei Köln über den Rhein Brückenköpfe gebildet."
Ich bin wieder zu Hause. Das normale Leben geht weiter.

Am Tage werden bei Stromausfall der Großalarmsirenen zusätzlich Fliegerwarnflaggen in der Farbe gelbblau-gelb an wichtigen Verkehrsknotenpunkten auf hohen Gebäuden und Türmen angebracht.

Pressemitteilung vom 4. März 1945

Hamstern mit Heini

Die Wirtin stellt das Essen auf den Tisch und wünscht uns Guten Appetit. Sie streicht mir übers Haar. „Bist'n hübscher Junge", sagt sie und sieht mich noch eine Weile an, ehe sie wieder hinter dem Tresen verschwindet. Sie ist eine hochgewachsene Frau von vielleicht vierzig Jahren. Ich bin sechzehn und habe die volle Verantwortung. Wir essen Kohlrüben mit Kartoffelsalat. Das Restaurant liegt in Tiefensee, in der Nähe des Bahnhofs. Bevor wir die Gaststätte betraten, läuteten die Glocken den Abend ein. Es ist also sechs durch. Der Zug nach Berlin ist um 17.14 Uhr gefahren! Heini sitzt mir gegenüber und kaut an seinen Kohlrüben. Er hat geheult, weil ich mit ihm gemeckert habe. Heini ist vierzehneinhalb. Die Wirtin hat ihm nicht übers Haar gestrichen, und sie hat zu ihm auch nicht gesagt: „Bist'n hübscher Junge."

Wir haben einen schweren Tag hinter uns, den 8. April 1945. Um 11.02 Uhr sind wir in Berlin gestartet. Abfahrt vom Wriezener Bahnhof. Das ist ein kleiner Ableger des Schlesischen Bahnhofs. Zwei Gleise nur. Direkt neben dem S-Bahndamm in der Fruchtstraße. Der Zug fährt pünktlich ab und trifft um 13.20 Uhr in Tiefensee ein. Das wird kein fröhlicher Ausflug für uns.

Früher haben Heini und ich oft Vergnügungsfahrten unternommen, sind mit der „68" nach Waidmannslust gefahren oder mit der „128" nach Heiligensee, nur so zum Spaß. Das war in normalen Zeiten, also 1942 oder 1943. Da gab's noch genug zu essen. Da konnte man sich bloße Vergnügungen leisten. Heute ist das anders. Heute haben wir leere Rucksäcke auf dem Buckel, und unsere Wanderung durch die Mark soll einem recht profanen Zwecke dienen: Wir wollen Kartoffeln klauen!

Bis nach Freudenberg marschieren wir mit frischem Mut. („Ein ziemlich großes Dorf mit drei Teichen, Kirche und Friedhof", schreibe ich ins Tagebuch.) Aber da ist mit Kartoffeln nichts zu machen. Wir müssen ja achtgeben, wo an-

dere schon Knollen aus den Mieten holen. Wir sind Anfänger, haben keine Ahnung, wie das gemacht wird. Also weiter nach Heckelberg. Da haben wir Glück. Ein paar Frauen haben eine Miete aufgebrochen. Sie sacken die Kartoffeln ein und sehen sich immerzu nach allen Seiten um. Man muß höllisch aufpassen. Nachher kommt noch ein Bauer und spießt einem die Mistgabel ins Kreuz.
Heini sichert. Ich fülle die Rucksäcke, nehme etwa einen halben Zentner für mich und für Heini vielleicht so dreißig Pfund. Das wird er tragen können, hab ich abgeschätzt. Heini ist nicht allzu kräftig und hat einen ewigen Schnupfen. In Abständen „zieht er hoch".
In der Luft ist ein fortwährendes Rummeln oder Grummeln. Das kommt von der Front her, russisches Artilleriefeuer. Dreißig Kilometer weiter ist Großdeutschland bereits zu Ende! Acht Kilometer müssen wir nach Tiefensee zurücklegen – mit den Kartoffeln! Es ist eine sauschwere Schinderei. Ich beiße schon mächtig die Zähne zusammen, um mir vor meinem jüngeren Freund keine Blöße zu geben. Ich hoffe fast darauf, daß er schlapp macht, damit ich die so eintretende Rast auch für mich nutzen kann. Andererseits drängt die Zeit. Um drei Uhr haben wir uns auf den Rückweg gemacht. Es wird verdammt knapp. Wir müssen einen Zahn –
„Ich kann nicht mehr", sagt Heini, und er bricht mit seinem Kartoffelsack einfach zusammen, packt sich auf die Erde. Einfach so.
Es ist ja nicht nur, daß wir den Zug verpassen könnten, es könnten auch Bauern aufkreuzen und uns mit ihren Forken vermöbeln. Noch schlimmer: Es könnte eine Streife von der Wehrmacht kommen oder von der HJ und dann ...
Heini sitzt da und guckt mich hilfeheischend an, aber auch treuherzig. Das ist furchtbar. Den Rest des Weges habe ich mein Bündel zu tragen, sein Bündel tragen wir gemeinsam. Wir schaffen es bis zum Bahnhof. Es ist 17.25 Uhr. Der Zug ist pünktlich um 17.14 Uhr abgefahren. So ein Mist!
Ich werde wütend. Der nächste Zug fährt erst gegen 22.00

Uhr. Heini flennt. Ich sage: „Da drüben ist eine Kneipe. Vielleicht kriegen wir irgendwas zu essen.“
Kohlrüben mit Kartoffelsalat. Wir essen zu Abend! Die vierzigjährige stramme Wirtin streicht mir übers Haar. Heini hockt mir gegenüber. Unter dem Tisch stehen unsere Rucksäcke. Auf Wertsachen muß man scharf aufpassen!
Um 22.00 Uhr gibt es Fliegeralarm, und der Zug bleibt im Bahnhof Tiefensee bis zur Entwarnung stehen. Schließlich zuckelt er nach Werneuchen – wieder Fliegeralarm! Die paar Fahrgäste sind ausgestiegen und blicken in Richtung Berlin. Dort ist Feuerwerk! Es flackert und blitzt. Manchmal ist für Sekunden der ganze Himmel taghell erleuchtet. Vorn grummeln und wummern die englischen Bomben, hinten ballern die russischen Geschütze.
Nach einer Stunde geht es weiter.

Aus meinem Tagebuch:
„Montag, 9. April 1945 – um 1/2 2 Uhr eintreffend in Lichtenberg. ‚Alle aussteigen!‘ Gleise sind getroffen. S-Bahnzug wird eingesetzt bis Warschauer Brücke. 1/2 3 Uhr – Endlich zu Hause. – Einmal und nicht wieder!!!“
Bei der nächsten Versorgungsaktion brauchen wir nicht zu fahren . . .

Kohlenklau

Der listenreiche Kohlenklau
kennt unsre Fehler ganz genau!
Und sind die Kohlen noch so knapp,
er holt sich prompt sein Quantum ab,
auch Holz und Wasser, Strom und Gas,
mal hier, mal da, ohn' Unterlaß –
solange, bis auch ihr entdeckt,
daß er ja in euch selber steckt.

Zwei Soldaten

Die letzten Kriegstage verlebe ich im Keller. Das geschieht auf den dringenden Wunsch meiner Eltern. Sie sagen: „Wir wollen nicht, daß die Nazis dich kurz vor Toresschluß noch wegfangen und in den Volkssturm stecken!"
Beim Volkssturm hat jeder eine Chance. Sie nehmen Kinder und Greise. Die meisten wollen nicht, haben Angst, machen aber mit. Einige wollen schon. Sie wollen mit ihren Panzerfäusten die Rote Armee zurückschlagen. Sie glauben unbeirrt an den Endsieg. Sie glauben an eine Geheimwaffe, die der Führer im letzten Augenblick einsetzen wird. Aber der Führer läßt sich Zeit. Er ist Herr der Lage, und in seinem Führerhauptquartier am Wilhelmplatz herrscht Zuversicht. Der Russe auf seiner Seite ist unbesonnen und hat inzwischen Lichtenberg besetzt. Er schickt sich an, die Ringbahn zu überqueren und in den Vieh- und Schlachthof einzumarschieren. Der Führer hat eine Geheimwaffe in petto. Er wird einen günstigen Augenblick abwarten.
Wenn fanatische Greise oder Kinder damit prahlen, daß sie den Endsieg auf jeden Fall erringen werden, ist es besser, keine Bedenken anzumelden. Sie kriegen es fertig und stellen dich an die Wand. Da steht „Berlin bleibt deutsch" dran und „Wir kapitulieren nie".
Gegenüber am Haus Nr. 28 steht der Spruch „Sieg oder bolschewistisches Chaos". Und eine Ecke weiter ist mit Schulkreide das Zeichen Hammer und Sichel angemalt. Ich bleibe im Keller. Ich schlafe auf einer Pritsche, und es riecht nach Salami. Wir haben tatsächlich auf dem Viehhof ein paar Salamiwürste ergattert und vorgekochte Erbsen in Gläsern und etwas Speck, vielleicht zwei Kilogramm.
Eines Tages heißt es, der Viehhof sei zum Plündern freigegeben worden, damit den Russen nichts in die Hände falle. Himmel und Menschen stöbern auf dem Gelände zwischen Bahnhof Zentralviehhof und Eldenaer Straße herum. Die alten Schlachtviehhallen sind zu Vorratslagern umfunktioniert worden.

Überall laufen Leute mit Einkaufstaschen oder Rucksäcken umher, aus denen Würste ragen. Es gibt ganze Kisten mit Konserven. Herr Döhler ist auch dabei. Er bittet einen Mann, ihm eine Konservenkiste auf den Rücken zu legen. Der Mann tut ihm den Gefallen, aber Döhler, der nicht allzu kräftig ist, bricht unter der Kiste zusammen. Andere Menschen bemächtigen sich seiner Kiste, und er ist froh, daß er zwei, drei Konserven abbekommt.
Heini und ich haben Speck und Würste. Wir wollen nach Hause. Von Lichtenberg her fliegen russische Granaten in Richtung Innenstadt. Speck und Würste müssen in Sicherheit gebracht werden.
„Halt, alles stehenbleiben!“ Eine laute Stimme ruft das. Uns rutscht das Herz in die Hose. Die Stimme gehört zu einem Goldfasan. So werden Naziführer genannt, weil sie eine senffarbene Uniformjacke tragen. Es sind meist Ortsgruppenleiter. Dieser hier ist bewaffnet. Er hat eine Maschinenpistole um den Hals. Es sieht aus, als meine er es ernst. Der Goldfasan treibt uns in eine Ecke an der Viehhofsmauer. Das ist auf der Höhe der Proskauer Straße.
Der Goldfasan brüllt uns an. Wir seien feige Verräter und fielen dem Führer in den Rücken. Mit solchen Verbrechern mache man am besten kurzen Prozeß. Während er das sagt, spielt er an der Maschinenpistole herum.
Wir sind vielleicht zwölf Mann und zwei Frauen. Eigentlich brauchte er nur abzudrücken. Was hindert ihn? Sind es die vielen Leute auf dem Viehhof? Sind es die russischen Granaten, die von Lichtenberg abgefeuert werden und offenbar planlos in Wohnhäuser einschlagen?
„Plünderer gehören erschossen!“ schreit der Goldfasan. Wieviel Menschen kann er allein niedermetzeln? Er braucht Hilfe. Er hält uns in Schach. Aber er blickt sich auch um, nach allen Seiten, als erwarte er jemand.
„Lassen Sie uns doch laufen“, bittet eine Frau. Die Männer ergeben sich anscheinend in ihr Schicksal, wir sowieso. Wir haben in unseren Taschen Würste und Speck, aber werden sie unseren Speisezettel jemals bereichern?

Die russischen Granaten fliegen über unsere Köpfe hinweg. Sie fliegen auch über den Kopf des Goldfasans hinweg. Es ist der 23. April 1945. Der Goldfasan ist, scheint's, unschlüssig. Er braucht nur abzudrücken. Plünderer gehören erschossen. Ungefähr fünfzig Salamiwürste wären gerettet, einige Seiten Speck und dreißig Konservendosen.
„Rudi, komm schnell her", ruft eine Stimme, „hier wollen welche über die Mauer abhauen!" Und Rudi geht. Er läuft. Im Laufen sagt er: „Wartet hier!" Ich glaube nicht, daß er annimmt, wir würden seinen Befehl befolgen. Wir hauen ab. Wir kommen noch einmal davon. Speck und Würste werden in Sicherheit gebracht.
Auf dem Hof der Nr. 37 hat eine Granate eingeschlagen. Sie ist in den Seitenflügel gegangen, zwischen Wendts Wohnung und Haupts Toilette ist sie geflogen. Helga H., die in diesem Moment über den Hof gegangen ist, wird von einem Granatsplitter getroffen und ist sofort tot. Vater H., der noch drei Töchter hat, jammert: „Ausgerechnet die beste aus'm Stall!"
Speck und Würste sind in Sicherheit.
Jetzt verlasse ich den Keller wirklich nicht mehr, höchstens noch, um irgendwelche Geschäfte zu erledigen. Als ich mich einmal nach oben begebe, sehe ich einen deutschen Soldaten vorn am Hausflur knien und aus einem Karabiner Schüsse in Richtung Viehhof abgeben. Er kämpft noch. Glaubt er auch an den Endsieg? Wartet er auf die Wunderwaffe? Oder hat er Angst, von den eigenen Kameraden erschossen zu werden, wenn er die Hände hochhebt? Oder hat er Angst vor den Russen?
Als ich ein paar Minuten später wieder herunterkomme, hockt an derselben Stelle ein russischer Soldat. Er gibt aus einer Maschinenpistole Schüsse ab. Die Richtung ist anders. Er schießt in Richtung Petersburger Straße. Ich vermute, nun wird es nicht mehr lange dauern.

Im Luftschutzkeller findet eine unblutige Revolution statt

Ernst Rose nimmt die Angelegenheit in die Hand. Er ist Vorderhausbewohner und Bücherrevisor von Beruf. In meine Betrachtung, wer ein Kommunist sei, habe ich Rose nicht direkt einbezogen. Ich glaubte, Kommunisten wohnen nur in Hinterhäusern.

Rose läßt die drei Pgs. zu sich kommen. Er sagt: „Die Russen werden gleich hier sein. Wenn ihr euch ruhig verhaltet, wird euch nichts passieren. Wir werden euch zu unserer und eurer eignen Sicherheit in den Hauskeller sperren. Habt ihr Waffen?“ Nein, sie haben nicht. Sie schlottern am ganzen Leibe und lassen sich ohne Widerstand in den Hauskeller schließen.

Ich bin Zeuge einer Revolution. Es ist nur eine ganz kleine Revolution, und sie verläuft völlig unblutig. Im Keller des Hauses Zorndorfer Straße 37 hat ein Machtwechsel stattgefunden. Die Nazis sind eingesperrt. Es hat keinerlei Widerstand gegeben.

Zu denen, die jetzt das Sagen haben, gehört natürlich auch mein Vater, ebenso Döhler. Sie haben zwar das Sagen, aber sie schweigen. Sie sehen sich an und zucken mit den Schultern. Draußen fliegen die Granaten in Richtung Innenstadt. Sie werden bereits von der Eldenaer Straße aus abgefeuert.

Ernst Rose sagt: „Jetzt können wir nur hoffen, daß die Nazis nicht noch einmal zurückkommen ...“

Sie kommen nicht zurück. Die Russen kommen. Sie kündigen sich mit einer Salve aus ihrer Maschinenpistole an. Sie feuern die Kellertreppe hinunter. Zum Glück wird niemand getroffen. Dann kommen sie herunter. Sie fragen nach Soldaten. „Nix Soldaten“, sagt Rose. Er versucht in einem schrecklichen Kauderwelsch zu erklären, daß hier Arbeiter wohnen, nix Nazis. „Rabota, verstehen?“

Rose gibt ihnen, quasi als Willkommensgeschenk, seine goldene Taschenuhr und seinen Ehering. Die Soldaten nehmen das Geschenk entgegen und verziehen sich.

„Das war's", sagt Ernst Rose, und allen fällt je ein Stein vom Herzen.
Am 24. April 1945, nachmittags 16 Uhr, wird die obere Zorndorfer Straße durch die Rote Armee aus der Naziherrschaft entlassen.

Der Trichter

Vor ein paar Jahren noch sorgte hier einer für Ordnung und Sauberkeit. Er wurde „Pupe" genannt und sammelte Papier auf, harkte die Wege und verhinderte das Fußballspielen der größeren Knaben. Der Petersburger Platz war eine schmale längliche Oase im Häusermeer. In den Buddelkästen vergnügten sich die kleineren Kinder, ihre Mütter saßen auf den Bänken und paßten auf. Es war eine friedliche Ecke. Und wenn abends um sechs Uhr die Glocken läuteten und die Sonne sich anschickte, hinter den Dächern zu verschwinden, dann stand nur noch der Kirchturm im gleißenden Gegenlicht, und alles war so erhebend. Die Buddelkästen waren leer, und der Parkwächter schloß seine kleine Bude ab, in der er diverse Gartengeräte aufbewahrte, seine Thermosflasche mit Muckefuck und seine Stullenbüchse.
Er war damals schon ein älterer Mann mit einem riesigen Schnurrbart. Es ist möglich, daß er das Kriegsende gar nicht mehr erlebt hat. „Pupe" hätte sich gewundert, er wäre erschrocken, ja entsetzt gewesen über sein Schmuckstück. Die großen Bäume – Ahorn, Kastanie – schwer in Mitleidenschaft gezogen, die Rasenflächen demoliert, die Bänke durch die Luft gewirbelt. Der Kirchturm durchlöchert. Von den Buddelkästen keine Spur mehr. An der Ecke Petersburger Straße und Zorndorfer Straße war ein Bombentrichter entstanden. Er hatte einen Durchmesser von zirka sieben Metern. Ihn muß eine ziemlich schwere Bombe ausgehoben haben. Sie war dort gelandet, wo die Parkwächterbude einmal gestanden hat.

Jetzt lagen in dem Trichter acht Tote. Es handelte sich um sechs Soldaten und zwei Polizisten. Sie waren nicht in dem Trichter gestorben, sondern bei den Kampfhandlungen ums Leben gekommen. Dann hatte man die Toten fürs erste in den Trichter geworfen – sicherlich kein feierlicher Akt.
Der eine der sechs deutschen Soldaten war vielleicht derjenige, der noch aus dem Hausflur der Nr. 37 auf die Russen geschossen hatte. Aber warum? Aus Selbsterhaltungstrieb?
Die Toten waren zwischen zwanzig und vierzig Jahre alt. Die beiden Polizisten waren die ältesten. Was hatten sie bei den Kampfhandlungen verloren?
Sie selber konnten es nicht mehr erzählen, und ein anderer wußte es nicht.
Was aus ihnen geworden ist? Vielleicht liegen sie noch in dem Trichter, der irgendwann einmal zugeschoben wurde. Sträucher wachsen auf dieser Stelle, und auf dem Platz stehen auch wieder Bänke. Die Glocken läuten abends noch nicht wieder.

Jacke und Stiefel

Der Mai ist gekommen, und es wird nicht mehr geschossen. Otto Döhler hat seine Lederjacke angezogen, und die Lederschaftstiefel an den Beinen sind gewichst und gewienert. Er zündet sich eine selbstgedrehte Zigarette an und geht hinaus in den friedlichen Tag.
Döhler ist fünfundfünfzig und auf Grund seiner Schwerhörigkeit, die er sich im ersten Weltkrieg zuzog, um den Dienst in der Naziwehrmacht herumgekommen. In der Nazizeit verhaften sie ihn ein paarmal, und geschlagen haben sie ihn auch. Wenn er im Radio England hört, weiß es das ganze Haus. Er scheut sich auch nicht, das im „Feindsender" Erfahrene weiterzugeben. Aber er wird nicht angezeigt.

Das Abhören feindlicher Sender kann dazu führen, daß man abgeholt wird und sich im KZ wiederfindet.
Im Haus Zorndorfer Straße 37 gibt es drei Pgs. „Pg." ist die Abkürzung für Parteigenosse, für Mitglied der NSDAP. Sie üben Zurückhaltung. Einer ist sowieso selten zu Hause, und wenn es Voralarm gibt, läuft er zum Viehhof hinüber und setzt sich in einen bombensicheren Bunker.
Vater ist sehr vorsichtig. Er hört England leise. Nur wenn er mal angeheitert ist, was gelegentlich vorkommt, geht er aus sich heraus.
„Macht schon mal langsam euer Testament", sagt er zu den Pgs. „Wenn die Russen kommen, dann hängen sie euch sowieso an der nächsten Laterne auf!" Mutter sagt: „Willi, du bist ja betrunken!", und schleppt ihn ab. Es passiert nichts. Keiner meldet etwas.
Döhler ist mutig. Oder unvorsichtig? Sind Mut und Leichtsinn Brüder? In der Zorndorfer Straße versucht eine Art Ortsgruppenleiter, jedenfalls einer mit einer mostrichfarbenen Uniformjacke, sein Motorrad anzutreten, aber es will und will nicht anspringen. Es haben sich ein paar Leute angesammelt, die belustigt zusehen.
„Do", sagt Döhler zu dem Nazi, „verkauf mir mal dein Motorrad. Du fährst sowieso nicht mehr lange damit!"
Die Leute halten entsetzt die Luft an, doch es passiert nichts. Der Nazifunktionär schiebt ab. Döhler grinst. Ich bewundere ihn. Es ist Herbst 44!
Abends erzähle ich das zu Hause. Vater zuckt mit den Schultern: „Ich weiß auch nicht. Vielleicht hat er einen Jagdschein ..."
Döhler wird nicht abgeholt. Er übersteht das Dritte Reich und seinen Führer.
Nun ist Mai. Mai 45. Mit seiner Lederjacke und seinen frisch geputzten Schaftstiefeln geht er hinaus in den friedlichen Tag.
Als er zurückkommt, hat er keine Jacke und keine Stiefel mehr an.
„Für mich ist die Sache erledigt", erklärt er den fragenden

Hausbewohnern. Döhler ist kein Kommunist mehr. Später wird er sogar Unternehmer. Er eröffnet in der Proskauer Straße ein Fahrradreparaturgeschäft, das er bis zu seinem Tode betreibt.
Ich gerate ins Grübeln: Kann man sich mit einer Lederjacke und ein paar Schaftstiefeln auch die Gesinnung ausziehen lassen?

Bilanz der Bomber

Einmal haben die Russen alle Männer von der Straße weggefangen. Es war Juni 45, und wir standen an der Wasserpumpe in der Eldenaer Straße Ecke Thaerstraße mit Eimern an. Die Soldaten waren nicht unfreundlich, aber bestimmt.
Wir zogen in langen Kolonnen zum Roederplatz an der Herzbergstraße. Dort wurden wir zunächst abgestellt. Manche Männer hatten ihre Wassereimer noch dabei. Keiner wußte, was los war. Fragte man einen Soldaten, zuckte der nur mit den Schultern.
Die Wartenden wurden nach und nach in eine Art Büro gerufen, in der ein Offizier saß, der deutsch sprach. Stunden vergingen, bis ich endlich dran war. Der Offizier sagte: „Zeigen Sie mir Ihren Wehrpaß!"
Ich sagte: „Ich bin erst fünfzehn Jahre alt. Ich hab keinen Wehrpaß."
Das war gelogen und auch nicht gelogen. Ich hatte mal einen Wehrpaß. Ich war gemustert worden. Und obwohl ich bei der augenärztlichen Untersuchung fast völlige Blindheit demonstrierte, schrieben sie mich kv, das hieß kriegsverwendungsfähig. Ich nahm den Wehrpaß im Empfang und verbrannte ihn zu Hause sofort. Das war vielleicht unüberlegt und leichtsinnig dazu. Aber ich hatte es getan. Hinterher wurde mir doch ein bißchen mulmig, als ich mit dem Feuerhaken in der Asche herumstocherte. Ich bekam

in Situationen der Hilflosigkeit immer so ein Magendrükken. Jetzt jedenfalls hatte ich keinen Wehrpaß mehr.
Der Offizier sah mich einen Augenblick prüfend an, dann sagte er: „Gehen Sie nach Hause!“
Das war leichter gesagt als getan. Seit 22 Uhr war Sperrstunde, seit einer Stunde also schon. So lange hatte der Vorgang gedauert, und es standen noch immer Kolonnen von Männern auf dem Gleisgelände der Straßenbahn vom Weißenseer Weg. Ich nehme an, die Russen suchten SS-Leute.
Es fanden sich drei, vier Mann zusammen, die in Richtung Viehhof zogen. Das war kein angenehmer Marsch. Man hätte von einer Streife erwischt werden können. Wie sollte man der klarmachen, woher man gerade kam? Die Sache ging gut, bis wir von der Landsberger Allee in die Hausburgstraße einbogen. Plötzlich knallte eine Salve aus einer Maschinenpistole. Wir duckten uns an die Häuserwände. Ich glaube, es schien sogar der Mond.
Nichts Verdächtiges war zu bemerken. Vielleicht hatte die Salve gar nicht uns gegolten. Wir beschlossen aber, nicht mehr weiterzugehen. Der Luftschutzraum des nächsten Hauses war tadellos eingerichtet. Korbstühle standen herum, alte Sessel, eine Chaiselongue – was die Leute nicht unbedingt oben brauchten, hatten sie in den Keller geschafft. Dort hausten sie ja viele Stunden des Tages, und ein bißchen gemütlich sollte es schließlich sein. An der Wand hing ein Ölgemälde.
Es war das letzte Mal, daß ich einen Luftschutzkeller aufsuchte. Es war der sicherste Luftschutzkeller meines Lebens. Keine Bombe konnte ihm etwas anhaben. Es fielen ja keine Bomben mehr.
Aber sie waren zur Genüge auf Berlin heruntergekommen. In 363 Luftangriffen hatten die Engländer und vor allem die Amerikaner 45517 Tonnen Bomben abgeworfen. Davon trafen zwei Prozent Flugzeugwerke, drei Prozent militärische Objekte, viereinhalb Prozent industrielle Anlagen. Der Rest ging auf Wohngebiete nieder. Der Rest – das waren 90,5 Prozent. In Berlin wurden durch Luftangriffe 28,5 Pro-

Große Frankfurter Straße vom Strausberger Platz Richtung Osten. Links der Turm der Pfingstkirche.

zent der bebauten Flächen zerstört. Im Bezirk Friedrichshain entstand Totalschaden an 60 Prozent der Gebäude, hingegen waren 66 Prozent der Industrieanlagen bei Kriegsende betriebsfähig.

Durch die 45517 Tonnen Bomben kamen in der Reichshauptstadt 49100 Personen ums Leben, und fast 50000 Menschen wurden verletzt. Das war keine stolze Bilanz. Der Aufwand war zu groß. Die Vereinigten Staaten von Amerika trieben ihre Wissenschaftler und Techniker an, Bomben herzustellen, die effektiver und nachhaltiger in der Menschenvernichtung wirken würden.

Ich war in einem der Korbstühle eingeschlafen.

Ein guter Tag

Auf dem Hof ruft jemand: „Die Russen verteilen Brühe! Macht schnell! Nehmt eine Schüssel mit oder einen Topf!" Das läßt sich keiner zweimal sagen. Alles, was Beine hat, saust die Treppen runter, viele Stufen auf einmal nehmend. Schon steht man auf der Straße und muß sich erst mal orientieren.

Da hinten dampft etwas. Die Kolonne der Armeelastwagen ist lang. Sie parken quer zur Fahrbahn. Die Leute strömen zum Küchenwagen. Im Nu ist er umringt. Dem jungen Soldaten auf der Ladefläche des Lkw strecken sich Hände entgegen, die Näpfe und Kochgeschirre halten.

Der Soldat rührt mit einer riesigen Kelle in einem ebenso riesigen Bottich. Dampf steigt aus dem Kessel empor, und mit dem Dampf ein Aroma, ein wahrhafter Wohlgeruch, ein Gemisch aus Suppengrün, Zwiebeln und Butter. 1945, Ende April. Was kann schöner sein?!

„Moment, Moment", beschwichtigt der junge Russe die ungeduldige Menge. Er rührt noch ein paarmal kräftig in dem überdimensionalen Gefäß, aber dann macht er sich an die Verteilung.

Der Suppenkessel scheint bodenlos zu sein. Jeder bekommt sein Schüsselchen voll. Einige fangen gleich an Ort und Stelle an, alles in sich hineinzuschlingen. Aber das bekommt ihnen schlecht. Die Brühe ist viel zu fett. Nach den Rote-Bete-Suppen streiken die Mägen vor diesem Angriff.

„Das Zeug ist ungenießbar", stellt einer fest, der schon eine ganz grüne Nase hat.

Man starrt in seine Schüsseln und Kochgeschirre, und da sehen einen Fettaugen an – soviel Sterne gibt's nicht am Himmel!

„Das muß man verdünnen", rät eine Frau, die Ahnung hat. Und dann verdünnen alle daheim ihre Brühe, und die wird wohlschmeckend, aber vor allem immer mehr. Es ist eine Wunderbrühe aus dem Schlaraffenland. Sie schmeckt und macht satt, und sie sättigt die ganze Familie . . .

Enttrümmerung der Frankfurter Allee.
Im Hintergrund die Ruine des Kaufhauses „Hertie".

„Die Russen brauchen vier Särge", erklärt Ernst Rose der neuen Hausleitung. Sie hat sich auf dem Hof versammelt und blickt verlegen und auch ängstlich zu Boden oder in der Gegend herum. Woher soll man Särge nehmen?
„Emil Genthe ist Tischler", sagt Vater.
Emil Genthe schüttelt den Kopf: „Vier Särge – is nich drin. Ich hab zwar noch ein paar Bretter, aber für vier Särge – nee."
„Wir nehmen Holz von den Kellerverschlägen", sagt Rose. Das ist gut abgelagerte Ware. Jahrzehntelang stehen die Bretter im Keller. Keine Eiche, gewiß. Aber Holz!
Und dann verwandelt sich der Hof der Nummer 37 in eine Sargtischlerei. Ein Tischler und viele Helfer. Die Pgs. klopfen rostige Nägel gerade. Meister Genthe ist nicht aus der Ruhe zu bringen. Er hobelt und bepeilt die Latten. Arbeitet mit Sandpapier nach. Nagelt. Hobelt.

Anstehen nach Trinkwasser in der Frankfurter Allee, Ecke Voigtstraße

„Mensch, Emil", sagt ein Handlanger, „du bringst dich ja reene um. Übertreib man nich zu sehr!"
„Hier wird ordentlich gearbeitet oder gar nich", sagt Meister Genthe. „Schließlich stehn wir dafür grade."
Nach drei Stunden intensiver Arbeit sind die vier Särge fertig. Keine Kisten! Nee. Mit angeschrägten Seitenwänden wurde Stück für Stück gearbeitet. Eigentlich fehlen nur noch die Beschläge.
Emil Genthe ist ein bißchen stolz, daß alles so gut geklappt hat. Eine Frau bemerkt: „Da möchte man sich am liebsten selber reinlegen!" Der Scherz wird nicht belacht.
Die Russen holen die Särge ab und bezahlen mit grob geschnittenem Tabak.
Auf einem Militärlastwagen spielt ein Koffergrammophon „Ich nenne alle Frauen ‚Baby'", und im ersten Stockwerk vom Vorderhaus der 37 ist Stimmung. Ein kleiner Offiziersclub hat sich etabliert. Die Wohnungsinhaberin und ein paar weitere Damen fungieren als Gesellschafterinnen.

Ein guter Tag geht langsam zu Ende. Man hat etwas geleistet, man hat zu essen bekommen und zu rauchen. Irgendwie wird es schon weitergehen ...

... und er nahm das Brot

Gleich nach Kriegsende wählten die Bewohner des Hauses Zorndorfer Straße 37 Vater zum Vertrauensmann. Ich glaube, er fühlte sich geehrt durch diese Wahl. Sein Amt erforderte eine ganze Menge Rennereien. Das Leben sollte sich normalisieren oder überhaupt erst mal in Gang geraten ...

Einmal ging es darum, Brot zu verteilen. Es mußte zu einer bestimmten Stunde vom Bäcker per Handwagen abgeholt werden, und keiner sollte zu kurz kommen.

Vater fertigte eine doppelte Liste an. Es mußte alles seine Ordnung haben. Wir errechneten 54 Haushalte. Jedem Haushalt stand ein Brot zu. Dann zuckelten wir zum Bäkker und empfingen gegen Quittung 54 Brote. Wir luden sie auf einen hohen zweirädrigen Handwagen mit zwei Schiebestangen. Die Brote füllten die gesamte Ladefläche aus, einige davon lagen übereinander.

Ich mußte mit knurrendem Magen die Brote ein paarmal umpacken, und Vater zählte und zählte. Es war eine verantwortungsvolle Aufgabe. Ein Brot war was wert! „Jetzt stimmt's wirklich. Noch mal brauchst du es nicht durchzuzählen", sagte ich. Vater gab das Kommando zur Abfahrt.

Auf dem Hof warteten die Hausbewohner schon ungeduldig auf die duftende Fracht. Die Ausgabe der Brotlaibe ging behutsam vonstatten. Vater hakte die Namen der Empfänger auf der einen Liste ab, auf der anderen ließ er sich akribisch durch Unterschrift den Erhalt bestätigen. Wenn Vater etwas machte, dann machte er es gründlich.

Als all die Brote verteilt waren und Vater zufrieden seine Listen zusammenfaltete und ich die mit Papier ausgelegte

Ladefläche des Handwagens nach Krümeln absuchte, kreuzte Mutter auf.
„Na, hat alles geklappt?"
„Was fragst du?" sagte mein Vater und war stolz auf sich. „Dank meiner Doppelliste konnte nichts schiefgehen!"
„Unser Brot habt ihr wohl schon raufgebracht?" wollte Mutter wissen.
Vater und Sohn sahen sich an. Auf der unfehlbaren Doppelliste war ein für uns sehr wichtiger Name nicht verzeichnet.

EINE MAHNUNG AN ALLE!

Der Polizeipräsident der Stadt Berlin gibt bekannt:
Es wird nochmals darauf hingewiesen, daß für die Zeit von 22.30 Uhr bis 5.00 Uhr früh Ausgehverbot besteht. Wer sich dessenungeachtet auf der Straße bewegt, setzt sich der Gefahr einer Feststellung aus.

Tägliche Rundschau
10. Juni 1945

Befreiung von den Wanzen

In so einer Proletarierwohnung pulsierte das Leben, besonders hinter den Scheuerleisten und den Tapeten. Nicht sehr willkommene Mitbewohner von Stube und Küche waren Wanzen und Schaben. Die Schaben, Schwaben genannt, hausten in der Küche, die Wanzen lebten in der guten und einzigen Stube.
Über Wanzen und Schaben wußten wir theoretisch nicht allzuviel, man kann sogar sagen gar nichts. Wir litten nur

praktisch unter ihnen. Wenn wir etwas mehr Bildung oder wenigstens ein Lexikon besessen hätten, wäre uns vieles klarer gewesen, zum Beispiel hätten wir gewußt, daß die Schabe eine Familie der eigentlichen Geradflügler ist. Das hätte uns nicht viel geholfen, aber immerhin. Der bekannte Insektenforscher Pauland, der bei sich zu Hause wohl kaum Schaben und Wanzen hat und sie deshalb extra züchten muß, bringt uns die Schabe auf seine Weise etwas näher: „An dem flachen, eiförmigen Körper ist der Kopf unter dem großen Halsschild verborgen, die Fühler sind lang und borstenförmig, an den langen Beinen die Schienen mit Stacheln besetzt. Die lederartigen Flügeldecken greifen an der Naht übereinander. Die Weibchen legen bis zu vierzig Eier auf einmal, in zwei Reihen in einer harten reisetaschenähnlichen Kapsel angeordnet. Die Schaben sind meist lichtscheu und lebten früher in Wäldern, verschiedene Arten haben sich aber in unseren Wohnungen eingenistet, wo sie am Tage sich in Ritzen und Winkeln, besonders an warmen Orten, verbergen, aber sobald das Licht erloschen ist, scharenweise hervorkommen und alles benagen . . ." Danke, Herr Professor!

Unsere Schaben waren etwa 25 mm lang, herrliche Tiere. Sie glänzten bei Tageslicht blauschwarz, und Vater behauptete, ein Exemplar, das er in die Enge getrieben hatte, habe ihn angezischt!

Vater hatte eine hilflose Wut auf diese Biester. Wenn er den Holzkasten von dem Wasserrohr in der Küche abnahm und sie dort mit Handfeger und Müllschippe abfegte, wurden seine Nasenflügel ganz weiß. Einmal sah ich – Vater hatte eine Schabe mit der Hand gefangen –, wie er die Kochplatte der Kochmaschine hochhob und eine Schabe auf eine glühende Kohle setzte. Ein teuflisches Lächeln überzog sein Gesicht, als sie verbrannte. Ich glaube, Schaben haßte er noch mehr als Offiziere.

Herr Professor Pauland meint: „Die Schaben entfernt man am besten durch Vergipsen ihrer Löcher, nachdem Gift (Arsenik mit etwas Mehl und Zucker oder Phosphorpaste mit Sirup) in diese gebracht wurde, oder auch dadurch, daß man abends Persisches Insektenpulver ausstreut und früh die betäubten Tiere zusammenkehrt und verbrennt."

Das funktionierte vielleicht in den Terrarien im Institut des Kakerlaken-Professors, bei uns nicht. In der Zorndorfer Straße 37 gab es einmal eine Drogerie Böttcher, die aber pleite ging. Das wunderte mich, denn allein von dem Insektenpulver, das wir verbrauchten, hätte der Mann sich bequem über Wasser halten können. Unsere Küche roch unablässig nach Persischem Insektenpulver, ein Geruch, den ich heute noch, fünfundvierzig oder fünfzig Jahre später, in der Nase habe, ein Geruch, ähnlich dem des Ameisenpulvers, das es noch gibt und das gegen Ameisen ebensowenig ausrichtet wie das damalige Persische Insektenpulver gegen Schaben. Ich glaube fast, die beiden Pulver sind identisch.

Mutter erzählte mir des öfteren, daß ich als kleines Kind die Schaben mit der Hand gefangen habe. Ich kann und kann mich nicht daran erinnern, ich weiß nur, daß ich bereits als Halbwüchsiger einen ungemein starken Ekel gegen diese Viecher entwickelte. Selbst als ich von meinen ersten Brautzügen nachts nach Hause kam, machte ich einen ganz langen Arm durch den Quadratmeter großen Korridor, knipste das Licht in der Küche an und wartete eine geraume Weile auf dem Treppenpodest, um den Schaben eine Chance zu geben, in Ritzen und Winkeln zu verschwinden oder hinter der Holzverkleidung des Wasserrohrs . . .

Wanzen waren nicht ganz so eklig. Vielleicht, weil sie bedeutend kleiner sind als Schaben. Der Volksmund nannte sie ja auch liebevoll Tapetenflundern.

Im Gegensatz zur Schabe gehört die Wanze nämlich zur Familie der Halbflügler. In einem alten Wanzenbuch fand ich folgende Erläuterung: Die Wanze soll aus Ostindien stammen, war schon den Alten bekannt, lebt auch auf Fledermäusen und Tauben, erschien im 11. Jahrhundert in Strasbourg (wo es auch einen Ort Wanzenau gibt!), wurde durch die Hugenotten verbreitet (das muß ich unbedingt

meinem Freund Paul Thyrèt erzählen!), und wird durch Reinlichkeit und Insektenpulver vertilgt.
Da haben wir es wieder. Durch Reinlichkeit! Wenn sie nicht gerade in der Nähstube von Fräulein Franz in der Thaerstraße aushalf, Essen kochte oder mit mir spazierenging, wienerte Mutter die Wohnung. Wenn einer wollte, konnte er bei uns vom Fußboden essen. Aber es wollte niemand. Also an mangelhafter Reinlichkeit konnte es bei uns nicht gelegen haben, daß Wanzen sich einnisteten. So mußten wir schon hin und wieder nachts auf Jagd gehen. Einen erwischte es immer. Wanzenstiche waren eine verbreitete Dekoration bei den Kindern am Viehhof. Wer keine Wanzenstiche vorweisen konnte, bei dem war sicherlich mit dem Blut etwas nicht in Ordnung.
Die Schaben blieben uns, wie schon angedeutet, noch eine ganze Weile treu, vielleicht bis Anfang der fünfziger Jahre. Dann zogen sie in Neubauten und Interhotels um.
Mit den Wanzen war es eigenartig. Sie verschwanden unmittelbar nach dem Krieg. Als sich Wochen nach Kriegsende alles langsam zu normalisieren begann, wir auch wieder auf Wanzenjagd gehen konnten, waren keine mehr da. Sie waren wie weggeblasen. Und sind auch nicht mehr wiedergekommen. In der Zorndorfer Straße 37. Man kann sagen: Wir sind im April 1945 nicht nur von den Nazis befreit worden, sondern auch von anderem Ungeziefer.

Eine Abfuhr wird erteilt

Langsam begann sich das Leben zu normalisieren. Nicht, daß es Glas für die kaputten Fenster gab oder ausreichend zu essen, aber Parteien bildeten sich und Jugendausschüsse. Ich hatte erfahren, daß an der Petersburger Straße Ecke Kochhannstraße die Antifa-Jugend Anmeldungen entgegennahm. Ehrensache für mich, daß ich da mitmachen wollte. Ich fand, wenn einer bei Hitler nicht mitgemacht

hat, damit es schneller zu Ende geht, dann müßte er jetzt mitmachen, damit es schneller vorwärtsgeht. Ich sah das so. Ich sagte zu Heini: „Da gehn wir hin und melden uns an." Wir hatten schließlich viel Freud und Leid geteilt. Warum sollte das jetzt anders werden.
Ich war sechzehn, mein Freund gerade fünfzehn geworden. Allerdings sahen wir auch so aus. Heute sehen ja manche Sechzehnjährige wie achtundzwanzig aus. 1945 war das noch nicht so.
Wir setzten uns in Bewegung. Seinerzeit ging man auf dem Fahrdamm spazieren, weil auf den Bürgersteigen der Trümmerschutt lag. Die Petersburger Straße hatte breite Gehwege. Man konnte auf ihnen zwischen Schuttbergen lustwandeln oder umherschleichen.
Das Eckhaus an der Kochhannstraße war nicht beschädigt worden. Es war ein merkwürdiges Haus, weil es im ersten Stockwerk auch Schaufenster hatte – nicht sehr große, aber keine Wohnungsfenster. Der Hausbesitzer mußte irgend etwas Besonderes damit vorgehabt haben. Aber solange ich denken konnte, hatte die erste Etage des Hauses leergestanden, der Laden darunter übrigens auch.
Jetzt saß die Antifa-Jugend hinter den kleinen Schaufenstern im ersten Stock. Sie bestand aus ungefähr acht Personen, die alle älter waren als wir. Vielleicht zwanzig Jahre alt, um die Drehe herum. Sie taten sehr geschäftig und beachteten uns überhaupt nicht. Sie liefen hin und her und hantierten mit Zollstöcken. Möglich, daß sie sich überhaupt erst einrichteten.
Heini sagte schon: „Komm, wir haun ab!"
Aber da hatte uns eine der Personen endlich erspäht. Sie trat näher und fragte: „Was wollt ihr denn hier?"
„Wir wollen uns hier anmelden und mitmachen", sagte ich tapfer, aber auch unsicher.
Der Antifa-Jugendliche sah uns von oben bis unten an. Dann grinste er und sprach: „Ihr habt euch wohl in der Adresse geirrt? Hier ist kein Kindergarten!" Mit diesen Worten drehte er sich um und ließ uns stehen. Ich weiß bis

heute nicht, warum. Aber vielleicht hatten wir uns wirklich in der Adresse geirrt? Wer weiß?
Als wir wieder auf der Straße standen, sagte mein Freund: „Wir hätten uns wieder verkleiden sollen, wie damals im Kino. Dich hätten sie dann bestimmt genommen!"
Ich sagte: „Erstens ist das hier ganz etwas anderes als Kino, und zweitens hätte ich mich nicht allein angemeldet. Entweder beide oder gar keiner. Ehrensache!"
Das Leben normalisierte sich weiter . . .

Verbot auf russisch

Eines der ersten wieder funktionierenden Kinos in Berlin nach dem Kriege waren die Börsen-Lichtspiele in der Proskauer Straße neben dem Forckenbeckplatz. Eine Familie Schmidt hatte von irgendwoher zwei Kinomaschinen herübergerettet, und so konnte der Betrieb in dem erhalten gebliebenen Haus ohne große Umstände wiederaufgenommen werden.
Die neuen Besitzer – um ganz auf Nummer Sicher zu gehen – tauften das Theater um. Börsen-Lichtspiele schien ihnen zu reaktionär. Schließlich hatte man viel von Börsenspekulanten und ihren Umtrieben gehört. Dabei hatte das kleine Kino mit etwa 170 Sitzplätzen seinen Namen von der nahegelegenen Fleischbörse des Zentralviehhofs, die sich genau gegenüber dem Forckenbeckplatz in der Eldenaer Straße befand, aber bei den Luftangriffen bis auf zwei Seitengebäude zertrümmert wurde.
Egal – der Name mußte weg, und fortan leuchtete von einem mittelgroßen Transparent herunter die neue, unverdächtige Bezeichnung „PARK-KINO".
Das war ein ganz gutes Geschäft damals, obwohl man das Programm durchaus als nicht sehr abwechslungsreich bezeichnen konnte. Es gab durchweg sowjetische Filme in Originalfassung zu sehen. Die Besucher verstanden kein

Die Börse am Forckenbeckplatz

Wort, aber die Hauptsache war ja, daß es wieder flimmerte. Halt! Dreißig Besucher pro Vorstellung verstanden jedes Wort. Von einer auf dem Viehhofsgelände stationierten sowjetischen Einheit erschienen pünktlich zu jeder Vorstellung etwa dreißig Soldaten mit ihrem Feldwebel oder Hauptmann und besetzten jeweils die letzten vier Reihen. Das verlief alles sehr diszipliniert, und wenn es in einem Film zufällig etwas lustig zuging, wurde in diesen letzten vier Reihen auch an den dafür vorgesehenen Stellen gelacht. Die deutschen Besucher hingegen ließen die Streifen mehr gutgläubig an ihrem Auge vorüberziehen.
Eines Tages, genaugenommen am 17. Juni 1945, konnte man in der „Berliner Zeitung" unter der Rubrik „Der Polizeipräsident gibt bekannt" folgende Notiz lesen: „Bis zum 20. Juni 1945 sind im feuerpolizeilichen Interesse in sämtlichen Filmtheatern und in allen Theatern, die dem Rauchverbot unterliegen, neben den vorhandenen Rauchverbots-

hinweisen in deutscher Schrift auch solche in russischer Schrift anzubringen. Die Durchführung dieser Maßnahme wird durch die Organe der Gewerbepolizei kontrolliert."
Der letzte Satz enthielt ganz deutlich eine herbe Drohung. Wer wollte schon mit der Gewerbepolizei kollidieren, wenn vielleicht doch nicht alles so ganz hundertprozentig legal war. Die Direktion des Park-Kinos dachte fieberhaft nach. Vater Schmidt als kaufmännischer Direktor, Mutter Schmidt als Kassiererin, die zwei Söhne Schmidt als technische Leiter und Vorführer sowie der Platzanweiser und Reklamemaler in Personalunion. Das war ich.
Irgend jemand, der Stein und Bein schwor, der russischen Sprache mächtig zu sein, fiel ein entsprechender Verbotstext ein, in kyrillischen Buchstaben natürlich, und das Direktorium stand so um den Text herum, den der Plakatmaler in Ermangelung von Zeichenkarton auf die Rückseite eines Fotos aus dem Ufa-Film „Der Blaufuchs" gemalt hatte. Na ja – das sah schon ganz manierlich nach einem Verbotsschild aus.
Zur Abendvorstellung trug der Direktor das Schild im Stil eines Nummerngirls vom Varieté die zwanzig Stuhlreihen entlang. Er fing, um nicht aufdringlich zu erscheinen, unten bei der ersten Reihe an und arbeitete sich schnaufend zur fünfzehnten Reihe empor. Die dort sitzenden sowjetischen Soldaten bogen sich vor Lachen, sie schlugen sich auf die Schenkel. Der Direktor war verdutzt. Schließlich erbarmte sich einer der ausländischen Besucher und kritzelte einen anderen Text auf das Schild, der bei näherem Hinsehen völlig anders aussah als der erste. Der Plakatmaler fertigte neu an.
Der Lacherfolg vor der nächsten Abendvorstellung war ungemein größer. Der Text wurde erneut korrigiert. Ein neues Schild wurde hergestellt. Der Direktor nummerngirlte, die Soldaten lachten sich schief, und so wiederholte sich der Vorgang Abend für Abend, und langsam bekam Direktor Schmidt – jetzt schon etwas lockerer in den Hüften – Spaß an der Sache. Ja, er verbeugte sich bereits am

Schluß der Darbietung. Was auf den diversen Schildern auch immer gestanden haben mag – es weiß keiner. Das Vergnügen war jedenfalls gewaltig. Und geraucht hatte ohnehin niemand.
Ganz unvermutet tauchte der alte Besitzer der Börsen-Lichtspiele wieder auf. Er forderte, als Kassierer eingesetzt zu werden. Der Schmidt-Clan wollte sich aus naheliegenden Gründen darauf nicht einlassen. Über Nacht wurden die beiden Ernemann-Kinomaschinen abgebaut, und als das kleine Kino-Kollektiv die letzten Habseligkeiten aus dem neben dem Theater befindlichen Hausflur abtransportierte, standen die ersten Zuschauer vor den heruntergelassenen Rollgittern zur Nachmittagsvorstellung an. Und von der Eldenaer Straße her näherte sich mit Gesang ein etwa dreißigköpfiger Trupp sowjetischer Soldaten mit einem Feldwebel oder Hauptmann an der Spitze.

Maritimes Stück

Gleich nach dem Krieg wurden in Friedrichshain (und sicherlich auch anderswo) manche Leute aus stehengebliebenen Wohnhäusern hinausgeworfen, weil sowjetische Kommandanturen eingerichtet werden mußten. Zum Beispiel in der Simon-Dach-Straße war so ein Haus, und eins war in der Eckertstraße Ecke Weidenweg.
Die Häuser wurden auch frisch angestrichen, so daß sie zwischen Ruinen und abgeblätterten Fassaden ziemlich gut aussahen. Während in der Simon-Dach-Straße die Kommandantur noch eine geraume Weile saß, wurde die in der Eckertstraße verhältnismäßig schnell aufgegeben. Die Mieter konnten wieder einziehen, lediglich die Wohnung im ersten Stock blieb für die Jugend reserviert. Vier FDJ-Gruppen hatten eine Heimstatt gefunden.
Ohne große Anleitung von oben entfaltete sich in den vier oder fünf selbst renovierten Räumen ein munteres Jugend-

leben mit Tanz und Diskussionen und Theaterspielerei. Hans-Joachim Dittrich war der Initiator. (Er ist später als Gerichtsreporter Cobra bei der Berliner Zeitung bekannt geworden.) Unter seiner Regie gab es damals mindestens drei Aufführungen.
Einmal sagte er, daß wir ein maritimes Stück geben wollten, in dem keine Weiber mitspielen. Das Bühnenbild bestand aus der Kommandobrücke eines Kriegsschiffes. Sie war aus einem Tapeziertisch und mehreren Stühlen zusammengenagelt und mit alten Decken verkleidet worden. Das eine große Vorderzimmer war der Zuschauerraum, das andere die Bühne. Den Bühnenrahmen gab die zweiflüglige offene Verbindungstür zwischen beiden Zimmern.
Wenn ich mich recht erinnere, redete in dem ganzen maritimen Stück überhaupt nur der Regisseur als Erster Offizier. Der Monolog war mit vielen deftigen Ausdrücken gewürzt, so daß das Publikum auf seine Kosten kam. Mitten in einem besonders derben Satz brach die Kommandobrücke zusammen, was von den Zuschauern mit frenetischem Beifall aufgenommen wurde. Regisseur Dittrich beendete die Aufführung kurzerhand an dieser Stelle. „Mehr Beifall ist nicht zu erwarten", sagte er.
Das Stück hieß übrigens „Die Matrosen von Cattaro".

Geschmackvoll in Farbe und Form, vorzüglich im Sitz ist der Schuh aus Igelit. Kalk und Kohle sind die Grundstoffe. Im besonderen Verfahren gewinnt man einen Kunststoff Polyvinylchlorid, der wie feines weißes Mehl aussieht. Igelit besitzt die Eigenschaft, unter Druck und Hitze plastisch zu werden.
Der glückliche Bezugscheininhaber wähle den Schuh nicht zu knapp. Ein „klappernder" Igelit-Schuh ist besser ventiliert. Dem Verschleiß an Strümpfen kann durch Einlegen einer Pappsohle abgeholfen werden.

Tägliche Rundschau
14. Dezember 1946

Frau D. wohnte im Seitenflügel. Sie war eine gut aussehende Frau, schwarzhaarig, Zigeunerin? Unter Umständen hätte sie meine erste Schwiegermutter werden können, denn ich liebte ihre Tochter schrecklich. Leider liebte ich auch die Cousine der Tochter heftigst. Zum Schluß stand ich ohne eine von beiden da.

Frau D. hatte Beziehungen. Wie sie das machte, war mir nicht klar. Aber Zigaretten hatte sie immer, auch Schnaps, Alkolat und so weiter. Ihr Mann war aus dem Krieg nicht zurückgekommen. Neununddreißig eingezogen, zwei-, dreimal Urlaub gehabt, dann plötzlich nichts mehr von sich hören lassen, vermißt gemeldet. Das war das schlimmste. „Gefallen für Führer und Volk" – da wußte man, daß es

Der siebzehnjährige Stave: Haltung trotz Passepoil

keinen Sinn mehr hatte zu warten. Bei „vermißt“ wußte man gar nichts.
Willy D. kam nicht mehr wieder, und Frau D. geriet dadurch später ein wenig aus der Bahn. Wen wollte man verurteilen?
Frau D. sagte: „Hier hast du fünf Brote. Verkauf sie am Schlesischen Bahnhof, am besten in der Langen Straße. Stück dreißig Mark!“
Ich sagte: „Ich kann so was nicht, ich bin nicht zum Schieber geboren.“
Frau D. sagte: „Jeder kann das. Jeder ist zum Schieber geboren. Es kommt immer auf die Zeiten an. Und jetzt – schieb ab!“
Ich war arbeitslos. Die Graphische Kunstanstalt Bruno Rohland in SW 61, Baruther Str. 15, hatte mich rausgeschmissen:

„Herr John Stave, geboren am 7. Februar 29, wohnhaft Berlin O 34, Zorndorfer Str. 37, trat am 13.8.45 zur Fortsetzung seiner Lehrzeit als Klischeeätzer-Lehrling in meine Firma ein und beendete seine Lehre am 8.10.46 mit Erfolg. Vom 9.10.46 bis zum heutigen Tage war er als Gehilfe für Auto- und Strichätzungen bei mir tätig und war ich mit seinen Leistungen in jeder Beziehung zufrieden. Sein Austritt erfolgt wegen Materialmangel. Für sein weiteres Fortkommen wünsche ich ihm alles Gute. Berlin SW 61, den 11. April 1947.

Bruno Rohland.“

Die Firma hatte sich genau an den Lehrvertrag gehalten. Darin war festgelegt, daß ein Ausgelernter noch ein halbes Jahr beschäftigt werden muß. Exakt sechs Monate und zwei Tage war ich Klischeeätzergehilfe. Ein neuer Lehrling kam, und somit war dieser Lebensabschnitt auch beendet.
Die Brote dufteten aus der alten Ledertasche zu mir herauf. Ich blickte mich um. Das konnte auch anderen Passanten auffallen. Kriminalpolizisten zum Beispiel, die Jagd auf uns Schwarzhändler machten. Mir war wieder einmal ordentlich unwohl in meiner Haut.

Die Ruine der Plaza sah ebenfalls unheilverkündend aus. Mir fiel ein, daß ich diesen Weg einige Jahre zuvor schon einmal gemacht hatte. Damals war die Aktion auch nicht von Erfolg gekrönt gewesen.
Ich bog in die Lange Straße ein. Sie war von Ruinen, Halbruinen und einigen halbwegs unzerstörten Häusern umsäumt. Ich hielt die Tasche mit beiden Händen an die Brust gepreßt. Das hat vielleicht nicht ganz unauffällig ausgesehen. Als ich an einem Hausflur vorüberschlenderte, rief

Wohnungsnot im Bezirk Friedrichshain

Von den im Jahre 1939 vorhanden gewesenen 112000 Wohnungen im Bezirk Friedrichshain sind nur 65000 erhalten geblieben. In ihnen sind zur Zeit 88000 Haushalte untergebracht.

Tägliche Rundschau

mich ein Mann zu sich. Er stand in dem halbdunklen Flur, und mir war sofort klar, daß es sich um einen Kriminalbeamten handelte.
„Was hast du?“ fragte der Kriminalbeamte.
„F-f-f-fünf Brote“, stotterte ich.
„Für wieviel willst du die verkaufen?“ fragte der Kriminalpolizist unerbittlich.
„Das Stück zu d-d-d-dreißig Mark.“ Jetzt war es heraus.
„Her damit“, sagte der Beamte.
„Die Tasche auch?“ fragte ich und hörte schon immer die Handschellen knacken.
„Die Tasche kannst du deiner Oma schenken“, sagte er und faßte in die Brusttasche. „Ich nehm’ alle fünf. Hier hast du hundertfuffzig Mark. Und nun verdufte!“
Ich stand im wahrsten Sinne des Wortes erleichtert auf der Lange Straße. Es war Mai. Die Vögel tirilierten, die Sonne schien. Der Himmel war blau. Die Ruinen schlugen aus. Es grünte aus den Mauerritzen. Die Plaza lächelte, wenn auch zahnlos, zu mir herüber. Ich schwebte förmlich nach Hause. Von wegen: nicht zum Schieber geboren!

Die Plaza-Ruine am Küstriner Platz

Nicht ohne Stolz blätterte ich Frau D. die hundertfuffzig Piepen auf den Tisch. Es war kaum eine Stunde seit Empfang der Ware vergangen.
„Tüchtig", sagte Frau D.
Ich sagte: „Und was ist nun mit meinem Verdienst?"
„Was denn?" sagte Frau D. „Hast du die Brote etwa für hundertfünfzig verkauft?"
Ich nickte.
Frau D. stimmte ein – wie mir schien – äußerst ordinäres Gelächter an: „Haha. Du hättest deinen Verdienst natürlich draufschlagen müssen, du Knallkopp. Hahahaha . . ."
Dieser Lebensabschnitt war besonders schnell vorübergegangen.

1947:
Heiße Rhythmen und heiße Suppen

Es ist keine Arbeit zu finden. Die paar Klischeebuden, die es im sowjetischen Sektor gibt, haben kein Material. Ohne Zinkplatten geht es nicht.
Vater hat bei der neuen Partei nachgefragt, ob die was für mich tun kann. Er ist nicht einverstanden, daß ich zu Hause herumlungere, während er bei Siemens Fahrstühle führt. Seinen Schlosserberuf kann er nicht mehr ausüben. Seine linke Hand ist unbrauchbar. Diese Arbeit im Fahrstuhl macht ihn seelisch kaputt. Daß sie ihn in den Betriebsrat wählen, ist nur ein schwacher Trost. Manchmal sitzt er abends in der Küche und betrachtet minutenlang seine kranke Hand. Vater ist zweiundfünfzig. Aber er sieht wie ein alter Mann aus. Er wird das dreiundfünfzigste Lebensjahr nicht mehr vollenden. Wir haben wirklich nicht allzuviel Glück.
Die Partei sagt: „Am besten ist, du gehst erst mal vierzehn Tage auf Kreisparteischule. Da bist du wenigstens von der Straße!"
Auf dieser Schule in Kaulsdorf ist es gar nicht schlecht.

Wenn man dumme Fragen stellt, kriegt man keine dummen Antworten. Für mich ist alles völliges Neuland, was da so in den Büchern steht. Einmal frage ich, was Bo-ur-ge-o-ih-sie ist, und sie lachen mich nicht aus.
Abends gibt es süße Milchsuppe, meist schwimmen Nudeln drin herum oder Mehlklöße. Ein alter Genosse sagt: „Wenn du dich ranhältst, kannst du einen Nachschlag ergattern!" Während ich noch an meiner ersten Schüsselfüllung herumpuste – die Suppe ist wahnsinnig heiß –, stehen die alten Genossen schon wieder an der Klappe. Ehe ich fertig bin, ist der Suppenvorrat erschöpft. Ich habe wieder was dazugelernt: Wenn es drauf ankommt, wird manches doch so heiß gegessen, wie es gekocht wird.
Noch etwas ist heiß in dieser kalorienarmen Zeit: der Rhythmus. Er kommt aus Amerika und heißt Swing. In Nazideutschland war das verboten. Jetzt freuen sich die Musiker, die alles überlebt haben, daß sie endlich in aller Öffentlichkeit swingen können. Die Bands schießen wie Pilze aus der Erde. Hohenberger, Templin, Dobschinsky, Widmann und wie die Leiter alle heißen. Beim Berliner Rundfunk wird das RBT-Orchester gegründet. Es ist die größte Big-Band aller Zeiten oder eine der größten. Achtundvierzig Mann stark. Die Leitung hat Jary, später übernimmt Kudritzki.
„Skyliner" wird gespielt und die „Räuberballade", „Wenn ich dich seh" und „Ol' Buttermilk Sky", „Chattanooga Choo-Choo" und der „Kötzschenbroda-Expreß", eine Parodie auf den Reisekomfort der vierziger Jahre:

„Verzeihn Sie, mein Herr, fährt dieser Zug nach Kötzschenbroda?
Ja. Er schafft's vielleicht, wenn's mit der Kohle noch reicht.
Ist hier noch Platz, in diesem Zug nach Kötzschenbroda?
Na, das ist nicht schwer, wer nicht mehr stehn kann, liegt quer!
Ja, für Geübte ist das Reisen heute gar kein Problem,
Auf dem Puffer oder Trittbrett fährt man bequem.

Und dich trifft kein Fußtritt,
fährste auf dem Dach mit,
obendrein bekommst du da noch frische Luft mit!
Morgens fährt der Zug an Papestraße vorbei,
mittags ist die Fahrt in Halensee noch nicht frei.
Nachts in Wusterhausen, läßt man sich entlausen
und verliert den Koffer leider dabei."

Das RBT-Orchester – das Radio-Berlin-Tanzorchester – musiziert regelmäßig im Großen Sendesaal des Rundfunks in der Masurenallee, aber auch auf der Freilichtbühne in Weißensee und einmal sogar in unserer Nähe auf dem Viehhof anläßlich eines Richtfestes. Die Gage wird in Naturalien bezahlt.

„Ich hatte neulich einen Traum
und war dabei so froh.
Ich sah eine kleine Bude stehn,
ich glaub am Bahnhof Zoo.
Seitdem hab ich nur einen Wunsch,
gebt mir doch einen Rat: Ich hab so schrecklich
Appetit –"

Alle haben Hunger, die Zuhörer, die Sänger und die Musiker. Dieses Gefühl steigert sich, wenn Bully Buhlan weitersingt:

„– auf Würstchen mit Salat! –
Mich reizt die Zigarette nich
und auch kein Alkolat,
auch keine Erbsen, bürgerlich,
nur Würstchen mit Salat!"

Dann hebt ein allgemeines Magenknurren an. Aber man vergißt den Hunger, wenn Rita Paul loslegt oder Margot Friedländer und Gloria Astor besinnlich schmalzen, wenn Detlev Lais und Peter Rebhuhn einschmeichelnde Weisen darbieten oder Ilja Glusgal auf die Pauke haut.

Das RBT-Orchester existiert noch bis 1950. Die Kreisparteischule ist für mich nach vierzehn Tagen absolviert. Die schöne Suppenzeit – ich halte inzwischen glatt mit den Alten mit! – ist vorbei. Ein voller Bauch studiert ganz gerne.
„Wir haben für dich eine Stelle als Bote besorgt", sagt die Partei. „Das ist doch ganz günstig. Da bist du viel unterwegs und kannst zusehen, daß du in deinem Beruf wieder unterkommst."
Von einer ABF sagt keiner was. Und ich frage auch nicht danach, weil ich gar nicht weiß, daß es so was gibt.
Die günstige Stelle heißt amtlich „Deutsche Verwaltung für Volksbildung in der sowjetischen Besatzungszone". Personalchef Hartung mustert mich von oben bis unten: „Du willst als Bote anfangen?"
Ich nicke.
„Du bist achtzehn?"
„Achtzehneinhalb!"
„Besser ist, ich steck dich in die Bibliothek. Hast du eine gute Handschrift?"
„Ja", lüge ich.
Da stößt der Personalchef die Tür zur Weltliteratur scheunentorweit für mich auf.

„KAMMERBRETTL" IN BERLIN O

Im Ringbahntheater am Bahnhof Frankfurter Allee hat sich ein „Kammerbrettl" etabliert. Namhafte Künstler, darunter Fredy Sieg, bekannt aus „Carows Lachbühne" am Weinbergsweg, sorgen zwei Stunden lang für Humor und frohe Laune.

Berliner Zeitung
8. April 1948

Al Capone am Viehhof

Um die Jahreswende 1948/49 werden im geteilten Berlin Verbrechen verübt, die die Westberliner Polizei und die Volkspolizei im Ostsektor auf Trab bringen.
Am 4. Dezember 1948 will der Besitzer der Tauschzentrale am Ringbahnhof Frankfurter Allee seinen Laden schon dicht machen. Es ist gleich 19 Uhr. Kunden sind nicht mehr zu erwarten. Die Verkäuferin wischt den Verkaufstresen sauber. Doch zwei Besucher stehen noch aus. Sie kommen spät, geradeso vor Ladenschluß. Die beiden Männer haben keine Gesichter. Jedenfalls sieht man sie nicht. Sie sind mit Masken verhüllt.
Die Eindringlinge werfen den Inhaber der Tauschzentrale und seine Verkäuferin zu Boden und fesseln beide. Sie sollen verraten, „wo der Zaster ist". Die Überfallenen weigern sich, das Versteck preiszugeben. Während der eine Maskierte mit seiner Schußwaffe sichert, stopft der zweite dem Ladenbesitzer zwischen die Zehen Papierstreifen und zündet sie an. Der Gefolterte verrät das Geldversteck. Seine Verkäuferin und er haben Glück. Sie kommen mit dem Leben davon, die beiden Gangster hingegen mit der Beute, die nicht unerheblich ist.
Am 9. April fallen Schüsse am Königstor. Es ist dreiviertel eins. Hellichter Tag. Drei Männer haben es auf die Schaufensterauslage des Juweliers Wockenfuß, Am Friedrichshain 35, abgesehen. Einer der Gangster wirft einen Mauerstein in die Scheibe und bringt eine goldene und eine Stoppuhr an sich. Die anderen geben Feuerschutz. Als zwei Verkäufer den Diebstahl verhindern wollen, werden sie niedergeschossen. Einer ist sofort tot, der andere schwer verletzt. Einem sie verfolgenden Lastwagen zerschießen die Banditen die Reifen. Ihnen gelingt zu Fuß die Flucht durch die Katakomben der Ruinengrundstücke.
Am 22. April 1949 betreten späte Gäste das Restaurant „Zum Freischütz" in der Chemnitzer Straße in Kaulsdorf. Die bereits anwesenden Gäste und die neunundfünfzigjäh-

rige Besitzerin des Lokals werden mit einer Pistole bedroht und zur Herausgabe ihres Bargelds gezwungen. Um den Ernst der Lage klarzumachen, schießt ein Gangster der Wirtin in die Schulter. Die Eindringlinge durchsuchen alle Räume der Kneipe und erbeuten ein paar tausend Mark, Uhren und Ringe.

Einige Tage später wird der Juwelier Reiche in der Köpenicker Straße überfallen. Der Mann wehrt sich und wird mit einem Lungenschuß niedergestreckt. Die Beute: Brillanten und andere Schmuckstücke.

11. Mai 1949, 12 Uhr mittags. Drei Verbrecher überfallen ein parkendes Auto an der Kranzler-Ecke Unter den Linden. Sie erschießen den Fahrer und werfen ihn aus dem anfahrenden Wagen.

Zimperlich ist die Berliner Nachkriegsunterwelt wahrlich nicht. Niemand kommt zunächst auf die Idee, daß die meisten Verbrechen in einem ursächlichen Zusammenhang stehen: Sie werden von einer einzigen Bande verübt. Ihr werden später zweiunddreißig Gewalttaten nachgewiesen, zwei Morde und sechs Autodiebstähle. Die Zeugenaussagen sind widersprüchlich. Meist wird von Männern im Alter um die Dreißig gesprochen. Doch es stellt sich heraus, daß der Bandenchef erst ganze siebzehn Jahre alt ist.

Durch den Mord an einer Süßwarenhändlerin in der Samariterstraße führt eine Spur schließlich in die Viehhofsgegend. In dem Dreh Eldenaer Straße, Pettenkoferstraße, Rigaer Straße und Proskauer Straße muß sich der Schlupfwinkel der Bande befinden. Man weiß nur, daß der Bandenboß „Doktorchen" genannt wird.

Am 3. Juni 1949 ist es soweit. Gegen 10 Uhr vormittags wimmelt es in der Schreinerstraße von Menschen. Überall gehen Volkspolizisten in Stellung. Allzu Vorwitzige werden in die Häuser verwiesen. Dann bricht die Ballerei schon los. Das „Doktorchen" hat sich auf dem Balkon der Wohnung seiner herzensguten Mutter verschanzt, die ihren Sohn mit Zurufen folgenden Kalibers ermuntert: „Schieß die Hunde nieder, mein Junge!"

Eine Stunde dauert das Feuergefecht. Dann wird der Chef der Bande überwältigt.
Er hat schon in den letzten Kriegstagen mit der Waffe in der Hand seinen Mann gestanden. Nach Kriegsende wird Werner Gladow zunächst Schwarzhändler. Aber diese friedliche Tätigkeit befriedigt den jungen Mann nicht lange. Sein Vorbild ist Al Capone. Er will der Al Capone von Berlin werden und niemals als zweiter schießen. In seiner neunköpfigen Bande führt Gladow ein hartes Regime: „Ich kenne keine Gnade. Jeder Abtrünnige bedeutet für mich eine Gefahr!"
Am 4. April 1950 hat Werner Gladow im Saal der Reichsbahndirektion in der Elsässer Straße vor dem Gericht das letzte Wort:
„Ich bin erst während der drei vergangenen Wochen ein anderer Mensch geworden und habe erkannt, was ich Furchtbares getan habe. Ich bereue meine Taten aus tiefstem Herzen und bin bereit, meine Schuld zu sühnen. Ich vertraue der Objektivität des Hohen Gerichts, welches auf jeden Fall ein Urteil fällen wird, das ich verdient habe."
Gladow wird zum Tode verurteilt und hingerichtet.
Am 29. April 1986 begebe ich mich in die Schreinerstraße. Sozusagen am Vorabend des 1. Mai. Ich frage drei ältere Damen, ob sie hier wohnen und ob sie wüßten, wo damals die Schießerei mit Gladow war.
„Da drüben war es", sagt eine schon in meine Frage hinein. „Da drüben der Balkon!"
„Der links, eine Treppe dort? In der Nummer zweiundfünfzig?"
„Ja, eine Treppe. Die haben uns ja gar nicht hergelassen", sagt die zweite Dame. „Alles voll Polizisten. Ich sage zu ihnen: ‚Lassen Sie mich durch. Ich wohne da.' Der Polizist sagt: ‚Bleiben Sie man schön hier, da knallt's gleich!'"
„Vor der Samariter hatten sie schon abgesperrt", sagt die dritte Dame. „Da waren ja Hunderte Menschen . . ."
Der Balkon im ersten Stockwerk des Hauses 52 ist nur klein. In den Balkonkästen blühen noch keine Blumen. Aber zwei

Papierfähnchen stecken in ihrer Erde. Links ein DDR-Fähnchen, rechts ein rotes. Ich glaube nicht, daß von diesem Balkon noch einmal irgendeine Gefahr ausgehen wird.

AUF DER SUCHE NACH WILDGEMÜSE

Um dem Mangel an Frischgemüse abzuhelfen, finden auch in diesem Jahr in allen Berliner Bezirken Wildgemüseführungen statt, durch die die Bevölkerung zum Sammeln von Wildgemüse angeregt werden soll. Die Führungen übernimmt wie im Vorjahr Dr. Bickerich.

Berliner Zeitung
9. April 1948

Der Beamte in Filzlatschen

Allzuviel muß man in dieser Bibliothek nicht arbeiten. Es wird allerdings auch nicht allzuviel bezahlt. Ich bin Beamter mit der niedrigsten Besoldungsgruppe: 166 Reichsmark brutto. Die Abzüge sind gering. Das muß ich zugeben. Aber ich habe keine Planstelle.

Planstellen sind deshalb wichtig, weil ihre Inhaber monatlich ein Paket bekommen. Da ist allerhand drin: Wurst, Butter, Kekse, Schokolade, Hülsenfrüchte, Zigaretten. Auch Bezugsscheine für Kleidung und Schuhe werden Planstelleninhabern mitunter ausgehändigt.

Wenn nach der Verteilung ein paar Pakete übrig sind, fällt für mich auch mal was ab: eine Schachtel Zigaretten, eine Rolle Kekse, eine Tüte Erbsen. Ein Anspruch darauf aber besteht nicht.

Unsere Hilfskraftbrigade besteht aus drei Mann: ich als Volltagshilfskraft und dann zwei Studenten, die wechselweise halbtags arbeiten. Einer ist Manfred Jelenski. Von ihm lerne ich das Rauchen. Der zweite ist Hans K., der mir auf recht dezente Weise wichtige Tips für den Umgang mit Damen gibt.

Neben der ganzen Belletristik – meine Favoriten sind zunächst Heinrich Mann und Upton Sinclair – mache ich mich auch über den Sexualforscher Hirschfeld her. Nach einer Weile wird mir klar, daß unter jedem Mädchenrock eine todbringende Gefahr lauert. Ich bewundere meinen Kollegen K., er scheint dagegen immun zu sein. Oder er hat nichts von Hirschfeld gehört, das ist auch möglich. Montags tritt er immer völlig zerfranst, aber glücklich seinen Dienst an. Er habe sich bei allzu heftiger Ausübung des entsprechenden Verkehrs wieder einmal das Bändchen eingerissen, klagt er, und vor meinem geistigen Auge erwachsen all die schrecklichen Bilder aus den Hirschfeldschen Werken. Glücklicherweise legt sich die Angst vor dem weiblichen Geschlecht bei mir schnell und gründlich. Dennoch habe ich es schwer mit den Damen, weil ich über nichts Richtiges zum Anziehen verfüge. Der Einsegnungsanzug ist nicht mehr das, was er einmal war. Mutter muß die Hosenbeine auslassen, weil ich inzwischen einsfünfundsiebzig groß bin. Vater ist einssechsundsiebzig. Die Ärmelenden der Jacke sind paspeliert. Der Mantel aber ist tadellos in Schuß. Mutter hat ihren alten Pelzmantel, den sie von Frau Dittmann mal geschenkt bekam, dafür hergegeben. Der Mantel ist etwas groß oder reichlich, aber ich gedenke, noch hineinzuwachsen. Es ist ein schweres Stück. Ihm verdanke ich es, Kranzträger der Deutschen Verwaltung für Volksbildung in der sowjetischen Besatzungszone zu werden, als auf einem Zehlendorfer Friedhof ein berühmter Pädagoge beerdigt wird.
Aber die Schuhe!
Mein einziges Paar Schuhe hat keinen Ruhetag. Wie schnell sind da die Absätze schiefgelaufen, und wie leicht platzen die Nähte bei der Dauerbeanspruchung. Die Treter arbeiten ja quasi rund um die Uhr. Ich begebe mich zur Präsidialabteilung. Aber dort zuckt man allgemein mit den Schultern. Keine Planstelle, keine Schuhe! Ich sage: „Geben Sie mir eine Planstelle!“ Aber so geht’s nun auch wieder nicht. Ich vermute, daß sie nicht genug Pakete kriegen.

Geleitet wird die Bibliothek von Fräulein Gerloff, einer Dame von vielleicht, höflich geschätzt, fünfundvierzig Jahren. Auch die anderen Bibliothekarinnen sind Fräuleins, die im Alter zwischen sechzig und fünfundzwanzig schwanken. Trotzdem bemühen sich alle mütterlich um mich. Mit getragenen Herrenschuhen kann ich ihrerseits nicht rechnen.
„Ich werde einfach auf Strümpfen zur Arbeit kommen“, erkläre ich den Frauen eines Tages. Fräulein Gerloff reißt die Augen weit auf und spielt nervös mit ihrer Kullerkette. Am nächsten Tag trete ich meinen Dienst wie gewöhnlich mit Schuhen an. Aber ich habe ein Päckchen unter dem Arm: rote Filzlatschen! Den Tag über muß ich ein paarmal von der Bibliothek im zweiten Stock über die große geschwungene Treppe aus Marmor ins Parterre hinabsteigen und natürlich wieder hinauf.
Vor ein paar Jahren hieß das hier noch Reichs- und Preußisches Ministerium für Wissenschaft, Erziehung und Volksbildung, vor hundert Jahren Ministerium der geistlichen, Unterricht- und Medicinal-Angelegenheiten. In diesen heiligen Hallen haben sie vielleicht die Prügelstrafe erfunden, die bis Mitte April 1945 in den Schulen des Volkes angewendet wurde. Ich seh sie direkt vor mir mit ihren Vatermördern und ihren Gamaschen. Sie stolzieren die Treppe hinauf und hinunter, begrüßen einander mit einer knappen Verbeugung, haben Mappen unter dem Arm mit wichtigen Anordnungen und Verfügungen. In denen ist festgelegt, wie die Schüler zu bestrafen sind, die nicht aufgepaßt haben, und welche Vergeltung zu üben ist, wenn jemand während der Schulstunde gelacht hat.
Heute geht hier einer die Treppe hinauf und hinab, der hat keinen Stehkragen um den Hals und keine Gamaschen. Er trägt überhaupt keine Schuhe. Der junge Mann hat Filzlatschen an, und die klatschen bei jedem Schritt auf der nackten Marmortreppe und machen akustisch auf sich aufmerksam. Die Leute, die ihm begegnen, schütteln die Köpfe oder bemerken es vorsätzlich nicht. Das sind die mit den

Planstellen und den Paketen und den Bezugsscheinen. Andere sehen den jungen Burschen auf der Treppe und feixen. Sie sind informiert und haben keine Planstellen und keine Pakete.
Die Damen in der Bibliothek wissen auch Bescheid. Sie heißen die Aktion gut. Nur die Leiterin ist sich der Sache nicht ganz sicher. Sie sieht mit weit aufgerissenen Augen ihrer Hilfskraft hinterher und dreht die Kugeln an der Halskette noch schneller. Aber schon am Vormittag ist Fräulein Gerloff wieder ausgeglichen. Sie überbringt mir die Nachricht persönlich: „Herr Stave, Sie möchten sich in der Präsidialabteilung einen Bezugsschein abholen."
Im Haus an der Wilhelmstraße (heute Otto-Grotewohl-Straße) gibt es eine Menge guter Seelen. Eine von ihnen teilt das Mittagessen aus. Sonnabends gibt es immer Kohlrübeneintopf. Jelenski und ich dürfen ein paar Schüsseln des wohlschmeckenden Gerichts in unseren hinteren, nicht heizbaren Bibliothekslagerraum abschleppen. Eine Schüssel nehmen wir auch für Hans K. mit. Der hat sonnabends frei und was Besseres zu tun. Er wird Montag früh, wenn wir die halbgefrorenen Kohlrüben in uns hineinschaufeln, ausführlich Bericht erstatten. Mit aller Diskretion, versteht sich.

BERLINER TEMPO

Im letzten Halbjahr haben die Gespanndiebstähle in Berlin derart zugenommen, daß nach der Statistik jeden dritten Tag ein Pferd verschwindet, teilt die Kriminalpolizei mit. Vor kurzem ereignete sich ein Fall, daß ein Pferd um 16 Uhr gestohlen wurde und bereits vier Stunden später zu Wurst verarbeitet wurde.

Berliner Zeitung
26. Mai 1948

Der Anzug

Ich war neunzehn. Ich maß mittlerweile einssechsundsiebzig. Genau wie Vater. Der gefiel mir gar nicht mehr. Seine Hand machte ihm zu schaffen. Er litt. Er ließ seine Launen an uns aus. Er suchte geradezu nach Gründen. Er paßte auf, daß ich ja nicht mehr als er zu essen bekam. Er wurde immer dünner und fürchtete wohl zu verhungern.
In der Volksbildung hatten sie überzählige Pakete an Angestellte aufgeteilt, denen persönliche Pakete nicht zustanden. Für mich waren zwei Schachteln Zigaretten abgefallen. Obwohl ich kaum rauchte, gab ich die Zigaretten meinem Vater nicht, sondern versteckte sie im Unterboden meines alten Grammophons.
Vater hatte sich bei Was-weiß-ich-für-einer-Gelegenheit einen Leistenbruch zugezogen. Er war fest entschlossen, sich operieren zu lassen.
„Da können sie den Daumen auch gleich abnehmen. Das ist ein Aufwasch", sagte Vater.
Der Arzt hatte schon vor Monaten angedeutet, daß eine Amputation in Erwägung gezogen werden müßte. Der Daumen drohte in die Handfläche zu wachsen.
Vater lebte richtig auf. Nun stand er plötzlich wieder im Mittelpunkt des Interesses. Hocherhobenen Hauptes begab er sich in die Unfallklinik Johannisstraße . . .
Ich saß an meinem Arbeitstisch in der Bibliothek und klebte Signaturen auf Bücher. Es handelte sich um wissenschaftliche Werke, die mich nicht interessierten. Die Signaturen hatte ich vorher auf gummierte Papierstreifen gestempelt. Nun beleckte ich die Streifen und klebte sie auf die Buchrücken. Das war vielleicht unhygienisch, und mir stand ja auch ein Benetzungsapparat zur Verfügung. Das war ein gläserner Zylinder, der zur Hälfte im Wasser hing. Wenn man den gummierten Papierstreifen darüber hinwegzog, ersetzte der Zylinder tatsächlich eine menschliche Zunge. Aber der Kleister schmeckte süß, und diese leimige Süße wollte ich mir nicht entgehen lassen. Ab und zu

mußte ich allerdings die Lippen mit der Zunge befeuchten, damit sie nicht zusammenklebten.
Fräulein Gerloff, die Leiterin, näherte sich fast geräuschlos meinem Arbeitsplatz. Sie druckste zuerst ein bißchen herum und spielte verlegen mit ihrer Kullerkette, aber dann: „Da war ein Anruf. Sie möchten ins Krankenhaus kommen. Ihr Vater . . . Es tut mir so leid."
Ich flog fast zur Klinik. Es war ja nicht weit. Die Linden entlang, dann links in die Friedrichstraße, und rechts, hinter dem Zirkusstandort, da war die Johannisstraße.
Sie hatten ihn schon in den Keller geschoben. Der Arzt erzählte mir irgendwas von Komplikationen und einem Darmverschluß. Ich glaube, das waren Ausreden. Bei Vaters körperlichem Zustand hätten sie ihn wahrscheinlich überhaupt nicht operieren dürfen. Und dazu noch zwei Operationen auf einmal. Es war ein Aufwasch.
Vater lag wie fest schlafend da, und es schien beinahe so, als mache er ein zufriedenes Gesicht. Kein Hunger mehr, keine Sorgen mit der verkrüppelten Linken. Alles ausgestanden. Vier Jahre Soldat im ersten Weltkrieg, sechs Jahre arbeitslos. Zweiundfünfzig Jahre im ganzen. Das war's. Zu Hause verbrannte ich als erstes die beiden Schachteln Zigaretten. Ich schämte mich. Allzuviel Freude hatte ich Vater nicht gemacht. Die Arbeit verloren, und zuletzt nur Hilfskraft in einer Bibliothek – darauf konnte er nicht besonders stolz sein. Ich hätte ihm gern etwas bewiesen, aber was? Doch nun war es ja ohnehin zu spät.
Mutter suchte die Papiere zusammen. Im Kleiderschrank hing der Anzug. Er war schon einige Jahre alt, sah aber wie neu aus. Vater hatte ihn nur zu besonderen Gelegenheiten getragen. Besondere Gelegenheiten gab's nicht viele in seinem Leben. In diesem Anzug war er sogar mal für den Geschäftsführer des Germania-Palastes gehalten worden!
Der Anzug paßte mir wie angegossen. Ich trug ihn zur Beerdigung meines Vaters. Genaugenommen waren die Zeiten ziemlich schlimm.
Doch es ging aufwärts. Siemens zahlte 180 Westmark Ster-

begeld an Mutter aus, und die Deutsche Verwaltung für Volksbildung erhöhte meine Besoldung um 14 Mark, das machte zusammen auch 180 im Monat. Der Brotpreis auf dem Schwarzen Markt hatte sich bei 30 Mark eingepegelt, und die Miete für Stube und Küche betrug unverändert vierundzwanzig Mark fünfzig.
Ich vertiefte mich in die Weltliteratur. Ich nahm die Gelegenheit wahr, die sich mir bot. „Lesen bildet", hatte ich irgendwo aufgeschnappt. Nun wartete ich darauf, daß sich dies bei mir bemerkbar machte, daß es bei mir anschlug. Ich las alles.
Mit Manfred und Hans verfertigte ich eine periodisch erscheinende Wandzeitung unter dem Titel „Taifun". Sie erregte Aufsehen. Einmal suchte mich der spätere Stadtschulrat Becher auf und diskutierte mit mir über einen Aufsatz, der ihm zu pazifistisch erschien. Man holte mich schließlich in eine Abteilung mit der Bezeichnung „Friedens- und Planpropaganda". Jetzt war ich Hilfssachbearbeiter und bekam 280 Mark Gehalt. Sie hatten mir einen seidenen Faden hingehalten. Ich zog mich sachte an ihm hinauf.

Auf jedes Haus ein Hund. Zur Zeit gibt es etwa 43000 Hunde in Berlin. Danach ist jeder 70. Berliner ein Hundehalter, und es käme durchschnittlich auf jedes Berliner Wohnhaus ein Hund. Von den 43000 Hunden sind 25000 Rassehunde, die ihre eigene Futterkarte haben. Nach der neuen Einstufung, die von der DWK überprüft und genehmigt worden ist, erhalten große Hunde, z. B. Bernhardiner und Doggen, 4 Kilogramm, Hunde über 40 Zentimeter 3 Kilogramm, mittlere Tiere 2 Kilogramm und kleine Hunde 1 Kilogramm Fleisch pro Dekade. Mit menschlichen Rationen verglichen, sind diese Zuteilungen im Verhältnis bedeutend reichlicher. Zur Zeit wird nur der Ostsektor mit Fleisch für Hunde aus der sowjetischen Besatzungszone beliefert.

BZ am Abend
16. Oktober 1948

Wieder Premiere in der Frankfurter

Auf der Kreisparteischule in Kaulsdorf hatte ich unter anderem gelernt, daß Kuponabschneider eine ganz schlimme Sorte Mensch seien, Ausbeuter übelster Art. Ein Jahr später hatte ich es selber mit Kupons zu tun; nur daß ich sie nicht abschnitt, sondern ich klebte sie auf. Ich hatte eine gewisse Übung darin. In der Verwaltung für Volksbildung war ich auch monatelang mit Klebearbeiten beschäftigt gewesen. Jetzt, in der Julinacht 1948, waren es Papierschnipsel von Briefmarkengröße, die ich auf alte Geldscheine leimte. Durch diesen Vorgang verwandelte sich zum Beispiel ein lumpiger Zehn-Reichsmarkschein in einen kaufkräftigen Zehn-D-Markschein der Deutschen Notenbank.
Die Aktion wurde in den Räumen der Deutschen Wirtschaftskommission in der Leipziger Straße durchgeführt, im ehemaligen Luftfahrtministerium des Hermann Göring. In allen verfügbaren Zimmern und auf den langen Korridoren hatte man Tische aufgestellt, an denen alle möglichen und unmöglichen Angestellten emsig Kupons klebten.
Ich weiß nicht mehr, wie viele Tausende von Mark in dieser Nacht durch meine Hände gingen. Ich weiß aber noch, daß es jede Menge starken Bohnenkaffee gab und daß aus Lautsprechern – als Muntermacher sozusagen – Klänge des RBT-Orchesters tönten. Ich weiß auch nicht mehr, wie hoch die Quote war, zu der man einen Tag später altes gegen neues Geld umtauschen mußte. Viel war's nicht, deshalb bekamen wir die Gesamtsumme für zwei Personen gerade man so zusammen – Mutter und ich.
Komisch: Obwohl jedem Bürger die gleiche Summe zugemessen wurde, hatten nach der Umtauschaktion manche Bürger viel Geld, und viele Bürger weniger. Man kam aus dem Lachen nicht heraus.
Normalerweise brauchte man gegen Ende 1948 auch nicht viel Geld. Das bißchen, was es auf Marken gab, kostete so gut wie nichts. Alles andere war unerschwinglich für uns. „Alles andere" gab's auf dem Schwarzen Markt.

Die Polizei tat ihr Mögliches, um dem bunten Schwarzmarkttreiben Einhalt zu gebieten. Leider erwischte sie bei den Razzien immer nur die kleinen Schieber. Die großen Schieber saßen weit ab vom Schuß in Sicherheit und schnitten vermutlich ihre Kupons oder sonst etwas ab. Im Kampf gegen den Schwarzen Markt mußte eine neue Qualität erreicht werden.

Am 9. November 1948 konnten kleine und große Schieber und die übrige Bevölkerung in der „Berliner Zeitung" mit Verwunderung folgendes lesen:

„Die von der Zentrale der neugegründeten Handelsgesellschaft für Berlin vorgesehenen ersten beiden freien Verkaufsläden werden am 15. November eröffnet werden. Sie liegen an Verkehrsbrennpunkten des Ostsektors und werden von jedem Interessenten leicht zu erreichen sein. In der Neuen Königstraße, unweit des Polizeipräsidiums, wird ein Spezialgeschäft für Nahrungs- und Genußmittel eröffnet. Das zweite Geschäft spezialisiert sich auf den Verkauf von Haushalts- und Gebrauchsgegenständen sowie Textilien und wird im Haus Frankfurter Allee 304 untergebracht sein. Wie wir erfahren, werden die Preise in diesen Läden etwa das Sieben- bis Achtfache des Friedenspreises betragen und damit das Niveau der Preise des Schwarzen Marktes erreichen."

Ich kannte mich in den Schwarzmarktpreisen nicht so aus, weil ich mit meinem stolzen Gehalt von 280 DM brutto dort nicht mal ein ganz kleiner Kunde sein konnte. Nun aber erfuhr ich die Preise sogar aus der Zeitung: Mehl und Nudeln zu 18 DM pro Kilo, eine 100-g-Tafel Schokolade für 18 bis 20 DM, Körperseife für 4 bis 10 DM, seidene Strümpfe zu 30 DM das Paar und Damenschuhe 300 bis 400 DM. Für den schlafferen Geldbeutel war Stopftwist für 80 Pfennig im Angebot, und Stopfgarn für Herrensocken sollte 1,50 DM kosten. Für eine Herrenunterhose mußte man 25 DM auf den Ladentisch legen. Kuchenbrötchen hingegen wären schon erschwinglich: 80 Pfennig das Stück.

Der 15. November 1948 war ein Montag. Um 11 Uhr sollten

In wenigen Augenblicken schlägt die Geburtsstunde der HO in der Frankfurter Allee 304, dem heutigen Kontex-Warenhaus.

diese Geschäfte eröffnet werden. Ich hatte mir den Vormittag freigenommen, um das Schauspiel in der Frankfurter Allee mitzuerleben. Um 1/2 11 war ich zur Stelle. Das war viel zu spät! Die ersten Kaufwilligen waren bereits um 7 Uhr erschienen. Da herrschte noch tiefste Dunkelheit. Um

9 Uhr war der ziemlich breite Gehweg schon schwarz von Menschen, um 11 Uhr hatten wir Schaulustigen die Promenade erobert, auf der früher die Straßenbahn gefahren war. Die Stimmung war nicht schlecht. Auf dem Mittelstreifen war sie vielleicht besser als unmittelbar vor dem Laden. Dort hielten sie ihre Brieftaschen fest an sich gepreßt, ihre Handtaschen eng umschlungen. Wir auf der Mittelpromenade hatten die Hände frei. Alles lauerte auf irgendwelche Zwischenfälle.

Der Laden war hell erleuchtet und hatte ganze Schaufensterscheiben. Im Innern flackerten Scheinwerfer. „Der Augenzeuge" war als Augenzeuge erschienen. In der Menge der Kaufwilligen brodelte es. Die seit 7 Uhr an der Ladentür Wartenden gerieten in Gefahr, erdrückt zu werden. Zu ihrem Glück hielten die Scheiben der Eingangstür nicht. Glas splitterte, und die ersten HO-Kunden flogen in den freien Laden.

„Der Augenzeuge" hatte nicht aufgepaßt, jedenfalls sah man eine Woche später in seinem Bericht diese allerersten Kunden nicht, nur die zweiten. Damit nicht auch noch die großen Schaufensterscheiben zu Bruch kamen, ließ die Geschäftsleitung die Rolläden herunter, so daß der Glanz nach außen hin etwas getrübt wurde.

Dann rückte Verstärkung der Volkspolizei an, die das Gedränge auf dem Bürgersteig in geordnete Bahnen lenkte. So ging ein schöner Tag vorüber. Die etwas ergattert hatten, verließen zerbeult, aber glücklich das Geschäft; die auf der Promenade ausgeharrt hatten, waren ebenfalls auf ihre Kosten gekommen.

Die Geburtsstunde der HO hatte geschlagen. Am jetzigen Kaufhaus Aufbau in der Frankfurter Allee 39 sollte man schleunigst eine Gedenktafel anbringen.

Der Friedrichshain (II)

Der alte Park hat unter den Kampfhandlungen in Berlin furchtbar gelitten. Der prächtige Baumbestand ist um die Hälfte dezimiert. Die beiden Bunker aber standen wie Felsen in der Brandung. 1946 werden sie gesprengt. Jetzt ist das Chaos vollkommen: Gewaltige Ruinen umrahmt von toten Bäumen. Ein Bild wie aus einem düsteren Märchen.

Was nun?

Mit Picken und Brechstangen ist den Kolossen kaum beizukommen. Es gibt nur eine Möglichkeit: einbuddeln! Die Idee hat Bezirksamtsbaurat Alfred Krause. Sie bringt ihm den Spitznamen „Klamotten-Krause" ein. Die Trümmer von 4000 Wohnhäusern aus der Innenstadt werden per Lorenbahn in den Friedrichshain transportiert. Die Gleislänge der Bahn beträgt 25 Kilometer. Wenn die Schienen Straßen überqueren, werden sie mit Schutt überschippt, so daß Autos und die wenigen Omnibusse im Schritt darüber hinwegfahren können.

3000 Trümmerfrauen beladen die Loren und werden mit einem besseren Taschengeld entlohnt.

Es entstehen nach und nach zwei Berge: der „Mont Klamott" und der „Hohe Schrott". Vom Amt für Grünplanung des Magistrats werden nähere Einzelheiten bekannt gegeben. Der größere Berg soll etwa 50 Meter hoch werden. Das heißt, der Bunkerblock wird nicht völlig zugeschüttet, sondern er soll mit seinen beiden westlichen Ecktürmen und einem Teil seiner südlichen Oberkante frei bleiben, während „Mauern und burgartige Zugangswege dem Ganzen den Charakter einer alten Bastion geben" werden. Eine Sommerterrasse ist geplant, die 3000 bis 5000 Besuchern Platz bieten wird.

Die kleinen Dampfloks schleppen unter Mühen auf Serpentinen Lore um Lore mit Trümmerschutt zu den Bunkern hinauf. Der Friedrichshain muß weitaus mehr Klamotten aufnehmen, als zunächst vorgesehen war. Die Vorstellung von der alten Bastion geht im Schutt unter. Von den

Der Bunker an der Friedenstraße wird zugeschüttet. Schüttmaterial ist, wie man sieht, zur Genüge vorhanden. Im Hintergrund der Turm der zerstörten Markuskirche.

beiden Bunkerruinen ist bald nichts mehr zu sehen. Der große Bunkerberg, der „Mont Klamott", erreicht eine Höhe von 78 Metern, der kleine wird 68 Meter hoch, alles über normal Null. Berlin liegt 32 Meter über dem Meeresspiegel. Allein im April 1948 gelangen 180 000 Kubikmeter Trümmer in den Friedrichshain. Die Auffahrt zum Plateau des großen Bunkerberges erinnert noch heute an die Linienführung der Bahn. Längst ist Gras über die Bunker im Hain gewachsen. Wer weiß, was mit ihnen alles eingebuddelt wurde. Die Vergangenheit liegt im Volkspark begraben.

Der Alte Fritz ist verschwunden. Im Durcheinander der Planierungs- und Aufräumungsarbeiten ist er glattweg verlorengegangen. Steht die alte Büste irgendwo in einem Keller oder in einem Privatgarten? Hierzulande oder anderswo? Oder ist die Skulptur den Weg vielen Buntmetalls gegangen? Wer hat damals schon nach Friedrich II. gefragt?

Andere Denkmäler haben im Park Platz gefunden. Das Denkmal der polnischen Soldaten und deutschen Antifaschisten (1972) am Fuße des kleinen Bunkerberges, Cremers Monument zum Gedenken an die deutschen Interbrigaden (1968) an der Friedenstraße, der Rote Matrose von Hans Kies (1960) im Friedhof der Märzgefallenen, Mutter und Kind von Gomanski (1898) und der Heilige Georg im Kampf mit dem Lindwurm von Kiß (1865), seinerzeit im Schloßhof aufgestellt.

Im Neuen Hain, 1874 bis 1875 von Gustav Meyer angelegt, ist das Karl-Friedrich-Friesen-Stadion seit 1951 Austragungsstätte unzähliger internationaler Schwimmwettkämpfe. Und dann gibt's noch einen ganz, ganz neuen Hain. Wer den angelegt hat, weiß ich nicht. Er wird beherrscht von einem einzigen Bauwerk: einer Minol-Tankstelle. Seine Begrenzung bilden Artur-Becker-Straße, Dimitroffstraße, Werneuchener und Virchowstraße. Dieser ganz, ganz neue Hain, auf dem einmal der Fernsehturm errichtet werden sollte, hat keinen Namen. Die Grünfläche liegt nicht mehr im Stadtbezirk Friedrichshain, der hier kühn nach Prenzlauer Berg übergreift.

Obraszow oder Beginn und Ende einer Karriere

1950 kam der sowjetische Puppenspieler Sergej Obraszow mit seinem Moskauer Super-Marionettentheater nach Ost-Berlin. Unter den für die Betreuung zuständigen Leuten der Staatlichen Kulturkommission herrschte gewaltige Aufregung. Man wollte dem hohen Gast den Aufenthalt so angenehm wie möglich machen. Aber Obraszow hatte zunächst nur eine Sache im Kopf: Ein geeignetes Theater für seine Darbietungen mußte gefunden werden. Die Staatsoper im Admiralspalast wollte er nicht. Das Metropol-Theater im ehemaligen Ufa-Kino Colosseum sagte ihm nicht zu. Obraszow suchte weiter. Und er fand. In der Kastanienallee entdeckte er das Defa-Lichtspielhaus. Das entsprach seinen Vorstellungen. Es hatte keinen Rang, also keine Galerie. Niemand konnte von oben hinter die Kulissen sehen. Und da wäre schon mancherlei zu sehen gewesen: unzählige Puppenspieler, für manche Einzelpuppe zwei und mehr, dann Schauspieler als Sprecher und ein ganzes Orchester ...

In der Staatlichen Kulturkommission hatte man wieder einmal fieberhaft gearbeitet. Weil die Theatertruppe in russischer Sprache spielen würde, mußte wenigstens der Inhalt in deutscher Sprache vermittelt werden. Ich wurde zur Leitung gerufen. „Traust du dir zu, von der Bühne herab die Inhaltsangabe laut und deutlich zu verlesen?“ Ich nickte zuversichtlich, so, als habe ich mein Leben lang nichts anderes getan. Offenbar war die Wahl auf mich gefallen, weil ich der schönste Angestellte war. Eine halbe Stunde vor Vorstellungsbeginn erhielt ich den hektografierten Text. Er war in einem saumäßigen Deutsch abgefaßt. Ich kaufte mir drei doppelte Kognaks, und während ich die austrank, machte ich den ersten Teil der Rede les- und vor allem vorlesbar.

Dann kam meine große Stunde. Ein Gong ertönte, jemand hielt den Vorhang ein wenig auf, ein anderer schob mich hinaus auf die Rampe. Der Saal war dunkel, und ich mußte erst ein wenig blinzeln. Als die Umrisse sich endlich konturierten, entdeckte ich zu meinem Entsetzen in der ersten Reihe höchste Prominenz: Ulbricht, Grotewohl, Nuschke ...

Das hatte mir niemand gesagt. Mir schlotterten sofort die Knie. Ich brachte aber den Begrüßungssatz mit so schwierigen Zungenbrechern wie RSFSR fehlerlos über die Bühne. Nachdem der Beifall, der Obraszow und nicht etwa mir galt, verebbt war, schritt ich zur Verlesung des Inhaltes. Nach den ersten Worten rief jemand aus den hinteren Reihen: „Lauter!" Ich hingegen hatte bis dahin den Eindruck, daß ich die Besucher angebrüllt hätte. Vor Schreck wurde ich noch leiser, was eine unheimliche Stille im Saal hervorrief. Das fiel besonders auf, als ich die erste Seite mit meinen Korrekturen heruntergerasselt hatte. Ich blätterte um, und mit mir blätterte der ganze Saal um. Irgendein Übereifriger hatte veranlaßt, die Exemplare der unkorrigierten Inhaltsangabe an alle Theatergäste zu verteilen.

Es gab jedenfalls einen Lacher, und dann erntete ich noch einen: Ich fand beim Abgang den Vorhangschlitz nicht mehr. Hinter der Bühne lächelte mich Sergej Obraszow freundlich an, ich grinste zurück, aber da hatte man mir bereits das Redemanuskript abgenommen. Den zweiten Teil verlas irgendein abgetakelter Knattermime, der bedeutend älter war als ich und längst nicht so schön.

Das war das vorläufige Ende meiner Bühnenkarriere.

Übrigens hatte der Mime ziemliche Schwierigkeiten mit dem unredigierten Text.

Standhafte Hertie-Ruine. Auch der fünfte und stärkste Sprengschuß brachte gestern die Hertie-Ruine in der Stalinallee nicht völlig zum Einsturz. Die sechste Sprengung wurde auf den kommenden Dienstag verlegt. In der Umgebung entstanden bei den Sprengungen keine Schäden.

BZ am Abend
16. Februar 1950

Ruslan und Ludmila

Die Staatsoper spielte im Admiralspalast, in dem heute das Metropoltheater residiert, das seinerzeit im Ufa-Kino Colosseum in der Schönhauser Allee Gastrecht genoß.
Die Staatsoper gab „Ruslan und Ludmila" von Glinka, und auf meinem steilen Weg zur Erstürmung der Höhen der Kultur war dies meine erste Oper. Ich war weitaus gespannter als ein Flitzbogen.
Die ganze Atmosphäre im Theater war edel und erhaben. 1950 hatten manche Leute schon wieder etwas anzuziehen. Einige Damen waren in toller Abendgarderobe erschienen, und ich war erstaunt, wie tief nach unten man den Rücken frei tragen konnte. Mich beschlich so ein beklemmendes Gefühl der Unsicherheit. Mir war klar, daß alle mich durchschauten. Ich sah und hörte ganz genau, wie eine Dame mit einem besonders langen Rücken den Zeigefinger in meine Richtung erhob und zu einem kleinen, dicklichen Herren sagte: „Sieh mal, der junge Mann dort, der war sicherlich noch niemals in der Oper!" Und der kleine dickliche Herr schüttelte verwundert den Kopf.
Ich saß im Parkett, und von den Rängen sahen sie alle auf mich herab. Manche hatten Operngläser vor den Augen. „Da sitzt er!" sagten sie. „Achte Reihe, sechster Platz von außen!"
Neben mir sagte eine Frau zu ihrem Begleiter: „Hier soll einer drin sein, der war noch nie im Leben in der Oper. Hast du den schon entdeckt?"
„Nein, noch nicht", sagte der Begleiter, und er stand auf und drehte sich nach hinten. Aber da saß ich glücklicherweise nicht.
Ich hatte ja keine Theatererfahrung. Im Krieg hatte ich höchstens zwei Stücke gesehen, dann wurden die Bühnen geschlossen. Die meisten Theater hatten ohnehin dran glauben müssen. Das Rose-Theater zum Beispiel, aber auch die Staatsoper Unter den Linden. Jetzt standen dort Baugeräte. Aber zur Zeit spielte die Lindenoper eben im Admi-

ralspalast, in dem man früher Schlittschuh laufen konnte. Also ganz früher.

Nun saß ich in einem der 1400 Sessel und wartete ungeduldig darauf, daß das Licht ausgehen würde und Ruslan sowie Ludmila erschienen. Wieso werden die Namen eigentlich mit nur einem „s" und „l" geschrieben, überlegte ich.

Da brauste Beifall auf, der Dirigent hob den Taktstock, und das Orchester kniete sich in die Ouvertüre ...

Keine Angst, ich will jetzt nicht die ganze Oper herunterbeten, aber ein bestimmtes Bühnenbild möchte ich gern schildern, weil es mich umgehauen hat. Ich war überwältigt. Daß man so was auf der Bühne darstellen konnte, hätte ich nicht für möglich gehalten.

Das gesamte Bühnenbild hatte einen blaßblauen Hintergrund, der sich aus dem dunkelsten Schwarz peu à peu heraushob.

Oben an der Decke wurde das Blau ganz hell, fast weiß. Davor stand eine Menge nackter Bäume, ungefähr zehn oder fünfzehn. Sie stachen vom blaßblauen Fond, der wie ein kalter Himmel wirkte, deutlich ab. Vor das ganze Bild war ein Schleier gespannt, der wohl Nebel darstellen sollte.

Die Musik schwoll an, und plötzlich bewegten sich die Äste der Bäume! Das waren Schauspieler oder Opernsänger, die sich als kahle Bäume verkleidet hatten. Die Äste hoben und senkten sich im Takt der Musik, und es lief mir eiskalt den Rücken herunter. Auch wenn ich hundert Jahre alt werden sollte, wird dieser ungeheure optische Eindruck nie aus meinem Gedächtnis verschwinden. Ich begriff langsam, was Kunst ist ...

Ein paar Tage später war klar, daß ich das Zeug zu einem Opernkritiker nie und nimmer haben würde. Ich las erstaunt im „Neuen Deutschland":

„Die schönen Stimmen der meisten Mitwirkenden, die hohe Gesangskultur, das vortreffliche Orchester – das alles wird verunstaltet und entwertet durch stümperhafte und veraltete Faxen, durch den mystischen Symbolismus der Regie ...

Die fortschrittlichen Bühnen lehnen derartige formalistische und unkünstlerische Dekorationen schon lange ab ...
Es sollte heute niemanden mehr geben, der sich Künstler nennt, dem nicht klar ist, in welchen Sumpf von Plattheit und Dekadenz das Mystische und Lebensabgewandte führt, zumal es sich mit der offenen amerikanischen Kulturbarbarei zu einem Antihumanismus besonders widerlicher und gefährlicher Art verschmolzen hat. Hier muß man schonungslos kämpfen: gegen die Verunglimpfung der Kultur und des Kulturerbes aller Völker durch faule und falsche Interpretation und um die Durchsetzung einer künstlerischen Darstellung auf jedem Gebiet, die die Elemente des Fortschritts und des Lebens heraushebt, damit das Neue und Heutige auf einer gesunden Grundlage wachsen und reifen kann."

Theater am Ende der Welt

Das Rose-Theater war nie Hoftheater, es war seit jeher Hinterhoftheater. Zuerst glaubte ich noch, das Gebäude habe einmal völlig im Freien gestanden, in einem blühenden Garten, von der Großen Frankfurter Straße aus deutlich zu sehen.
Falsch gedacht! Auf einem uralten Foto aus dem Jahre 1877 ist ganz klar zu erkennen, daß die Rundumbebauung gleichzeitig mit dem Theater entstand. Also war das damalige Ostend-Theater schon immer nur durch den Hausflur zu erreichen.
In führenden Berliner Theaterkreisen lachte man sowieso über diese Gründung im unwegsamen Osten der Stadt. Der Name Ostend-Theater deutete ja schon darauf hin, daß sich das neue Kulturinstitut am Ende der Welt befand. Nur wenige Schritte weiter östlich, an der Friedenstraße, war mit dem Frankfurter Tor Berlin seinerzeit auch offiziell zu Ende.

Man darf sich von der heutigen Bezeichnung Frankfurter Tor nicht verwirren lassen. Dies ist das dritte Frankfurter Tor. Das erste stand am Strausberger Platz, das zweite an der Begegnung der Großen Frankfurter Straße mit der Friedenstraße und der Memeler. Die Weberwiese, vor dem Krieg an die Frankfurter Allee heranreichend, lag damals außerhalb der Stadt.

„Wie kommt man eigentlich zum Ostend-Theater?" fragte ein Zeitgenosse den anderen. „Da fahren Sie bis Frankfurt an der Oder und gehen ein Stück zu Fuß zurück!" wurde witzig geantwortet.

Dennoch schwärmte die „Vossische Zeitung" vom 25. Dezember 1877:

„Die Eröffnungsfeier des neuen Theaters fand am Sonntag abend in Gegenwart eines auf besondere Einladung des Besitzers, Herrn Dr. Hermann Grünfeld, und des Direktors, Herrn Arnold Lüders, erschienenen zahlreichen Publikums statt. Über den freundlichen Eindruck, den dieser neue, in einem durch stattliche Kunstbauten bisher noch wenig geschmückten Stadtteil gelegene Musentempel in seiner inneren, für ein Volkstheater überraschend eleganten, geschmackvollen Ausstattung und zweckmäßigen Einrichtung macht, herrschte nur eine Stimme. Die künstlerische Ausstattung des von einem Kronleuchter mit mindestens zweihundert Gasflammen beleuchteten Theatersaales ist reich und effektvoll, ohne überladen zu sein. Eine Kopie der berühmten Guido Reny'schen Aurora, deren Original sich im Palazzo Rospighiosi zu Rom befindet, bildet den malerischen Hauptschmuck des mit seinem Kreuzgesims von schöner Ornamentik umgebenen Plafonds."

UFF!!

Aber die für die Zukunft des im Abseits gelegenen Etablissements schwarz Sehenden schienen recht zu behalten. Das „Ostend-Theater" wechselte Namen und Besitzer wie andere Leute die Wäsche. Sogar Flugpionier Otto Lilienthal war kurze Zeit Mitbesitzer. Er hatte auch seine Mitwirkung in einem Stück durchgesetzt, aber wohl nicht sonder-

Der „mit mindestens zweihundert Gasflammen beleuchtete Theatersaal" des späteren Rose-Theaters

lich gefallen. Nach seinem Tod – 1896 stürzte er vom Gollenberg bei Siegrothsbruch im westlichen Rhinluch ab – vernichtete die Familie des tollkühnen Mannes vorsorglich alle Unterlagen über Ottos Auftritt im „National-Theater".
Im September 1906 übernahm ein junger Mann arglos die Bühne und entwickelte sie tatsächlich vom sogenannten Schmalzstullentheater zum allgemein angesehenen Unternehmen. Sein Name: Bernhard Rose. Dieser Theatermann bot eine gut durchdachte Mischung von Klassik und Operette, von Volksstück und modernem Drama. Die Inszenierungen wurden hoch gelobt. Das Publikum, überwiegend Arbeiter, strömte in hellen Scharen. Die Eintrittspreise wurden bewußt niedrig gehalten. Während andere Theaterunternehmen Pleite machten, war bei Roses Hochkonjunktur. Roses drei Söhne führten nach dem Tod des Vaters seit 1927 das Theater in dessen Sinne weiter. Ihre Ehefrauen waren ebenfalls Schauspielerinnen und Sängerinnen, am hervorragendsten wohl Traute Rose, die „Nachtigall des Ostens".

Mimen mit berühmten Namen standen auf Roses Brettern, die die Welt bedeuteten: Josef Kainz, Eduard von Winterstein, Agnes Straub, Maria Paudler, Trude Hesterberg, Paul Heidemann, Margarete Melzer und auch Willy Schaeffers, Lotte Werkmeister, Guido Thielscher, Asta Nielsen, Rotraud Richter, Brigitte Mira, Paul Dahlke und Grete Weiser. Hans Pitra, nach dem Krieg Intendant des Metropol-Theaters, hatte einst bei den Roses angefangen.

Schon zu Beginn der zwanziger Jahre führten die Roses das Theaterabonnement ein. 46000 Berliner machten von dieser Einrichtung sofort Gebrauch. Im „Rose-Garten" hinter den Vorderhäusern der Großen Frankfurter wurden wahre Freudenfeste gefeiert.

Rose-Theater-Kassiererin Margarete Wollank erzählte: „Mal kriegt mich in der Elektrischen eine Frau an: ‚Frollein – Sie sind doch vons Rose-Theater? Och – ich wollte mir heute Karten holen, aber denn paßt das ja viel besser, ich bezahle sie gleich bei Ihnen!' Und es half nichts, ich mußte

Das Hinterhof-Theater von vorne

gleich die zwei Mark und zehn Pfennige auf die Bestellung annehmen. ‚Wenn ich nachher von der Arbeit komme, sind die Karten doch nicht mehr so gut da – nehmen Sie man das Geld und legen Sie mir jleich zwei Karten zurück, ich hole sie ab. Sie wer'n mir schon kennen!'"
Im März 1950 erinnerte die „Berliner Zeitung" an die Roses: „Bereits vor dreißig Jahren schloß die fortschrittliche Theaterfamilie Verträge mit den sich gerade entwickelnden Gewerkschaften und den damals in Berlin so beliebten Vereinen, wie beispielsweise dem Tausende Mitglieder zählenden Taubenzüchter-Verein, ab. Die Verkehrsbetriebe, alle

Traute Rose

Willi, Paul und Hans Rose

größeren Organisationen, hatten die Möglichkeit, ganze Vorstellungen zu stark verbilligten Preisen zu ‚mieten'. Der Sonntag im Rose-Garten wurde zum Familienfest. Es gab einen Goldfischteich, ein kaltes Büffet, Würfelbuden und eine Sommerbar. Am Abend, wenn die Altberliner Gesangsposse über die Bühne schunkelte, wenn nach einem achtstündigen Theater- und Varietéprogramm das abschließende Feuerwerk den Jubel und Trubel zwischen Mietskasernen zum knalligen Abschluß brachte, wenn die Lieblingsakteure beim Namen hervorgerufen und mit Riesendahliensträußen beschenkt wurden, dann war jene familiäre Hochstimmung erreicht, die die Berliner in Scharen zu Roses ziehen ließ."

Leserbrief aus Berlin O 34:

„Ich bin von 1915 bis 1945 zu jeder Vorstellung ins Rose-Theater gegangen und sagte schon oft zu meiner Mutter: ‚Weißt du, es wäre schön, wenn wir wieder ein Rose-Theater hätten!' Wäre es nicht möglich, auf dem Platz an der Stalinallee, wo ein Kino gebaut werden soll, oder auf dem Fleck, wo die Lazaruskirche stand, das Rose-Theater wieder aufzubauen? Die Preise müßten niedrig sein, nicht viel höher als zwei Mark. Es gäbe jeden Tag ein volles Haus."

Und auch die „Berliner Zeitung" selbst appellierte:

„Es wäre eine dankenswerte Aufgabe, dieser bewährten alten Theaterfamilie, die mit ihrer Wirkungsstätte alles verloren hat, wieder eine Möglichkeit zu geben, in unserer Stadt in gutem Sinne Theater zu spielen. Das Wort haben nun die zuständigen Stellen des Magistrats von Groß-Berlin."

Beim Magistrat war man offenbar sprachlos. Und heute ist es sowieso zu spät. Die Roses sind bis auf eine Ausnahme verstorben. Frau Edith Tysper aus Weißensee erzählte mir: „Ich habe ab 1929 fast alle Programme im Rose-Theater gesehen. Ich schreibe mich heute noch mit Traute Rose, die völlig zurückgezogen im Süddeutschen lebt."

Noch in den allerletzten Kriegstagen, Ende April 1945, ist das Rose-Theater zerstört worden. Es stand an der Stelle, wo sich heute die Karl-Marx-Buchhandlung befindet, also – dahinter. Wenn ich in der Buchhandlung nach irgendwelchen seltenen Druckerzeugnissen Ausschau halte und keine finde, denke ich mitunter: Man müßte mal an den Hinterausgang gelangen. Vielleicht steht es noch da, das Rose-Theater. Die Buchhandlung hat ja keinen Torweg, durch den man blicken könnte. Andererseits hätte es wahrscheinlich der eine oder andere Berliner, der in dem Hause wohnt, schon durchs Hinterfenster entdeckt und den zuständigen Stellen gemeldet ...

Nein. Nein. Da steht nichts mehr. Das ist klar. Wenn man aber eines Tages wider Erwarten von seiten des Berliner Magistrats beschließt, in den neuen Satellitenstädten Marzahn oder Hellersdorf eine Theaterspielstätte zu errichten, sollte man ihr den Namen Rose-Theater geben, als Erinnerung und Dank an eine Familie, die Arbeitern Kultur nahegebracht hat, als es noch nicht zur Staatsräson gehörte.

Wie man Journalist wird

Im Amt für Information gab es auch eine graphische Abteilung, die Plakate und ähnliches fabrizierte. Klaus Wittkugel war der Leiter. Es war eine fröhliche Abteilung, in der viel geraucht und viel Kaffee getrunken wurde, und es wurde auch viel gelacht. Einmal kam der freiberufliche Graphiker Schwarz mit recht ärgerlichem Gesichtsausdruck in die Amtsräume. Schwarz war im allgemeinen ein freundlicher und umgänglicher Mann. Die mürrische Miene paßte nicht zu ihm. Nachdem er einen Kaffee getrunken hatte, packte Schwarz aus. Er sei gestern abend in Pankow in die S-Bahn gestiegen, um nach Buch zu fahren. Dementsprechend habe er eine Fahrkarte für 20 Pfennig gelöst. Während der Fahrt sei ihm eingefallen, daß er einen Bekannten in Bernau aufsuchen müsse. Er – Schwarz – sei also kurzentschlossen zwei Stationen weiter gefahren und in Bernau zum Nachlöseschalter gegangen. Dort habe man ihn –

Schwarz – wie einen Verbrecher behandelt und ihm fünf Mark Strafgebühr abgeknöpft.
In der Abteilung Wittkugel war das Gelächter groß, und der Geprellte überlegte lange, was an seiner Geschichte so komisch sei.
Ich hingegen überlegte nicht lange. Ich begab mich in mein Zimmer, schrieb fast in Schwarzens Worten den Vorfall auf, brachte das Geschriebene zur BZ am Abend, die druckte es ein paar Tage später, und ich erhielt ein Honorar in Höhe von fünf Mark.
So wird man Journalist.

Ins neue Nest!

Im November 1951 gibt Kunert ein Gastspiel im Amt für Informationen. Er hält sich zu diesem Zeitpunkt noch nicht für den größten lebenden deutschen Dichter, sondern ist ein junger Mann, der Kurzgeschichten und Glossen für den „Frischen Wind" schreibt und überhaupt für jeden Blödsinn zu haben ist. Gleich am zweiten Tag seines Daseins (im Amte) bringt er alles in helle Aufregung. Es sei jemand in seinem Zimmer gewesen, meldet er und setzt damit eine große Geschäftigkeit des Wachpersonals in Gang. Alle Passierscheine des Vortages werden genauestens überprüft, man sieht in den Schränken auch der umliegenden Zimmer nach, hebt Teppiche hoch, rückt Tische.
Ob denn etwas fehle, wird Kunert gefragt. Er schüttelt den Kopf. Er habe ja noch gar nichts einrichten können oder auspacken. Er sei erst einen Tag hier. Woran er dann gemerkt habe, daß jemand Fremder im Zimmer gewesen sei! Als er am Morgen die Tür aufschließen wollte, sei zweimal zugeschlossen gewesen, und er, Kunert, habe noch niemals in seinem ganzen Leben eine Tür zweimal abgeschlossen, weil er das für unnütz halte. Es stellt sich heraus, daß die Reinemachefrauen die Tür zweimal abgeschlossen haben...

Kunert bleibt vier Wochen im Amt. Er malt ein Plakat, das einen amerikanischen Besatzungssoldaten darstellt, der irgend etwas zu Adenauer sagt oder umgekehrt.
„Willst du eigentlich in dem Amt hier versauern?" fragt er mich eines Tages. „Du kannst doch zeichnen. Geh mal rüber zur NBI und bewirb dich als Bildredakteur. Ich kenne da einen, der wird dir weiterhelfen."
Der, den er kennt, heißt Nowak. Er ist die graue Eminenz der Neuen Berliner Illustrierten. Er hat ganz weißes Haar und eine Gesichtsverletzung aus den letzten Kriegstagen, als sie ein defektes amerikanisches Flugzeug mit Hilfe von Maschinengewehren herunterholten, das leider noch eine Bombe an Bord hatte. Bernhard Nowak besitzt ein übergroßes Tischfeuerzeug und bietet Zigaretten an, ist aber froh, wenn man dankend ablehnt.
„Wir haben gerade vor ein paar Tagen einen Bildredakteur auf Probe eingestellt", sagt er. „Du müßtest drei Monate warten. Aber es gibt eine andere Möglichkeit: Geh mal eine Treppe höher zum ‚Frischen Wind'. Da sitzt der Walter Heynowski, der zieht den Laden groß auf. Der nimmt jeden!"
Ich habe eigentlich gar keine schlechte Stellung in der Presseabteilung des Amtes. Albert Norden ist der Chef, und dann sind da noch fünf bis sechs Redakteure, die alle Hauptsachbearbeiter genannt werden. Ich bin Hilfssachbearbeiter. Jeden Morgen ist Konferenz in Nordens Zimmer, und da hat der Chef schon die wichtigsten Zeitungen der Weltpresse gelesen und „wertet aus". Es ist alles druckreif, was er sagt, und die Hauptsachbearbeiter stenographieren es mit. Sie haben es leicht, ihre Artikel für den „Informationsdienst", den wir herausgeben, zu formulieren. Die Hauptsachbearbeiter nennen Norden „Conny", und ich habe den Eindruck, daß er das gar nicht so gern hat. Ich sage „Herr Norden". Mich hat er irgendwie ins Herz geschlossen. Er nennt mich einen sanftmütigen Araber. Einmal muß ich ihn auf dem Korridor vor Westjournalisten abschirmen. „Verwickle mich in ein Gespräch", sagt er. Ich er-

Fußball bei Lichtenberg 47, 4. Männer (Stave links außen)

zähle ihm – weil mir so schnell nichts anderes einfällt – von den Sorgen meines Fußballvereins Lichtenberg 47. Während wir an den Westleuten vorbeikommen, hört mir der Chef aufmerksam zu, so als würde ich ihm ganz neue Aspekte der Weltpolitik eröffnen. Hinterher bedankt er sich, nicht ohne zu bemerken, daß er nichts von dem verstanden habe, was ich ihm erzählte.
Ich habe es etwas schwerer als die Hauptsachbearbeiter. Erstens kann ich nicht stenographieren, zweitens kriege ich Sonderaufträge. Der Chef weist mich auf irgendeine Randgeschichte hin, und ich zaubere dann mit eigenen Worten glossenähnliche Artikel, die aber nicht zum Lachen sind. Wenn ich fertig bin, muß ich zum Alten. Er sitzt auf einem Sessel und hat die Füße auf den Klubtisch gelegt. Wenn ich komme, nimmt er sie nicht extra herunter. „Es ist das einzige, was die Amerikaner zum Wohle des Menschen eingeführt haben", erklärt er mir. „Wenn die Füße hochliegen, dann wird die Durchblutung gefördert. Merk dir das!"

Er streicht in meinen Elaboraten herum, daß mir angst und bange wird. Manchmal bleibt kaum ein ganzer Satz stehen, aber das bessert sich allmählich.
Ich habe ein ungutes Gefühl, als ich mein Kündigungsschreiben abgebe. Ich verlasse ein Nest. Ich weiß nicht, wie das neue Nest beschaffen sein wird.
Frau Neumann, Nordens Sekretärin, ruft an: „Sie sollen sich verabschieden kommen!"
Er liest, wie immer, Zeitungen. Die Sekretärin hat mich ins Zimmer geschoben, und ich stehe da wie ein begossener Pudel. Er sieht nicht auf, als er den ersten Satz sagt: „Du willst zu diesem Witzblatt!?"
„Ja."
Pause. Er läßt mich zappeln.
Endlich blickt er von der Zeitung auf. Er sieht mich an. Dann streckt er mir die Hand entgegen und sagt den letzten Satz: „Wenn dir keine Witze mehr einfallen, darfst du reumütig zurückkehren."
Am 6. Dezember 1951 sitze ich lange im Sekretariat der Zeitschrift „Frischer Wind", in der ich ein Jahr zuvor ein paar Zeichnungen veröffentlichen konnte. „Ihr Strich gefällt uns", hatte Redakteur Andrießen seinerzeit geäußert.
Im Sekretariat waltet Fräulein Weirich. Ihr gegenüber sitzt an einem weiteren Bürotisch ein junger Mann, der „Herr Kusche" genannt wird. Er ist jünger als ich, und mir ist sofort klar, daß es sich um den Sohn des Schriftstellers Lothar Kusche handeln muß. Der Vater wird ihm die Stellung als Bürobote besorgt haben.
Gegen Feierabend wird mir das Einstellungsschreiben ausgehändigt. Kusches Sohn reicht mir die Hand und sagt: „Komm mit, wir sitzen im selben Zimmer!"
„Dein Vater ist wohl hier nicht angestellt?" frage ich zaghaft, als ich hilflos vor meinem neuen Schreibtisch stehe und mir langsam etwas schwant.
„Für den hätten sie hier kaum Verwendung. Der ist im Eier-Großhandel tätig", sagt Lothar Kusche.
Ich bin gut gelandet im neuen Nest ...

Die Anleitung

Im Frühjahr 1952 wurde ich zur Chefredaktion gerufen und war auf das Schlimmste gefaßt, aber es sollte doch noch schlimmer kommen, als ich dachte.

Heynowski sagte: „Du wirst morgen die Zeichneranleitung machen!"

Einmal wöchentlich wurden alle Karikaturisten zusammengenommen und mit den Tagesereignissen bekannt gemacht. Ich glaube, man ging davon aus, daß sie keine Zeitungen lesen. Meist machte die Sache der Chef persönlich, aber wenn er Lust hatte beziehungsweise keine Lust hatte, konnte es passieren, daß er einen seiner Vertreter beauftragte. Aus dem Nachwuchskader hatte er noch niemals jemand genommen.

Ich lamentierte sofort, daß gerade morgen ein harter Tag sei. Der Umbruch müsse gemacht werden, mit der Druckerei müsse verhandelt werden und so weiter und so weiter.

Er sagte: „Du wirst morgen die Zeichneranleitung machen!"

Da saßen sie nun. Man hatte aus Stühlen einen Halbkreis gebildet, um den Chefschreibtisch herum, hinter dem ich in äußerst kläglicher Verfassung hockte. Von links nach rechts waren von meiner Warte aus zu sehen: Peter Dittrich, Harri Parschau, Louis Rauwolf, Georg Wilke, Wilmar Riegenring, Kurt Klamann, Kurt Poltiniak und Karl Schrader. Das ging noch. Aber in der Ecke saß er. Was heißt: er saß? Er thronte dort. Er hatte die Arme vor der Brust verschränkt und sah unablässig zu mir herüber.

Ich hatte die halbe Nacht und den ganzen Vormittag damit zugebracht, aktuelle Meldungen aus allen Wissensgebieten zusammenzutragen: Politik, Sport, Kultur, Wirtschaft, sogar Landwirtschaft, und hatte, glaube ich, nichts vergessen. Dann raspelte ich mein Programm herunter. Das dauerte keine zwanzig Minuten, und die Zeichner schrieben eifrigst mit, machten fleißig Notizen. Ob noch Fragen offen seien, ob es Hinweise gebe? Das war nicht der Fall, und so konnte ich die Zusammenkunft erfolgreich abschließen.

Man ging ziemlich schnell und unkompliziert auseinander, weil man sich hinterher sowie in etwas lockerer Form in der Kneipe wiedersehen würde. Alle verließen also das Zimmer, nur einer nicht. Er saß noch da. (Und ich saß auch noch da.) Nur hatte er die Arme nicht mehr verschränkt, sondern hielt den Kopf in beide Hände gestützt. Ich kriegte einen unerhört trockenen Hals, weil die Situation auch verzwickt war: Wenn ich besonders gut gewesen wäre, hätte ich mir die Anleitung vermutlich für immer aufgehalst. Wenn ich besonders schlecht gewesen wäre, hätte das wahrscheinlich Nachteile für mein redaktionelles Vorankommen gehabt ...

Heynowski hob den Kopf und sagte: „Du hast deine Sache ganz gut gemacht. Deshalb nur ein kleiner Hinweis: David Oistrach ist Geiger und nicht, wie du vermutest, Pianist."

Das Porträt

Um meine Vielseitigkeit unter Beweis zu stellen und gar nicht erst eingleisig loszufahren, versuchte ich mit Hilfe einer Freundin in der „Wochenpost" unterzukommen. Das gelang. Redakteur Martin Böttcher beauftragte mich, ein Porträt des Schauspielers Wilhelm Koch-Hooge zu schreiben. Mit gemischten Gefühlen fuhr ich hinaus nach Hohenschönhausen, das seinerzeit noch ein Ortsteil des Stadtbezirks Weißensee und mit zweistöckigen Gebäuden und Einfamilienhäusern bebaut war. Mit gemischten Gefühlen deshalb: Ich kannte bis dato keinen Mimen persönlich und hatte natürlich entsprechende Vorstellungen, nämlich nebelhafte.

Wie würde so ein berühmter Bühnen- und Filmdarsteller, der obendrein noch Nationalpreisträger war, mich überhaupt aufnehmen?

Den Anfang hatte ich mir schon zu Hause aufgeschrieben: „In seinem behaglichen Heim sitzen wir dem bekannten –"

Koch-Hooge war sehr freundlich. Es gab Kaffee, und dann sagte der Gastgeber: „Fragen Sie, was Sie wollen. Ich werde, so gut ich kann, alles beantworten!"
Von diesem Augenblick an wurde es dunkel um mich. Ich stellte Fragen, wie sie heute noch von berufsmäßigen Interviewern bei Presse, Funk und Fernsehen gestellt werden, völlig mechanisch und trug die Antworten ebenso mechanisch ins Notizbuch ein. Es war alles drin: erster Auftritt, seit wann beim Film, Lieblingsrolle und so weiter und so weiter . . .
Was ich dann auf der Maschine tippte, war zwei Seiten lang. Ich bearbeitete das Manuskript sehr sorgfältig und setzte auch noch einige Lichter auf – wie ich es bei Stengel gelernt hatte. Ich mußte selbstkritisch sagen: Ich konnte mit meiner Arbeit zufrieden sein. Eine gute runde Sache, nicht ohne Witz und sogar geschliffen formuliert.
Redakteur B. legte mein Kunstwerk beiseite, sah mich durch seine Brille eine Weile prüfend an und sagte bedächtig: „Schulaufsätze drucken wir prinzipiell nicht!"
„Es wird nicht gedruckt, stimmt's?" fragte die Sekretärin im Vorzimmer teilnahmsvoll.
„Es stimmt", sagte ich. „Er hat's mir soeben schonend beigebracht."

Niveau

Er war vor mir aus der Straßenbahn gestiegen, ein Mittvierziger, ziemlich gut gekleidet und lässig eine Zigarette im Mundwinkel haltend. Wir überquerten den Fahrdamm. Und weil die Ampeln rot anzeigten, standen wir plötzlich nebeneinander. Ich merkte, wie er mich musterte. Dann räusperte er sich und sprach mich unvermittelt an.
„Jetz jehts gleich wieda los mit det Kontrollian. Imma derselbe Käse."
Wir befanden uns nur fünfzig Schritt von der Sektoren-

grenze entfernt. Auf der Oberbaumbrücke kontrollierten Volkspolizisten die Personalausweise.
„Neulich hamse eene Frau drei Gläser mit fuffzehn Bockwürschte abgenomm. Aba die ham ja ooch bloß ihre Befehle.“
Ein Volkspolizist grüßte. „Darf ich bitte Ihren Ausweis sehen?“
Mein Begleiter griff in die Brusttasche. „Aba jewiß doch, Herr Wachmeesta! Na klar! Muß doch allet sin. Hat man doch vollstet Vaständnis für. So. Nischt für unjut! Wiedasehn, Herr Wachmeesta!“
Wir gingen weiter.
„Am besten is“, sagte mein Begleiter, „man macht jute Miene zut böse Spiel. Da fährt man am besten.“
Er zündete sich eine Zigarette an. „Ick jeh nämlich drühm int Kintopp. Drei D! Mit Jämes Masong. Tolle Schote, schon zweemal jesehn! Bei uns wird einem ja so wat nich jeboten.“
Eine Weile war er still und schien nach Gesprächsstoff zu suchen. „‚Rifüfü‘ hab ick neulich jesehn. Großartig! Wie die da die Jeldschränke uffknacken, daß allet nur so kracht, is ne wahre Freude. Und nachher, wennse hoppjenomm wern! So wat Spannendet!“
Wir hatten die Schlesische Straße erreicht. „Ach“, sagte er, „Sie jehn woll jetz anders lang. Beruflich, wa? Na, ich bin nochn paar Tage krankjeschriem. ’n bißken Abwechslung muß ja ooch mal sin.“ Ich wünschte ihm viel Spaß. „Ach, danke, Herr! Im übrijen: Dit mit die Kontrolln muß man nich so tragisch nehm. Mit Bockwürste und so weiter is ja ooch Quatsch, verstehnse. Oda mit Seife und so. Nachher nehmset ein’ ab, und denn is der Ärja um so größer. Da muß man jeschickta vorjehn: Kintopp! Dit is *jeistije* Nahrung!“

(1956)

Der Student von Prag

Im Berliner Klub der Kulturschaffenden „Johannes R. Becher“ in der Otto-Nuschke-Straße war Filmabend. Es lief der stumme Streifen „Der Student von Prag“ mit Paul Wegener in der Titelrolle. An diesem Abend wurde mir klar, daß ich auch zu einem Filmkritiker nie und nimmer das Zeug haben würde.

Der kleine Saal war bis auf den letzten Platz und darüber hinaus gefüllt, und als das Licht wieder anging und ich dem Ausgang zustrebte, lief ich genau in die Arme von Dr. Manfred Jelenski, seines Zeichens Filmrezensent des Berliner Rundfunks und der „Berliner Zeitung“. Er machte ein böses Gesicht.

„Du hast die ganze Innung blamiert“, tadelte er messerscharf.

Ich verstand nicht. „Wieso?“

„Du hast den ganzen Film über wie ein Pferd gewiehert!“

„Es war doch auch sehr komisch“, verteidigte ich mich.

„‚Der Student von Prag‘“, belehrte mich Jelenski, mit dem ich Jahre zuvor in der Deutschen Verwaltung für Volksbildung Signaturen auf Buchrücken geklebt hatte, „ist der erste künstlerisch wertvolle deutsche Film!“

Donnerwetter! Das traf mich hart. Daß mir das nicht aufgefallen war! Ich suchte krampfhaft nach einer Rechtfertigung. Ich fand sie.

„Der neben mir saß, der hat auch mächtig und unablässig gelacht und gewiehert!“

„Dann hat er eben auch keinen Dunst gehabt“, sagte Dr. Jelenski.

„Der neben mir saß“, sagte ich und triumphierte innerlich, „war Arnold Zweig!“

Jelenski krümmte sich unter dem Hieb. Aber er fing sich schnell. „Zweig“, sagte er, „hat ganz schlechte Augen. Er konnte nicht erkennen, daß es sich um ein Kunstwerk handelt!“

Der letzte Schaffner

Ende der fünfziger Jahre zeichnete es sich deutlich ab, daß man den Beruf des Straßenbahn- und Omnibusschaffners aufgeben wollte oder mußte: Personalmangel an allen Ekken und Kanten. Die Straßenbahnwagen wurden nach und nach mit selbsttätig schließenden Türen versehen oder in Gänze umgebaut. Von den Triebwagen war der Schaffner bereits verschwunden. Eine Zahlbox nahm dort Geld oder Sammelkartenabschnitt entgegen.
Höchste Zeit, mir meinen Jugendtraum zu erfüllen: einmal Straßenbahnschaffner sein!
Die tiefe Zuneigung zu diesem Beruf brach in der Petersburger Straße aus. Dort verkehrten vier Straßenbahnlinien. Die 4 fuhr von der Wilhelmshavener Straße zur Hobrechtstraße, die 5 war der Außenring, die 109 der Ostring, und die 65 verkehrte zwischen Scheffelstraße und Thorwaldsenstraße. 4, 5 und 109 hatten den gleichen Weg über Warschauer Straße, Petersburger Straße, Elbinger Straße, Danziger Straße und Eberswalder Straße, dann erst trennten sie sich wieder. Die 65 gab auf der gemeinsamen Strecke nur eine Gastrolle, indem sie von der Landsberger Allee in die Petersburger Straße einbog, den Baltenplatz fast gänzlich umkurvte, um dann in den Weidenweg zu entschwinden.
Ich war fasziniert und konnte stundenlang auf der Promenade sitzen, um zu kontrollieren, ob die Fahrzeiten auch fein eingehalten wurden. Merkwürdigerweise interessierte mich die Tätigkeit des Wagenführers nicht so sehr, obwohl ich es auch erstaunlich fand, daß man mit der langen Weichenstellstange die Weiche umlegen konnte – so sagt der Fachmann –, ohne den Wagen völlig zum Stehen zu bringen! Nein, der Schaffner interessierte mich mehr. Er hatte stets Kontakt mit den Fahrgästen, er durfte kassieren, die Stationen ausrufen, abklingeln und vor allem an den Endstationen rangieren!
Im Sommer 1959 zog ich zum zweiten Mal in meinem Leben eine Uniform an ...

„Haste die Handbremse feste?"
„Jawoll!"
„Na, denn mach mal die Kupplung los!"
„Jawoll!"
„Mensch, erst det Bremskabel!"
„Jawoll!"
„Kannst ruhich fester zufassen, die is nich aus Marzipan!"
„Jawoll!"
„Na siehste!?"
„Jawoll. Fertich!"
Endlich kann ich ihm auch mal was sagen. Jetzt muß er abfahren. Rüber aufs andre Gleis. Ich wische mir den Schweiß von der Stirn. Leider hab ich den öligen Rangierhandschuh dabei anbehalten. Er, der Fahrer, hat das andre Gleis erreicht. Jetzt kommt meine große Stunde. Jetzt rolle ich ab! Ganz ohne Strom! Ohne Triebwagen! Ich bin mein eigner Herr! Ich löse vorsichtig die Handbremse – und schon rollt der Hänger. Zuerst ganz langsam, dann immer schneller. Auf dem linken Gleis bringe ich ihn kurz vor der Sektorengrenze an der Oderberger Straße zum Halten. Fünfzig Meter weiter rangiert die Linie 2 von der West-BVG . . .
Er hat schon wieder gebimmelt! Jetzt kommt das Ankuppeln. Der Fahrer beobachtet mich genau.
„Anziehen!"
Haben Sie gemerkt? Das war ich! So kommandiere ich mit den Leuten rum!
Bremskabel dranne, Lichtkabel drinne – wir rücken vor. Elf Minuten Haltezeit! Jetzt spricht wieder er. Vorher biete ich ihm aber eine „Carmen" an.
„Na, bist woll noch nich lange bei uns?"
„Nee, erst fünf Tage!"
„Na ja, denn isset keen Wunder!"
„Wattn?"
„Jeht allet nochn bißken langsam bei dir!"
„Hm."
„Wennde erst zwee Monate bei bist, jehts bessa!"
„Bin ja im ganzen bloß zwee Monate bei!"

„Ach, denn biste woll vonne BVG-Hauptverwaltung?"
„Nee – vonne Zeitung!"
„So."
„Körpalicha Einsatz, weeßte?!"
„Na ja, warum ooch nich. Übrigens, watt ick noch sagen wollte . . ."
„Ja?"
„Wennde erst fümf Tage bei bist, denn machste det schon janz jut. Ich will ma sagen: wie'n Alter!"

Der Tag fängt gut an! Der Nachtwagen, der mich zum Straßenbahnhof bringen sollte, ist weg. Ich bin zwei Minuten zu spät gewesen. Wat nu? Wenn nicht irgendein Wunder geschieht, gibt das ein glattes DV, ein Dienstversäumnis. Für ein Dienstversäumnis werden von der Quartalsprämie fünf Mark abgezogen. Wo bleibt das Wunder? Da kommt es: ein altes Taxi, Baujahr 1928. Aber es fährt! Und wir überholen sogar den Nachtwagen, der übrigens im Jahre 1924 gebaut wurde.
„Den haste wohl vapaßt?"
„Hm!"
„Na, mir könnte die ganze Bevaujeh mal im Dustern bejegnen!" (Dieser Ausspruch wurde aus Gründen der Seriosität etwas gemildert. D. V.)
„So, nu halt man an!"
„Macht fümf Mark zehn!"
„Sehn Sie: Die Quartalsprämie ist gerettet!"

Der Laie würde sagen: „Ich habe abgeklingelt!" Ich als Fachmann sage aber: „Ich habe das Abfahrtssignal gegeben!" Der Zug ruckt an. Im nächsten Moment kommt ein etwa vierzigjähriger Mann um die Ecke gehechtet. Er nimmt Kurs auf meinen Anhänger.
„Bleiben Sie zurück, Mann!"
Er keucht näher.
„Mensch, bist du lebensmüde?"
Er heppt aufs Trittbrett. „Hischa-hischa-hischa", macht sein

BVG-Einsatz 1959.
Links die Fahrerin, rechts die Beiwagenschaffnerin

Atemmund. Am liebsten würde ich den Mann an der nächsten Haltestelle absteigen lassen. Aber man ist ja Menschenfreund, und die nächste Bahn kommt erst in fünf Minuten. So hart kann kein Schaffner sein.
„Hischa, gib mir mal, hischa-hischa, ne Karte!"
Ich reiße eine Sammelkarte für eine Mark ab.
„Nee, nee, nich für ne – hischa – Mark!"

Er fuchtelt mit einem Ausweis.
„Fürn Fuffzija. Ich bin schwerbeschädicht!"

Manchmal hat man ganz alte Fahrer vorne drauf. Die mit Gold an der Mütze sind über fünfundzwanzig Jahre dabei. Etliche über dreißig, wenige über vierzig Jahre. Einer steht schon achtundvierzig Jahre an der Kurbel. Dem könnte man zutrauen, daß er noch den alten Kaiser gefahren hat, wenn der – wie unsere Minister und hohen Staatsfunktionäre heute – ab und zu mal die Blechbahn benutzt hätte.
„Muß doch janz schön kalt jewesen sein früher mit die offenen Wagen!?"
„Jaja. War schon janz schön kalt. Besondas im Winta!"
„Der Schnee und so, immer von vorne, wat?"
„Wenn man sich nich grade mal umjedreht hat!"
„Heute isset ja durch das Moderne ville besser!"
„Solln ja jetzt allet zuhe Wagens kommen!"
„Bist woll janich richtich froh drüba?"
„Doch. Bloß die baun nach ne falsche Methode!"
„So?"
„Ja: Wat im Winter jut is, is im Sommer ooch jut!"

35 Grad im Schatten. Im Wagen schätzungsweise 45 Grad und drei bis vier Leute.
Eine alte Dame steigt zu. Sie wackelt durch den Wagen bis zum einzigen offenen Fenster. Dort setzt sie sich. Ich blicke zur Uhr. In zwei Minuten fahren wir. Ich kassiere schon immer.
„Herr Schaffner – es zieht!"
„Aber, meine Dame, ein Fenster wolln wa doch nach Möglichkeit ufflassen!"
„Aber es zieht!"
„Könnten Sie nicht die Freundlichkeit haben, sich auf einen anderen Platz zu setzen?"
„Ich kann sitzen, wo ich will! Und wo ich sitze, da sitz ich!"
Ich schließe schweren Herzens das Fenster. Wir fahren ab. Wie ich wieder in den Wagen komme, hat die alte Dame

sich woanders hingesetzt. Sie kann Rückwärtsfahren nicht vertragen!

„Also – jestan hattick die Linie 13. Da stiech doch eine Puppe uff, Kinda, im Baedeker hätte die drei Sterne. Ich faßte mir an Kopp. Einen Jang hatte die – unbeschreiblich! Endlich hatte ick mir jesammelt, bimmelte ab und wies die Dame – wie et sich jehört – den besten Platz an, den ick hatte. Ein Jesicht hatte die! Und Beine! Wie, na, wie ne Nixe! Denn flötete se, det se einmal zwanzich haben will. Mit eine Stimme, wie se im Buche steht. Ick war richtig beschämt, det ick ihr Jeld abnehm sollte. Also sowat von Schönheit! Sie drückte mir mit ihre feingliedrigen und elejanten Finga det Jeld inne Hand. Und wat sollick euch sagen? Hat die alte Zieje doch fümf einzelne Fennje dabei!"

Vor der täglichen Abrechnung müssen die Geldstücke eingerollt werden. Das will gelernt sein! Man hält es nicht für möglich, wie oft Groschen oder Sechser aus der halbfertigen Rolle zu Boden fallen können.
So sitzt man und sitzt im Schaffnerraum und rollt und zählt und zählt und rollt.
„Det mußte allet uffn Wagen machen, Kolleje!"
„Vielen Dank für den guten Rat, Meister!"
„Die Zeit dürfsda nich selber stehln!"
„Das stimmt!"
„Komm, ick wer da mal eene rolln!"
„Vielen Dank!"
„Siehste. Einfach so. Schwupp-schwipp, schwipp-schwapp. Zack-bumm, bäng-bäng! Fertich!"
Das macht er alles so aus freier Hand. Dazu gehört natürlich jahrelanges Training.
Ich habe meine eigene Methode. Auf der Fahrt zum Straßenbahnhof fahren meist mehrere Kolleginnen mit.
Da fange ich dann an, Rollen zu kurbeln. Und – wie es der Zufall will – gleich beim ersten Versuch purzelt mir alles in den Wagen. Alle helfen natürlich beim Aufsammeln.

„Haste jenuch Groschenbogen da, Kleena? Jib ma her, wir wern da mal dein Schrott einrolln!"
Kolleginnen sind ja so hilfsbereit. Und wenn ich auf dem Hof eintreffe, habe ich auch alles fertig. Wie 'n Alter!

Kollege Granowski, der Bahnhofsvorsteher von Lichtenberg, klopft mir väterlich auf die Schulter.
„Nun haben Sie's ja geschafft, Kollege Stave!"
„Warnse denn zufrieden mit mir?"
„Ja. Doch! Es ist gar nicht aufgefallen, daß Sie nur besuchsweise hier waren!"
„Aber die Fahrgäste habens gemerkt."
„Wieso?"
„Ich hab einen Fehler gemacht: Ich hab immer die Stationen ausgerufen."
„Ja, da mußten die Fahrgäste ja stutzig werden . . ."

Den Fahrgästen der Lichtenberger Straßenbahnlinie ist zu sagen, daß sie Vorsicht und Zurückhaltung im Umgang mit ihren Schaffnern üben sollten. Ich schaffnere ab und zu noch manchmal. Damit sie mich leicht rausfinden: Ick bin son großa Schöna. Mit Brille!

(1959)

Max, du hast das Schieben raus!

Berlin besteht 1959 noch aus zwei Teilen. Ein Teil liegt auf der Landkarte links, obwohl seine derzeitigen Verwalter weiter rechts stehen, und der andere Teil der Stadt liegt geographisch gesehen rechts. Damit auch rein optisch für unvoreingenommene Leute eine Unterscheidungsmöglichkeit besteht, wurde vor einer Reihe von Jahren die Sektorengrenze erfunden. Obwohl dies eine willkürliche Grenze ist, zieht sie sich doch recht unwillkürlich durch das Häusermeer Berlins, wodurch es schon öfter vorgekommen ist, daß Leute in den falschen Sektor gerieten und dies erst an Hand einer Coca-Cola-Reklame bemerkten.

Von den Leuten, die rein zufällig die Sektorengrenze passierten, ist in der folgenden Abhandlung nicht die Rede.

Im HO-Fleischwarengeschäft unter dem Bahnhof Friedrichstraße (heute Schnellimbiß!) steht eine Schlange. Diese dient – wie wir gleich sehen werden – dazu, den im demokratischen Sektor schon reichlich hohen Pro-Kopf-Verbrauch an Fleisch so hoch zu treiben, daß er bald als Sputnik um die Müggelberge kreisen kann. Unter den Anstehenden befinden sich auch zahlreiche Männer – was auf eine gute Durchsetzung des Prinzips der Gleichberechtigung schließen läßt.

Endlich kommt Max an die Reihe. „Acht Scheiben Kotelett, sechzehn Bockwürste und einen viertel Zentner Salami."

Die Verkäuferin ist ein wenig wachsam. „Ham Sie mir schon Ihrn Ausweis jezeicht?"

„Aber, mein Frollein", begehrt Max jovial auf. „Ich hatte Ihnen denselben doch die ganze Zeit hingehalten. Aber bitte – hol ich ihn nochmals vor!" Und Max beginnt umständlich in den Taschen zu wühlen.

„Schon jut!" Die Verkäuferin winkt ab. „Jetz ainna ick mir." Und sie beginnt mit der Abwiegerei.

Was so ein richtiger Schieber ist, der fängt unterdessen ein Gespräch mit der Verkäuferin an, wobei er die hinter ihm Wartenden mit einbezieht. „Manche Leute denken ja, wenn man so viel einkauft, dann muß man ein Schieber sein! Aber im Vertrauen: Ich habe neunzehn Kinder zu Hause – eins immer kleiner als das andere! Die essen ganz schön was weg!"

Er nimmt den Hut ab, der eine ziemliche Glatze freigibt. „Die Haare haben sie mir schon runtergefressen, haha!" Dann zahlt Max, verstaut die Einkäufe in zahlreichen Beuteln und Taschen und gewinnt fröhlich pfeifend das Freie (Freie ist hier nicht politisch gemeint).

In der unterirdischen Bedürfnisanstalt im Bahnhof Friedrichstraße rauscht der Wasserfall. Er rauscht aus der einen

Kabine schon das dritte, vierte Mal. Scheint eine schwierige Geburt zu sein. – Da öffnet sich leise die Türe, ein junger Mann kommt raus. Na, so ganz jung ist er nicht mehr. Sieht eher aus wie ein kinderreicher Vater. Beinahe wie Max – nur dicker!
Vor der Toilettenfrau zieht er den Hut und wirft in elegantem Bogen einen Sechser in die Saubermachehand. Unter seinem Hut befindet sich übrigens eine ziemliche Glatze. Es muß doch Max sein; aber wo sind seine Beutel und Pakete? Hat er sie in der unterirdischen Kabine vergessen?

Max besteigt den Autobus der Linie 9. „Durchtreten!" ruft der Schaffner, und Max muß wohl oder übel ins Wageninnere, wo es immer so niedrig ist. Die niedliche kleine Siebzehnjährige, die da vor ihm sitzt, klappt ihr Buch zu und bietet Max ihren Sitzplatz an. Der aber winkt energisch ab. „Nur das nicht, um Himmels willen, nur nicht setzen!" Das Fleisch ist willig, aber das Einwickelpapier ist schwach.

Am Alexanderplatz klettert Max in die U-Bahn und wählt den Zug in Richtung Neukölln. Er stellt sich an die dem Bahnsteig abgekehrte Tür und holt ein „Neues Deutschland" aus der Tasche. Das „Neue Deutschland" hat ja unter anderem auch den Vorteil, daß man sich dahinter verstekken kann.

Wieder hält der Zug an. „Neanderstraße. Letzter Bahnhof im demokratischen Sektor!" lispelt es aus dem Lautsprecher. Aber Max hört das gar nicht. Zu sehr ist er in seinen Artikel vertieft.
Da tritt ein freundlich aussehender Herr auf Maxen zu. Er klopft an das „Neue Deutschland", und Max sagt „Herein!"
Der freundlich aussehende Herr entpuppt sich als ein ganz böser vom AZKW, der es nur auf solche untadeligen Leute wie Max abgesehen hat. Zustände sind das!
„AZKW", sagt Max, „nie gehört." Aber er kann die Einladung des AZKW-Mannes, den Zug zu verlassen, schlecht

abschlagen, da in solchen Fällen das Fahrpersonal der U-Bahn plötzlich sehr viel Zeit hat. Was man von den übrigen Fahrgästen nicht behaupten kann. Die sorgen dann für die sanfte Gewalt.
„Nanu. Wo bin ich denn hier?" sagt Max auf dem Bahnsteig. „Ich lese immer Neanderstraße? Gehts denn hier nach Pankow?"
„Ach – Sie wollten nach Pankow?"
„Na klar, Herr Wachtmeister, zum Tierpark!"
„Der Tierpark ist doch in Friedrichsfelde, Mann!"
„Was Sie nicht sagen, Herr Kommissar!"

Das Vernehmungszimmer ist sehr unfreundlich. Hier soll sich nun ein Schieber wohl fühlen! Max jedenfalls rümpft die Nase.
„Bitte machen Sie doch mal Ihre Jacke auf!"
„Aber selbstverständlich, Herr Rat! Wer nichts zu verbergen hat ..."
Als erstes kommen die Salami zum Vorschein und schließlich auch die Bockwürste.
„Also, Herr Kommissar", sagt Max sichtlich beeindruckt, „ich muß Ihnen ein Geständnis machen!"
„Das finde ich sehr vernünftig von Ihnen."
„Ja, also, Herr Kommissar – wie diese Sachen in meine Jacke kommen, ist mir völlig schleierhaft!"

Als von ihm verlangt wird, er soll die Hose aufknöpfen, wird Max krötig. „Ich muß schon sagen, Herr Kommissar, das geht zu weit. Das verstößt sozusagen gegen die guten Sitten!"
„Da sind wir ganz Ihrer Meinung", sagt der AZKW-Mann und holt die acht Koteletts aus der nicht mehr ganz sauberen Max-Unterhose.
„Jedenfalls möchte ich Ihnen gleich sagen, Herr Kommissar", sagt Max, „daß es nur Wegzehrung für mich ist."
„Na, das können Sie doch niemals alleine schaffen."
„Och, Herr Rat", sagt Max, „das sagen Sie nicht! Ich hab

einen gut entwickelten Appetitssinn. Außerdem trifft man ja mitunter 'n Freund oder so, dem möchte man ja auch was anbieten!"
„Und zwar frisch aus der Hose!" bemerkt der AZKW-Mann.

Max ist ein alter Kunde des Amtes für Zoll und Kontrolle des Warenverkehrs. Zwei Beschlagnahmen und zwei Ermahnungen hat er hinter sich, nun wird ihm der Richter eine kleine Luftveränderung verschreiben.
Die Schlächterläden am Kottbusser Tor ziehen Gesichter: Ein guter Einkäufer fällt für eine Weile aus.

Die beschlagnahmte Wurst geht in die Altersheime unserer Stadt, die Koteletts aus Maxens Unterhose in den Tierpark. Tiere sind in solchen Fällen nicht so mäklig. Genausowenig wie manche Westberliner Fleischermeister.

(1959)

Singt eena uffn Hof

Berliner Hinterhöfe sind weltberühmt – oder besser gesagt: weltberüchtigt. Was so von 1890 bis 1905 in Berlin an Mietskasernen (besonders in Wedding, Prenzlauer Berg, Friedrichshain, Moabit, Mitte natürlich usw.) hochgezogen wurde, das geht auf keine Architektenhaut. Erst der letzte Weltkrieg hat manch Hofdasein ziemlich unwirsch beendet, hat manches nie von der Sonne beschienene Hinterhaus zum Vorderhaus gemacht. Diese Art Abrißkosten war aber entschieden zu hoch. Und wenn man sich in Berlin umsieht, dann gibt's natürlich noch unzählige Hinterhöfe, und nüchtern betrachtet wird's die noch 'ne ganze Weile geben. Weitaus schneller allerdings werden die Leierkästen von diesen Höfen verschwinden . . .
Wir gingen vor, wie es sich gehört. Schließlich muß alles seine Ordnung haben.

An den

Rat des Stadtbezirks
Prenzlauer Berg
Abt. Gewerbelenkung

Berlin, den 20.Januar 1961

Für unsere Mitarbeiter Heinz Behling und John Stave bitten wir um eine eintägige Gewerbegenehmigung für Drehorgelspielen.

Chefredaktion

(Tzschichhold)
Redaktionssekretär

Recht unbürokratisch drückte man uns den Genehmigungsstempel gleich auf die Rückseite unseres Antrages.

Unter Bezug auf das umstehende Schreiben bestehen unsererseits k e i n e Bedenken.

Berlin, den 2o.1.1961

(Schieschke)
Referatsleiter

Von der Berliner Drehorgelfabrik Bacigalupo am Bahnhof Schönhauser Allee führt ein gerader Weg in eins der schönsten Leierkastendorados Berlins – an den Hinterhöfen gemessen.

Stargarder Straße, Lychener Straße, Prenzlauer Allee, Zelterstraße, Dunckerstraße und Schönhauser Allee. –

Es war ein Freitag, zwölf Grad Kälte im Schatten und die

elfte Tagesstunde, als der sicherlich in die Leierkastengeschichte eingehende Appell zum ersten Mal ertönte: „Damen und Herrschaften! Zu unsam heutijen Drehorjelkonzert wünschen wir Ihnen recht angenehme Untahaltung. Etwaich aus dem Fensta geworfenes Geld bitten wir in farbiges Papier einzuwickeln, damit dasselbe bei den herrschenden Schneeverhältnissen leichter auffindbar ist. Und sagen wir im voraus, unsan besten Dank!"
Man glaubt gar nicht, wie gut sich manche Weisen für den Hof eignen. Man muß das mal aus der Warte des Muszierenden hören. Es war ein Freitag, zwölf Grad Kälte im Schatten und die elfte Stunde. „Brennend heißer Wüstensand", „Weißer Holunder", „Man müßte noch mal zwanzich sein . . ." – das gibt eine Akustik! Und dann strapazierte der Hofsänger die Stimmbänder:

Ick hab ma sooo mit dir jeschunden,
ick hab ma sooo mit dir jeplaacht.
Ich hab in sießen Liebesstunden
zu dir „Mein Pummelchen" jesaacht . . .

. . . Der Blumentopp vor deinem Fe-hen-staaa,
der duftet in den Zimmma rei-en.
Leb wohl, mein liebet Kind, und we-hen-staa
mal dreckich jeht: denn denke mei-en!

Tucholsky 1932 – und immer noch aktuell!
Und dann kam der Segen von oben. Zwanzich Fennich, zehn Fennich, fümf Fennje, 'n Fuffzija, dreißich Fennich. Pro Hof 'ne Mark – war nich selten.
Dunckerstraße im Nordosten. Mal sehen, was die Walzen jetzt hergeben: „Ich habe nur auf der Welt allein: deine Liebe!", „Ich weiß was, ich weiß was, ich weiß, was dir fehlt!", „Das alte Försterhaus" und „Ein Gruß, ein Kuß, ein Blumenstrauß . . ." – das klingt!
Und nun: Duett!

Wenn du einst von mir gegan-gen
und ich blieb allei-en,
denk zurück
an das Glück
und an das Lied, das wir san-gen:
Meine Lie-be
blüht jedes Jahr wieder neu!
Meine Lie-be,
die bleibt dir immerdar treu!
Meine Lie-be
steht wie ein Felsen so fest!
Denkste denn, glaubste denn,
daß ich dich
laß im Stich,
niemals nich!
Glaub mir doch! Raub mir doch
nicht die Ruh!
Denn mei-ne Lie-be bist duuu!

Der Berliner ist bei aller Großschnäuzigkeit ein romantisch anjehauchta Mensch. Sone Musike zum Beispiel jehtn zu Herzen. Denn denkta an irgendwat. An wat, weeßa ooch nich genau, aba dit spielt ooch jakeene Rolle. Et stoßtn traurich uff. Dit ist dit scheene!

Bevor wir nun zum eigentlichen Punkt kommen, spiele ich Ihnen noch schnell das ergreifende Lied von „Jim, Jonny und Jonas", die an Java vorbeifuhren.

Fundierte Argumente für eine Sache zu finden, die weder ökonomisch noch kulturell bedeutsam ist, fällt sehr schwer. Zum Beispiel war es unmöglich, den Sockel der Berolina am Alexanderplatz in Berlin als Kuriosität zu erhalten. Irgendeinem verantwortlichen Berliner Mann, der sicherlich selten zu Fuß geht, war aufgefallen, daß die Leute immer einen Bogen um den Denkmalssockel machen mußten. Daraufhin wurde er entfernt. Der Sockel.

Straßenmusikanten muten asozial an. Die Blütezeit des musizierenden Bettlertums ging 1918 los. Der Dank des damaligen Vaterlandes wirkte sich für viele Kriegsbeschädigte so aus, daß sie einen eigenen Wagen bekamen oder einen Leihwagen. Einen Leierwagen. „Ich habe zwei künstliche Beine!“ So lautete die Aufschrift an einem Leierkasten, die mich als Kind immer sehr beeindruckte. „Auf Wunsch und gegen ein kleines Entgelt komme ich in Ihre Wohnung und erzähle Ihnen meine Leidensgeschichte!“ Das sagte einer, der damals uff unsan Hof sang.

In der Dunckerstraße befand sich eine Berliner Filiale des Brechtschen Bettlerkönigs Peachum. „Der arme Bettler, der das Geld für eine Drehorgel, einen Affen, einige Papageien und sogar das für eine Trommel oder eine Horoskopkiste für den Papagei nicht aufbringen kann, geht dort hin und borgt sich die gewünschten Dinge aus“, steht in einem alten Bericht.

Nach der Summe der „Bespielung“ der Höfe muß seinerzeit auf den Kopf von hundert Berlinern ein Leierkastenmann gefallen sein. Jedenfalls gab einer dem andern die Haustürklinke in die Hand. Ja, damals! *Das* warn noch Zeiten! –

Mit diesem Rückblick auf vergangene Jahrzehnte könnte eigentlich das Todesurteil über den Leierkasten gesprochen sein. Und es sieht auch ganz so aus, als ob die Räte der einzelnen Stadtbezirke dieses Urteil bereits vollstreckt hätten. Es gibt 1961 im demokratischen Berlin noch zehn oder elf eingetragene Leierkastenmänner. Die haben ihre Gewerbegenehmigung, und die zahlen ihre Steuern. Und die haben auch ihre eigene Drehorgel. Denn ein Verleihinstitut in der Art der früheren Leierkastenkneipe in der Dunckerstraße gibt's nicht mehr. Die Firma Bacigalupo – ihr Begründer, ein Italiener aus Genua, verhalf in den siebziger Jahren dem Leierkasten in Berlin zum Durchbruch – verleiht Drehorgeln nur noch an Theater und Betriebe und an „bessere Leute“.

Der Rat des Stadtbezirks Prenzlauer Berg machte mit uns nur eine Ausnahme – wie man anfangs schon lesen konnte. „Ansonsten sind wir hier im Bezirk an Leierkästen nicht in-

Bebling und Stave

teressiert. Ein alter Mann hat noch 'ne Genehmigung und 'n Kriegsinvalide aus Mitte. Neue gehm wir nich mehr aus", sprach der zuständige Sachbearbeiter.
Das wäre ja auch doll, nich? Heute, wo jeder bessere junge Mensch seine Kofferheule um den Hals hat, wot tragbare Plattenspieler gibt.
Die Drehorgel ist ein Anachronismus!
Aber die Pferdedroschke in Rom auch.
Jeder Mensch schleppt son bißchen alten Kram mit sich herum. Er kann sich nicht davon trennen. Ich habe zum Beispiel Fußballzeitungen von der Nummer 1 an. Ich kenne ihren Inhalt auswendig. Die Tabellen kann ich im Schlaf hersagen. Aber ich kann mich von dem Zeug nicht trennen. Und die neuen Wohnungen, die jetzt gebaut werden, sind dabei gänzlich ungeeignet zum Aufbewahren derart sperrigen Guts. Eine Großstadt schleppt auch gern alten Kram mit sich herum. Son olles Stück Stadtmauer. Einen alten Torbogen. Ein paar alte windschiefe Häuser. Das gehört zur Romantik einer Großstadt. Genau wie der Drehorgelspieler.
Wer möchte nicht in zwanzig Jahren, wenn alles schon auf Totalvision und 70-Millimeter-Breitspur umgebaut ist, mal in son janz kleinet Kino gehn und 'n DEFA-Lustspiel aus dem Jahre 1960 sehn, über das man dann ja unter Garantie lachen kann ...
Wer das Drehorgelspiel für Bettelei hält, hat noch keine Kurbel in der Hand gehabt, hat noch nicht in einem Leierkasten gesteckt. Ich dachte immer, die Leiermänner machen sich einen Sport daraus, wenn sie während der Darbietung einen Handwechsel vornehmen. Mich hat das immer in Erstaunen versetzt. Aber son Ding dreht sich einfach sehr schwer.
Mit der Kurbeldrehung werden zwei Blasebälge bewegt, die die Luft in einen Reservetank pumpen, der für eine gleichmäßige Blaseluft sorgt. Außerdem wird mit der Kurbeldrehung die Walze bewegt, eine Holzrolle, die – mit Messingstiften beschlagen – die Orgelpfeifen zur rechten

Zeit öffnet und somit die Töne hervorruft. Es ist eine anstrengende Tätigkeit, dieses berühmte Geldverdienen im Handumdrehen. Der nachfolgende Muskelkater ist nicht von schlechten Eltern. Und *richtige* Bettelei – habe ich mir sagen lassen – ist keine sehr anstrengende Arbeit.
Wir haben nach dreistündiger Drehzeit auf zirka achtzehn Höfen neunzehnmarkfünfundfünfzig verdient. Nur einmal gab's nichts. In der Lychener Straße auf einem zweiten Hinterhof. Na, det hamwa uns gemerkt! –

(1961)

Versagen im August

Eigentlich wollte ich mit meiner Frau ins Kino gehen: „Das Wunder des Malachias", am Kurfürstendamm. Aber es kam etwas dazwischen. In aller Herrgottsfrühe klingelte das Telefon. Kampfgruppenalarm. Ich nölte am Apparat herum, daß ich krank sei und zu allem Überfluß auch noch Fieber hätte. Am anderen Ende der Strippe wurde etwas von Unzuverlässigkeit und Ernstfall gesagt. Aber ich blieb stur. Ich hatte keine Lust, mir den ganzen Sonntag wegen einer Übung zu verderben. Außerdem war ich wirklich ein bißchen kaputt vom Vorabend.
Ich schaltete das Radio ein. Zufällig war der RIAS drin, eine „freie Stimme der freien Welt". Ich hörte da immer den Wetterbericht. Der Rundfunk im amerikanischen Sektor meldete, daß Ost-Berlin an den Grenzen zu den Westsektoren Absperrmaßnahmen einleitete. Es dürfe niemand mehr die Grenze passieren.
Nun wußte ich, daß es mehr als eine Übung der Kampfgruppen war. Ich sah auf den Kalender: 13. August 1961. Das Datum sagte mir in diesem Augenblick nichts.
Knapp zwei Stunden später stand ich bereits in schmucker Schlosserkombination und mit Schlagstock bewaffnet auf der Kreuzung Sebastianstraße und Alexandrinenstraße. Ich

hatte den Auftrag, die Kreuzung frei zu halten und beruhigend auf die Bürger einzuwirken, eine Aufgabe, die mir schon immer gelegen hat.
Es war stinklangweilig an der Ecke. Keine Menschenseele ließ sich blicken. Jetzt kam es mir beinahe doch wie eine Übung vor, von der nur ich wußte und von der weiter keiner Bescheid erhalten hatte.
Ein kleiner Lieferwagen kam die Alexandrinenstraße herauf und hielt bei mir. Auf dem Kasten stand „Blumen-Möller" oder so ähnlich. Der Fahrer sagte: „Chef, da hinten inne Alte-Jacob-Straße is mein Laden. Kann ick da nu noch hinfahren oder nich?"
„Selbstverständlich", wirkte ich beruhigend auf ihn ein. Er fuhr los.
Eine alte Frau mit Hund kam näher. Sie nahm den Hund auf den Arm und wollte wissen, ob die Sperre der Grenze für immer oder nur vorübergehend sei.
„Nur vorübergehend", sagte ich, und die alte Frau zog beruhigt von hinnen.
Der Blumenfritze kam mit seinem Lieferwagen zurück. Er legte grüßend die Hand an die Schiebermütze. Ich hob den Schlagstock zum Gruß.
Langsam begann ich, mich auf meiner Kreuzung wohl zu fühlen. Viele alte Leutchen kamen und erkundigten sich besorgt nach der Lage, aber ich wirkte stark beruhigend auf alle ein. Spielende Kinder duldete ich nicht auf meiner Kreuzung. Ich schickte sie nach Hause zu ihren Eltern.
„Blumen-Möller" tauchte mit seinem Lieferwagen auf. „Sie wissen ja, Chef, mein Laden . . ." Wir waren schon alte Bekannte.
So war es doch noch ein schöner Tag geworden. Im nahegelegenen Luisenpark zwitscherten die Vögel, gurrten die Tauben. Ich kannte mich in der Gegend nicht so recht aus, obwohl meine Eltern vor meiner Geburt in der Sebastianstraße gewohnt hatten. Vielleicht war das in den Kaderakten vermerkt worden, und man hatte mich deshalb hierher kommandiert.

„Ob die Grenze Montag wieder offen ist?“ fragte ein Bürger beunruhigt. „Ich arbeite nämlich drüben“, setzte er leise hinzu.
„Morgen vielleicht noch nicht“, antwortete ich. „Aber übermorgen bestimmt oder überübermorgen.“ Der Grenzgänger schob beruhigt ab.
„Mölli“ winkte im Vorbeifahren. Er bog mit seinem Lieferwagen in die Alexandrinenstraße ein.
„Sagen Sie bitte“, flötete eine aufgedonnerte, aber nicht unansehnliche junge Dame, „mit den Theaterkarten. Ich habe für heute zwei Theaterkarten für die ‚Komödie‘ und –“
„Moment mal“, sagte ich. Das war ja. Das war ja. Der hatte ja. Alexandrinenstraße, die war ja an der Wassertorstraße, die kreuzte ja die Wassertorstraße. Kreuzberg. Das war drüben. Dieser Blumen-Möller oder wie er hieß, der hatte mich auf die Nudel geschoben. Der machte mit meiner Unterstützung seinen Laden leer und setzte sich ab!
Ich sagte zu der Dame: „Ich hab jetzt keine Zeit für Ihre blöden Theaterkarten. Stecken Sie sich die Dinger an den Hut!“
Die junge Dame zog beleidigt ab. Sie stieß noch einige Verwünschungen aus . . .
„Na warte, Bursche!“ dachte ich, an die Adresse von Möller gerichtet. „Komm du mir noch mal vorbei!“ Dachte ich.
„Blumen-Möller“ kam nicht mehr zurück. Wir hatten einen tüchtigen Blumenhändler verloren. Eine äußerst peinliche Geschichte.
Wieder kamen alte Leutchen und erkundigten sich nach der Lage der Dinge. Ich wußte auch nichts, wirkte aber weiterhin kolossal beruhigend auf sie ein. Kinder kamen, um zu spielen. Ich schickte sie heim zu ihren Eltern.
Als Frau Blumen-Möller ihrem Gatten in Kreuzberg sicherlich schon die Abendbrotstullen schmierte, war es still an meiner Kreuzung geworden. Endlich wurde ich abgelöst.
„War irgendwas los?“ fragte der von der zweiten Schicht.
„Nein“, sagte ich mit fester Stimme. „Keine besonderen Vorkommnisse!“

Die Regierungen der Warschauer Vertragsstaaten wenden sich an die Volkskammmer und an die Regierung der DDR, an alle Werktätigen der Deutschen Demokratischen Republik mit dem Vorschlag, an der Westberliner Grenze eine solche Ordnung einzuführen, durch die der Wühltätigkeit gegen die Länder des sozialistischen Lagers zuverlässig der Weg verlegt und rings um das ganze Gebiet Westberlins, einschließlich seiner Grenze mit dem demokratischen Berlin, eine verläßliche Bewachung und eine wirksame Kontrolle gewährleistet wird.
Die Regierungen der Warschauer Vertragsstaaten verstehen natürlich, daß die Ergreifung von Schutzmaßnahmen an der Grenze Westberlins für die Bevölkerung gewisse Unbequemlichkeiten schafft, aber angesichts der entstandenen Lage trifft die Schuld daran ausschließlich die Westmächte und vor allem die Regierung der Bundesrepublik.

Aus der Erklärung der Regierungen
der Warschauer Vertragsstaaten
Berliner Zeitung
14. August 1961

Zur Unterbindung der feindlichen Tätigkeit der revanchistischen und militaristischen Kräfte Westdeutschlands und Westberlins wird eine solche Kontrolle an den Grenzen der Deutschen Demokratischen Republik einschließlich der Grenze zu den Westsektoren von Groß-Berlin eingeführt, wie sie an den Grenzen jedes souveränen Staates üblich ist.
Dieser Beschluß über Maßnahmen zur Sicherung des Friedens, zum Schutze der Deutschen Demokratischen Republik, insbesondere ihrer Hauptstadt Berlin, und zur Gewährleistung der Sicherheit anderer sozialistischer Staaten bleibt bis zum Abschluß eines deutschen Friedensvertrages in Kraft.

Aus dem Beschluß des Ministerrates
der Deutschen Demokratischen Republik
vom 12. August 1961
Berliner Zeitung
14. August 1961

Denkmal unter Wasser

Wir haben in Friedrichshain manches, und manches haben wir nicht. Wir haben einen Weidenweg und keine Weiden dort, wir haben einen Wiesenweg und keine Wiese in der Nähe, wir haben einen Hochbahnhof und keine Hochbahn. Und wir haben eine Tunnelstraße und keinen Tunnel.

Warschauer Straße Ecke Rudolfstraße

Die Wiesen hatten wir bis Anfang 1870, die Weiden hatten wir bis Ende 1888, den Tunnel bis Frühjahr 1945 und die Hochbahn bis Herbst 1961.
Der Hochbahnhof, 1902 eröffnet, ist noch tadellos erhalten und steht zwischen Warschauer Straße und Warschauer Platz sowie unter Denkmalschutz. Daß der Tunnel unter Denkmalschutz stände, kann man nicht behaupten.
Er wurde als Straßenbahntunnel in den Jahren 1895 bis 1899 erbaut. Die Stadt Berlin hatte verlangt, einen Probetunnel außerhalb des Zentrums zu errichten, bevor sie die Genehmigung zur Untertunnelung der Spree für die U-Bahn erteilen wollte. Eigentlich sollte die Straßenbahn bereits zur Berliner Gewerbeausstellung von 1896 den Fluß unterqueren. Aber das klappte nicht ganz. Erst drei Jahre später konnte die Knüppelbahn von der Halbinsel Stralau nach Treptow hinüberfahren. Sie wurde Knüppelbahn genannt, weil über die eingleisige Strecke im Tunnel nur der Stra-

Übergabe des Stabes beim Verlassen des Spreetunnels

Der Spreetunnel in Stralau

ßenbahnwagen rumpeln durfte, dessen Fahrer im Besitz eines bestimmten Holzknüppels war. Auf diese einfache Weise verhinderte man Zusammenstöße hundertprozentig. Der Bahnbetrieb mit den extra niedrigen Wagen lief bis 1932. Danach wurde der Stralauer Spreetunnel umgebaut und erst 1936 als Fußgängertunnel wieder eröffnet.

Ich lernte ihn an der Hand meines Vaters kennen. Der Tunnel war mir immer ein wenig unheimlich. Eine Betonröhre. An den Seiten zogen sich Rohre und Kabel entlang. Von oben tropfte das Wasser herab. Die Vorstellung, daß über meinem Kopf Schlepper und Spreezillen entlangschipperten, machte mir angst. Ich war jedesmal froh, wenn wir den Tunnel auf der Stralauer oder Treptower Seite verließen. Aber ich freute mich auch wieder auf den nächsten Unterwassergang. Eigenartig.

Der Spreetunnel begann in Stralau auf der Höhe des kleinen Friedhofes. Die Tunnelstraße war an dieser Stelle etwas breiter. Ein Grünstreifen teilte beide Fahrbahnen. Unter diesem Rasen lag die Rampe, die Einfahrt zum Tunnel. Er machte unter der Erde einen Bogen um sechzig Grad und verlief dann schnurgerade unter der Spree hindurch, die an dieser Stelle fast zweihundert Meter breit ist. Der Tunnel ist vierhundertvierundfünfzig Meter lang gewesen und lag drei Meter unter dem Flußgrund. In der Nähe der Gaststätte Zenner war der Ausgang. Bis vor einigen Jahren hieß das dortige Gelände noch „Platz am Spreetunnel".

In den letzten Kriegstagen soll der Tunnel gesprengt worden sein. Es ist aber auch möglich, daß die Pumpen ausfielen und das technische Wunderwerk peu à peu vollief. Die Rampen wurden in den sechziger Jahren überstürzt eingeebnet.

Am 15. Februar 1932 war der Straßenbahnverkehr eingestellt worden, weil in den einzelnen Wagen durchschnittlich nur noch fünf Fahrgäste saßen. Nicht auszudenken, wie groß die Nachfrage heute wäre. Wie gesagt, der Tunnel steht nicht unter Denkmalschutz. Er steht unter Wasser.

Gelungen

Als ich von dem neuen Geld erfuhr, das kürzlich herausgegeben wurde, setzte ich mich sofort hin und machte meine Vorschläge bezüglich einer Kurzbenennung dafür.
Ich schlug folgendes vor:
1. NDM (Neue Deutsche Mark),
2. MDDR (Mark der Deutschen Demokratischen Republik),
3. DAUBM (Deutsche Arbeiter-und-Bauern-Mark) und
4. ERDM (Einzig rechtmäßige Deutsche Mark)

Leider wurde keiner meiner Vorschläge berücksichtigt; aber das betrübte mich nicht weiter, weil ich die Sache von einer idealistischen Warte aus eingereicht habe.
Außerdem kommt die neue amtliche Kurzbezeichnung „MDN" meinem ersten Vorschlag recht nahe. Mir ging es ja nämlich vor allem darum, die zuständigen Stellen davor zu bewahren, etwa schlicht und einfach „Mark" als amtliche Regelung einzuführen.
Zwei Tage nach Erscheinen dieser Glosse in der Zeitschrift EULENSPIEGEL kreuzte ich mit dem Auto am Strausberger Platz auf, der damals noch Kreisverkehr hatte, also vorfahrtsberechtigt war. Ein Verkehrspolizist winkte mich an den Straßenrand. Es folgte das Übliche: „Hauptwachtmeister Sowieso, bitte um Fahrerlaubnis und Fahrzeugpapiere!"
Er blätterte darin herum, dann sah er mich an: „Herr Stave, weshalb hab ich Sie wohl herangewinkt?"
Ich versuchte gelassen zu erscheinen: „Der im Kreisverkehr befindliche, also vorfahrtberechtigte PKW wurde durch mein voreiliges Einfahren in den Kreisverkehr behindert –"
„Gut." „– obwohl er auf der linken, inneren Spur fuhr, während ich die äußerste rechte Spur benutzte."
„Das ändert nichts an der Tatsache", sagte der Hauptwachtmeister. „Ich muß Sie mit einer gebührenpflichtigen Verwarnung belegen. Sind Sie mit drei MDN einverstanden? Oder mit drei MDDR oder drei ERDM oder drei DAUBM?"
Ich war einverstanden. Ich hatte meinen Leser getroffen!

Vergängliche und unvergängliche Bauwerke

Manche Bauwerke sind vergänglich, und manche Bauwerke sind unvergänglich. Unvergängliche Berliner Bauwerke sind zum Beispiel der Pergamonaltar und das Markttor von Milet. Nicht ganz so unvergängliche Berliner Bauwerke waren das Schloß und die Schinkelsche Bauakademie. Ein mit Sicherheit vergängliches Berliner Bauwerk war die Deutsche Sporthalle. Anfang der fünfziger Jahre auf dem Geviert Lebuser Straße, Palisadenstraße, Koppenstraße und Stalinallee errichtet.

Ein Meisterwerk deutscher Nachkriegsarchitektur. Die Fassade schrecklich unproportioniert, und wer den Innenraum betrat, wurde unbewußt an den alten Friedrichstadtpalast erinnert. Die Manege war von vier Säulen umsäumt, woraus man schließen konnte, daß sich hier ein Umbau vollzogen hatte. Eine ehemalige Lagerhalle? Eine frühere Markthalle? Aber auf diesem Gelände?

Da gab's doch mal 'nen Park an dieser Stelle. Die alten Bäume an der Koppenstraße stammen noch aus jener Zeit. Richtig! Hier standen bis zu ihrer Zerstörung im zweiten Weltkrieg das Nikolaus-Bürgerhospital, das Weydingersche Stift und das Friedrich-Wilhelm-Hospital. Ein viertes Gebäude – das Gesindehospital – befindet sich noch auf der anderen Seite der Koppenstraße, zwischen Palisadenstraße und Karl-Marx-Allee.

Es waren bessere Armenhäuser. Fünftausend Dukaten spendete 1837 der russische Zar Nikolaus, als ihm das Ehrenbürgerrecht der Stadt Berlin angetragen wurde. Der Magistrat beschloß, mit dieser Summe ein Pflegeheim für fünfzig „arme und rechtliche Bürger" Berlins unter dem Namen „Nikolaus-Bürgerhospital" in der Großen Frankfurter Straße 21 zu stiften. Alte bedürftige Männer sollten unentgeltlich Aufnahme finden. Gewährt wurden freie Wohnung und Brennmaterial, ärztliche Behandlung und Arzneien sowie ein freies Begräbnis.

Ein Stiftsinsasse erzählt 1929: „Ick bin schon drei Jahre im

Der konzentrierte Aufbau der Stalinallee beginnt.
Links und Mitte die ersten Anfänge aus dem Jahre 1950, rechts die Reste der alten Allee und Straße

Hospital. War Drechslermeister gewesen. Nee – ick bin nich jerne reingegangen! Ick hab mir jejrault wie vor 'ne Kaserne. Aber immer alleine und keine Hilfe, und wenn een' wat passiert, is ja auch nischt. Und nun bin ick sehr zufrieden. Wat mein Schlafkollege is, der kann nich besser sein. Und ick koche mir selbst, denn das olle Suppenessen, was wir auch kriegen können, schmeckt mir nich und kost' dreißig Pfennje. Heute hab ick mir Leber auf mein' Spirituskocher jebraten und morjen jibt's Spinat! Zweiundachtzig bin ick man erst ..."

Nebenan, Große Frankfurter Straße 24, stand das Weydingersche Stift, zur Aufnahme „würdiger und hilfsbedürftiger Männer und Frauen, vorzugsweise aus den Familien des Stifters, sodann aus dem Stande der Raschmacher, Weber und Tuchmacher, die das 60. Lebensjahr überschritten haben".

Die „Belohnungs- und Unterstützungsanstalt für weibliche Hausangestellte" (Gesindehospital), Koppenstraße 38–40, beherbergte weibliche Hausangestellte, die „mindestens 15 Jahre in Berlin in Stellung gewesen sind". Komfort wie im Nikolaus-Bürgerhospital.

Eine Stiftsinsassin erzählte: „Hier ist es langweiliger wie bei den Männern. Die haben ein Grammophon, aber immer bloß dieselben Platten. Die meiste Zeit sitzen wir im Garten, in der Sonnenecke. Drüben ist es zu nahe an der Straße, und die Gören schmeißen hier Steine und Dreck rein. Manchmal geh ich noch zur alten Herrschaft zum Kaffeetrinken. Einen Baderaum haben wir hier nicht."

Von der Großen Frankfurter Straße aus gesehen befand sich das „Friedrich-Wilhelm-Hospital" hinter dem Nikolaus-Bürgerhospital und der Weydingerschen Stiftung in der Palisadenstraße 37. Es nahm „schwache und kränkliche Frauen" auf. Der Pflegesatz betrug 3,25 Mark täglich. Neben Wohnung, Beköstigung, Kleidung und ärztlicher Behandlung wurde ein Taschengeld gewährt. Diese größte aller vier Einrichtungen bot Platz für 675 Hospitalisten.

Parkähnlich war's in diesem Karree schon. Viele Bäume, niedrige Bebauung – von Ressourcen zu reden, ist gewiß geschmacklos. Der Krieg raffte die in den zwanziger Jahren rekonstruierten Häuser dahin und schaffte Platz für die p. p. Sporthalle. Sie diente Handballern und Boxern, einmal auch einem großen Faschingsball als Heimstatt. Ausstellungsfreundlich war sie eigentlich weniger . . .

Kreuz- und Quergang durch eine Ausstellung

In einem gelben Dederonzelt (Durchmesser zirka zwanzig Meter) ist die Landwirtschaft untergebracht. Man sieht kleine Traktoren, Obst und Gemüse, Fohlen und künstli-

Stalinallee Richtung Strausberger Platz mit der Deutschen Sporthalle

che Hühner, Enten und Gänse. Ein Mann fällt auf. Er eilt in das Zelt, holt tief Luft und stürmt wieder nach draußen. Dieser Vorgang wiederholt sich. Er wiederholt sich ein paarmal. „Ich mache ein Experiment", sagt der Mann auf meine Frage. „Dieses Zelt ist eine Art Luftballon. Überdruck hält es aufrecht. Ich will sehen, ob sich das bemerkbar macht, wenn ich die Luft draußen ausstoße." Der Mann holt tief Luft und verschwindet durch die Drehtür.
Dieses Dederonzelt ist reine Notwehr der Ausstellungsleitung. Denn die Ausstellung findet an und für sich in der Deutschen Sporthalle statt, die aber die amtliche Bezeichnung „Klub der Jugend und Sportler" trägt.
Die Jugend und die Sportler haben sich stark gemacht, und so schlängelt sich „Deutschland ist hier! 15 Jahre DDR" doppelstöckig um die Halle herum, in der man völlig unbekümmert Volleyball spielt. Deshalb der Extra-Landwirtschaftsrundbau.
Bleiben wir zunächst noch auf dem Freigelände. Es gibt Fontänen und Wasserbassins. In einem schwimmen Schiffsmodelle, die fernlenkbar sind, aber in keine Badewanne passen. Das Modell eines Schwimmtrockendocks lockt die meisten Interessenten. Es ist gerade abgesenkt worden, um ein Schiff aufnehmen zu können. „Seh mal", sagt eine junge Dame zu einem ebensolchen Herrn, mit dem sie Händchen hält, „da ist schon eins untergegangen."
In einer mit Wellblech aus Plaste bedeckten Offengarage stehen Motorräder und Kraftfahrzeuge. Ein Motorrad aus dem Jahre 1950 ist dabei – zu Vergleichszwecken. Und die Ausstellungsbesucher der ersten Stunde wundern sich, daß eine völlig verdreckte Rennmaschine ausgestellt ist. Ein Schild erzählt, daß mit dieser Maschine – wie sie hier steht – die Sixdays 1964 gewonnen wurden. Also kein Dreck, sondern eine Patina ehrenhalber.
Eine gebrauchte E-Lok befindet sich ebenfalls auf dem Freigelände. Aber kein Schild deutet darauf hin, welches Rennen mit dieser Maschine gerade siegreich beendet wurde.

Der rekonstruierte Doppel-Speisewagen der Mitropa dient als Ausstellungsgaststätte. Hier gibt es tiefgefrorene Speisen, die in drei Minuten eßfertig auf dem Tisch stehen. Wir konnten die Wagen lediglich von außen betrachten, weil wir nur was trinken wollten. „Kann man hier was trinken?" Der Mann in der weißen Jacke nickt. „Aber nur, wenn Sie auch was essen!" Das ist alte Mitropa-Unterwegs-Praxis.
Die Vorhalle der Ausstellung mutet etwas leer an. Ein fünf Meter hoher und beleuchteter Glaskasten zeigt das Emblem der DDR. Aber aufgepaßt! Auf einmal ertönt ein merkwürdiges Geräusch, und dann setzen sich einzelne Teile des Kastens in Bewegung. Wenn das Geräusch aufgehört hat, ist auf dem Kasten in Hell- und Dunkelblau die Landkarte der DDR zu sehen.
Musik in ohrenbetäubender Lautstärke ertönt aus einem Vorführraum für Stereophonie. Man sitzt wie in einem kleinen Kino und wird von zwei Seiten beschallt. Es ertönen im Wechsel die Slawischen Tänze und Schwarzer Kater Stanislaus. Für jeden etwas. Und wenn man die Augen zumacht, dann ist es – dunkel.
So dunkel wie hinter einem schmalen Schlitz, durch den folgendes zu sehen ist: Ein kleiner runder Tisch, darauf ein drehbares Gestell mit einem Buch. Ein paar Meter weiter ein Fernsehgerät. Noch ein paar Meter weiter eine Kamera, die das Drehbuch aufnimmt und über den Fernsehapparat sendet – obwohl es ganz duster ist. Des Rätsels Lösung ist einfach: Fernsehaufnahmen bei völliger Dunkelheit mit UV-Endikon. Die näheren Erklärungen einer brummigen Stimme bleiben unverständlich.
Damit kommen wir zu Laser, das in unseren Rundfunkstationen wie Laser ausgesprochen wird, in Wirklichkeit aber einer englischen Abkürzung entspringt, also Laser heißt. Die hier vorgeführten Geräte sind natürlich nicht englischer Herkunft. Sie werden übrigens miserabel vorgeführt. Ein minderwertiges Radiogerät verbreitet Nebengeräusche; und wenn man den Finger durch den Laserstrahl steckt, hört das Knurren des Radios auf. Insofern bedeutet der La-

serstrahl natürlich eine Wohltat. Wer wie jene alte Dame annimmt, daß der Laserstrahl identisch mit der Fotozelle zum Ingangsetzen von Rolltreppen ist, hat sich geschnitten. Mit dem Laserstrahl kann man bis zum Mond leuchten, mit der Fotozelle an der Rolltreppe nicht.
Interessant ist die Entwicklung auf dem Bildröhrensektor. Wir wissen ja inzwischen, daß jede dritte Familie bei uns einen Fernseher hat, aber daß im Jahre 1950 fast keine Bildröhre hergestellt wurde und 1963 weit über 750000, das gibt einem doch zu denken. Wenn das so weitergeht, stellen wir 1976 55250000 Bildröhren her.
Was ist noch zu sehen? Eine Großrundstrickmaschine, eine Offsetdruckmaschine, eine Braunkohlenförderbrücke (letzte natürlich nur als Modell!), ein Trabant ohne Chemie, das heißt nur das Gerippe eines Trabants. Dann ist da ein Lesesaal, in dem einem Wissenswertes über die Volksarmee vermittelt wird. Ich muß sagen: Lesesaal. Denn es gibt dort wirklich sehr viel zu lesen.
Was mir in der Ausstellung noch auffiel, ist, daß es da eine ganze Reihe von Kinos gibt. Im Rundgang mindestens vier kleine. Im ersten Stock ein etwas größeres und noch ein Diorama. Und was gab's dort zu sehen? Nichts. Aber ein Vortrag über schnelles Kochen wurde gehalten, und zwar von einer Fachschriftstellerin. Diese Mitteilung erhielt ich über einen Lautsprecher, als ich gerade in eine geheimnisvolle Vitrine des Amtes für Zoll und Kontrolle des Warenverkehrs sah. Dort liegen ein präparierter Geldschein, ein gefälschter Personalausweis sowie ein Brief mit Geheimschrift. Aber ich kam nicht hinter die Geheimnisse. Selbst als Blaulicht eingeschaltet wurde. Da ertönte die Stimme. Und ich dachte schon, jetzt werden sie sagen, was man in der Vitrine beachten muß. Aber es handelte sich um den Schnellkochkurs.
Ich strebte dem Ausgang zu. Mir war ein bißchen weihnachtlich zumute, was an der maßstabgetreuen Modellbahnanlage, die das Verkehrswesen ausstellt, gelegen haben kann. Aus der Drehtür des Landwirtschaftsballons

stürzte ein Mann. Er blies kräftig die Luft ins Freie und machte einen etwas erschöpften Eindruck.
„Na", fragte ich, „hat es schon geholfen?"
„Ich bin mir noch nicht ganz sicher", sagte er. „Aber ich glaube, da oben" – er deutete auf die Zeltspitze – „sind schon ganz kleine Fältchen erkennbar . . ."

(1964)

Die fliegende Sporthalle

Man sagte, die Sporthalle müsse abgerissen werden, weil bei dem mittleren Teil Einsturzgefahr bestünde.
Was war „der mittlere Teil"?
Der mittlere Teil der „Deutschen Sporthalle" stand bis 1949 als Fleischmarkthalle zwischen der Ringbahn und der Thorner Straße beziehungsweise zwischen der Leninallee und der Paul-Heyse-Straße, dort, wo die „Werner-Seelenbinder-Halle" sich befindet. Die Sporthalle war genaugenommen ein Stück der Seelenbinder-Halle, oder noch genauer gesagt: Seelenbinder-Halle und Sporthalle sind aus einer Fleischmarkthalle hervorgegangen.
Als man sich entschloß, auf dem Gelände des ehemaligen Fleischgroßmarktes, gegenüber dem Zentralviehhof auf der nördlichen Seite der Leninallee gelegen, eine Sport- und Mehrzweckhalle zu errichten, war die dafür vorgesehene Fleischmarkthalle ein Stück zu lang. Ungefähr ein Viertel der Gesamtlänge war überflüssig und wurde abgebaut, aber nicht weggeworfen oder eingeschmolzen!
Man schaffte die abgebauten Teile zur Stalinallee und setzte sie mitten auf dem Geviert zusammen, das einst Friedrich-Wilhelm-Hospital, Weydingerscher Stiftung und Nikolaus-Bürgerhospital als Standort diente.
Das war „der mittlere Teil". Er wurde mächtig umbaut, und das Ganze hieß schließlich „Deutsche Sporthalle". Darin wurde geboxt und Volleyball gespielt, und in unzähligen Nebenräumen nahmen sportliche und nicht ganz so sportli-

Der Mittelteil der Deutschen Sporthalle in der Stalinallee steht!

che Zirkel ihre Tätigkeit auf. In den Rundumgängen fanden die ersten Berliner Massen-Tischtennis-Turniere statt. Die „Deutsche Sporthalle“ war vielleicht kein sehr schönes, aber ein imposantes Gebäude, das auf jeden Fall mit Leben erfüllt war. Dennoch konnte man das Bauwerk nicht als unvergänglich bezeichnen. Eines Tages zeigten sich Risse. Es wurden zusätzlich Pfeiler eingebaut, aber das half alles nichts. Den Fachleuten war klar: Der mittlere Teil machte nicht mehr mit.

An einem schönen Herbsttag des Jahres 1971 legten Spezialisten Dynamitladungen an die dafür vorgesehenen Stellen und verbanden die einzelnen Ladungen mit elektrischen Drähten. Der Autoverkehr wurde unterbrochen, und auch die Omnibuslinie 32 mußte in der Lebuser Straße ihren Betrieb vorübergehend einstellen. Die Bürger öffneten ihre Stuben- und Küchenfenster.

„Bööööööööt", machte die Tute des Sprengkommandos, der Sprengmeister drückte den Griff des Sprenggerätes herunter, ein gewaltiger Knall ertönte, und bevor eine riesige Staubwolke alles einhüllte, sah man, wie die Sporthalle sich in die Lüfte erhob, zwei, drei Meter vielleicht nur, aber sie flog. Dann legte sie sich in tausend Stücke auf die Erde und fabrizierte eine Mammut-Staubwolke, die die ganze Stalinallee für eine Weile einnebelte.

Die fliegende Sporthalle

Es war die Meisterleistung des Sprengkommandos. Die Halle war ratzekahl verschwunden. Bis auf eine Kleinigkeit: der mittlere Teil war stehengeblieben.
Wer mit dem Rücken vor dem neuen Häuserblock mit den Sommersprossen zwischen der Andreasstraße und der Koppenstraße steht und die Augen schließt, kann gegenüber die Sporthalle erblicken. Wenn er die Augen wieder öffnet, sieht er einen Neubaublock vor sich, der sich in die Architektur der alten Stalinallee nicht so recht einfügen will. Rechts davon stehen vierundzwanzig Bäume, die zum einstigen Nikolaus-Bürgerhospital gehörten und alles überstanden haben.
Ebenfalls alles überstanden hat das Gesindehospital („Belohnungs- und Unterstützungsanstalt für weibliche Hausangestellte") in der Koppenstraße. Es wurde – nach gründlicher Rekonstruktion – Sitz der SED-Kreisleitung Friedrichshain.

Wieviel ist ein Menschenleben wert?

Einmal rettete ich Erich Schmitt das Leben, und ich bin glücklich darüber. So etwas tut man ja nicht oft ...
Erich Schmitt war wohl der bekannteste Berliner Pressezeichner in der Zeit nach dem zweiten Weltkrieg. Er war ein Original. Am 12. Dezember 1947 erschien Schmitts erste Karikatur in der „Berliner Zeitung", und von 1948 an zeichnete er täglich in diesem Blatt, über dreißig Jahre lang, fast ohne Pause. Es entstanden 10000 Tageskarikaturen und während dieser Zeit auch noch die berühmten Serien „Schwester Monika", „Arche Noah", „Nixi", „Kuno Wimmerzahn" und andere.
Erich Schmitt war auch ein Erfinder. Er erfand die Monumentalkarikatur und die Taschenflasche. Schmitts Monumentalkarikaturen schmückten einige Jahre die Wände der halbwegs historischen Niquetklause – bis ein offenbar bekloppter neuer Wirt, der nun Steak und Soljanka statt Bock-

Gratulation für Erich Schmitt zum 60.

wurst mit Salat reichte, alles übermalen ließ –, und die Schmittsche Taschenflasche hatte die Gestalt einer Aktentasche und auch deren Größe.
Ich war stolz, daß ich gerade so einem prominenten Mann, der außerdem noch mein Freund war, das Leben retten konnte.
Es spielte sich so ab: Wir liefen die Bersarinstraße hinunter zum Frankfurter Tor. Schmitt erzählte mir zum hundertsten Mal den Witz von dem Schrankenwärter, der im Lotto gewonnen und das Haus eines pensionierten Landarztes gekauft hatte. Ich muß wohl ein gelangweiltes Gesicht gemacht haben, was Schmitt zu der Äußerung veranlaßte: „Wenn dir det Nivoh meiner Witze zu hoch is, denn kann ick dir ooch mit'n paar ganz primitiven dienen!"
In diesem Augenblick betrat er die Fahrbahn des Weidenwegs, und da preschte ein Lastwagen mit mindestens siebzig Sachen – dort darf wegen der Kurve am Bersarinplatz nur dreißig gefahren werden! – heran. Ich riß meinen Begleiter zurück, und der Lastwagenfahrer, einem verschulde-

Niquet-Klause mit Wandmalerei

ten Unfall nur um Haaresbreite entgangen, setzte seine Amokfahrt ohne viel Aufhebens fort.
Ich machte natürlich viel Aufhebens. Bei jeder passenden und unpassenden Gelegenheit stellte ich mich als Lebensretter tüchtig heraus. Als ich wieder einmal loslegen wollte, sagte Schmitt barsch: „Also paß mal uff, mein Junge. Jetz koof ick dir'n halben Liter Bier, und denn sind wa quitt!"
Schmitt starb sechzigjährig am 29. Dezember 1984 im Krankenhaus Friedrichshain.

Die Entschuldigung

Hochbetrieb im Lebensmittelkaufhaus in der Berliner Rathausstraße. Zehntausend Kunden auf zehntausend Quadratmetern. Kleine Episode am Rande: Ein Bürger ist von einem Transportarbeiter regelrecht angekarrt worden. Absichtlich sogar. Der Beschädigte, der sich zum Zeitpunkt des Ankarrens intensiv mit dem Studium der Aufschrift einer Dose Räucheraalpaste beschäftigte, ist zunächst sprachlos, weil der Karrenschieber ihn obendrein noch auskäst. Schließlich humpelt der Angefahrene aber doch zu einer Aufsichtsperson und reicht sozusagen Beschwerde ein.

„Ist es bei Ihnen üblich, daß Kunden regelrecht überfahren werden?"

„Nein, das ist nicht üblich. Welcher Transportarbeiter war es denn? Son kleiner oder solch normaler?"

„Solch normaler. Grauhaarig, etwa achtundvierzig Jahre."

„Bei dem kleinen Kollegen hätte es mich nicht gewundert. Aber der größere ... Hat er sich entschuldigt?"

„Nein."

Jetzt wird der betreffende Kollege gesucht und tatsächlich auch gefunden. Er wischt sich verlegen die Hände an der Schürze ab. „Dieser Kunde hier", sagt die weibliche Aufsichtsperson, „ist von Ihnen angekarrt worden, und Sie haben es nicht einmal für nötig gehalten, sich zu entschuldigen?!"

„Ick hab ma ja entschuldicht", verteidigte sich der Unfallschieber nach einer kleinen Weile des Nachdenkens. „Ich hab doch gesagt: ‚Sperr die Ohrn uff, Opa. Schlaf za Hause!'"

Die Pfingstkirche

Das erste Mal war ich im Jahre 1929, am 20. Oktober, in der Pfingstkirche am Petersburger Platz. Ich wurde getauft und erhielt die folgenden originellen Vornamen John, Anton und Fritz. Den ersten hatte ich der hanseatischen Wiege meines Vaters zu verdanken, die beiden anderen der Leichtgläubigkeit meiner Mutter. In der Entbindungsanstalt Neukölln wurde sie gefragt, wie denn das Kind nun heißen soll?

„John", sagte meine Mutter. „Mein Mann will es so."

„Aber das ist ja gar kein deutscher Name!"
Meine Mutter sagte: „Mein Mann will es so!"
Die beiden Krankenhausschwestern sahen sich entsetzt an.
Eine sprach: „Sie haben die Möglichkeit, drei Vornamen zu geben. Das ist üblich!"
Mutter überlegte einen Moment. „Na, wenn es üblich ist und nichts kostet, dann nehmen wir die Vornamen der beiden Taufpaten dazu."
Es waren Onkel Fritz und Onkel Anton. So hing das zusammen.
Das zweite Mal war ich im Jahre 1943, am 7. März, in der Pfingstkirche am Petersburger Platz. Ich wurde eingesegnet und erhielt den Denkspruch: „Das ist meine Freude, daß ich mich zu Gott halte." Es war üblich, daß man eingesegnet wurde.
Das dritte Mal war ich kurz vor Kriegsende in der Pfingstkirche am Petersburger Platz. Herr Döhler hatte mich gefragt: „Warst du schon mal auf dem Kirchturm?" Ich war noch nicht. Am nächsten Vormittag stiegen wir hinauf.
Die Kirche lag total verlassen da, war aber – bis auf einen Bombentreffer hinter dem Altar – unbeschädigt. Vom Platz aus gesehen gab es linkerhand ein Treppenhaus und zwei oder drei Wohnungen. Ganz oben rechts war eine Tür, die auf den Boden über dem Kirchenschiff führte. Ich staunte, daß die ganze Kirchendecke, die ich für massiv gehalten hatte, aus Gips bestand und an lauter Drähten hing.
Über Laufbretter erreichten wir durch eine weitere Tür den Turm mit dem Glockenstuhl. Alles war ungeheuer staubig, gigantisch in den Ausmaßen. Von unten, von der Straße aus, war das gar nicht so gewaltig.
Das Glockenzimmer maß vielleicht acht mal acht Meter und war zirka zwölf Meter hoch. An jeder Seite hatte der Raum zwei riesige Schallfenster, die mit schrägen Holzplatten versehen wurden, damit der Schall nach unten ging und nicht in den Himmel hoch, weil dort niemand zuhörte.
Über eine steile Treppe gelangte man in die Uhrenetage. Ich sah zum ersten Mal die Uhr von nahem, die ich schon

mal hatte reparieren lassen. Jetzt stand sie still. Im Gegensatz zu der Uhr auf dem Turm der Simeonkirche in der Wassertorstraße mußte die Uhr der Pfingstkirche nicht von Hand aufgezogen werden. Das besorgte ein Elektromotor. Der zog alle paar Stunden die Gewichte empor, die um einiges größer waren als in den Standuhren, die ich in den Stuben bessergestellter Schulkameraden gesehen hatte.
Der Elektromotor konnte die Kirchturmuhr nicht mehr in Gang halten, weil es zu häufig Stromsperren gab. Immer, wenn er gerade loslegen wollte, war der Saft weg.
Wir kletterten wieder hinab in die Glockenstube. Herr Döhler brachte die zweitgrößte Glocke in Schwung. Als sie die richtige Neigung erreicht hatte, löste sich der bis dahin blockierte Klöppel und haute einmal gegen die Glockenwand. Es war – wenn man das an diesem Ort sagen darf – höllisch laut. Der ganze Turm vibrierte, und ich wunderte mich, daß er nicht sofort einstürzte. Aber dann hätte er ja seit 1908 schon oft einstürzen müssen.
„Gut, was?“ fragte Herr Döhler.
„Und wenn jemand kommt?“ fragte ich ängstlich.
„Hier kommt niemand“, sagte Herr Döhler, und er behielt recht.
Es war sonnenklar, daß ich mein tolles Erlebnis nicht für mich behalten wollte und konnte. Also zogen wir – Heini, Bernd, Horst und ich – gleich nach Kriegsende zur Pfingstkirche. Es war alles genauso, wie ich es ihnen erzählt hatte. Allerdings waren die großen gotischen Fenster zum Deibel, und der Giebel des Schiffes war von einer Artilleriegranate voll getroffen. Auch im hohen Schieferturmhelm waren Einschüsse zu sehen.
Die Türen zu den Wohnungen, an denen wir vorbei mußten, waren eingeschlagen oder durch den Luftdruck stark beschädigt. Alles schien geplündert zu sein. In der zweiten Etage stockte uns der Atem: Hinter der offenen Tür lag auf einer Couch eine tote Frau. Das Licht fiel schräg durch die zerbrochenen Fenster direkt auf den Leichnam.
Wir hatten in den letzten Kriegstagen viele tote Menschen

gesehen, aber das kam hier zu plötzlich. Und dann – in einer Kirche. Wer vermutet da schon Tote?

Geschockt machten wir uns an den weiteren Aufstieg. Über der Uhrenetage begann der eigentliche Turmhelm, der aus Holz bestand und mit Schiefer gedeckt war. Einige Granattreffer hatten dafür gesorgt, daß gutes Licht ins Turminnere fiel. Wir reparierten eine lange Leiter, die zu einer Dachluke führte, erstiegen nacheinander Sprosse für Sprosse und stießen die Luke auf. Grelles Licht blendete uns für Sekunden. Wir befanden uns rund siebzig Meter über dem Petersburger Platz. Wieder beschlich mich das ungute Gefühl, der Turm könne jeden Augenblick in sich zusammenfallen. Die Aussicht aber war phantastisch. Wir schauten bis zu den Müggelbergen und zum Funkturm.

„Als wenn man mit einem Flugzeug fliegt", sagte Bernd, der nie geflogen war.

In dem relativ niedrigen Raum zwischen den acht Luken des Turmhelms stand etwas angeschrägt ein aus Latten zusammengenageltes Brett mit ehemals weißem Anstrich. Davor lag auf dem Fußboden eine Lampe, wie man sie auf Baustellen benutzt, damit auch nachts gearbeitet werden kann. Als sie noch funktionierte, beleuchtete sie in der Finsternis das weiße Brett. Das ergab während der allseits angeordneten Verdunkelung ein weithin sichtbares Signal. Aber für wen? Das Brett war nach Osten ausgerichtet. Ich hatte mir immer vorgenommen zu klären, ob das Licht auch während der Fliegerangriffe brannte. Aber niemand konnte es sagen. Ein bißchen geheimnisvoll war dieses hohe Lichtzeichen allemal.

Beim Abstieg betrachteten wir noch mal die tote Frau. Dicht heran trauten wir uns natürlich nicht. Sie sah etwas traurig aus und war vielleicht fünfundvierzig Jahre alt.

Vierzehn Tage später sah ich die tote Frau noch einmal. Jetzt gab sie keinen sehr guten Anblick mehr ab. Es war abends halb elf. Die Sonne schien. Wir hatten Moskauer Zeit, die Uhren waren zwei Stunden vorgestellt. Wir läuteten alle drei Glocken. Sie sollten FRIEDEN rufen.

Die Pfingstkirche am Petersburger Platz

Auf die Idee, den Leichenfund zu melden, kam keiner von uns. Unsere Besuche auf dem Kirchturm waren schließlich unser Geheimnis.

Die Pfingstkirche wurde – obwohl sie damals noch nicht

als Baudenkmal galt – im Jahre 1950 wiederhergerichtet. Der hohe Schieferturm wurde tadellos eingedeckt und der zur Straße zeigende Giebel vereinfacht in Ordnung gebracht. Bischof Dibelius weihte die Kirche neu.

Dreiunddreißig Jahre später kam ich mit dem Architekten Theodor Oehme am Petersburger Platz vorbei. Nicht daß er die Kirche gebaut hat – die Erbauer hießen Kröger und Werner –, aber ich wollte mal ein fachmännisches Urteil hören.

Ich sagte: „Das ist ein merkwürdiger Turm. Ich bin schon ganz schön in der Weltgeschichte herumgekommen. War schon in Rom, Neapel, Moskau, Wien, Leningrad, Riga, Frankfurt am Main und an der Oder, in Budapest und Bitterfeld, aber solch einen Turm habe ich noch nirgendwo gesehen."

Oehme, der diesen Sakralbau offenbar auch nicht gerade für ein Meisterwerk deutscher Baukunst hielt, ließ seinen Blick am Turm emporhangeln. „Der dreht ab", sagte er mäßig interessiert.

„Wie meinst du das: der dreht ab?"

„Guck dir die Risse an. Der kommt runter!"

Jetzt verstand ich erst. Sollte der Turm an einem Spätschaden zugrunde gehen? Jetzt schien er mir wirklich ein wenig schief dazustehen. Und die vertikal verlaufenden Risse sprangen mir förmlich ins Gesicht. Er hatte ja in den letzten Kriegstagen Granattreffer abbekommen. Aber waren die Einschlaglöcher nicht 1950 beseitigt worden, oder nur übertüncht?

Mir ging das nahe. Es fiel so vieles in Trümmer und Asche. Daß der Kirchturm stehenblieb, war uns 45 eine Art Hoffnungsschimmer, ein Symbol sozusagen. Man konnte sich einbilden, daß noch nicht alles verloren sei. Und nun sollte der stolze Riese im nachhinein dran glauben müssen?

Aber auch andere Leute hatten die Risse bemerkt. Sie verbreiterten sich schier unaufhaltsam. Man konnte doch nicht abwarten, bis der Turm auf die nebenstehenden Häuser fiel. Wäre die Kirche als Denkmal anerkannt gewesen, hätte

man den Turm höchstwahrscheinlich bis zu einer gewissen Höhe abgetragen und aus dem alten Material wieder hochgemauert. So aber wurde eine Notlösung gefunden: Man korsettierte den Turm. Man legte ihn in Eisen. Wer das weiß, kann es deutlich erkennen. Wer es nicht weiß, nimmt sicherlich an, daß es immer so war. Eine solide Arbeit. Etliche Friedrichshainer Baubetriebe vollbrachten das Werk.
Ich fragte Pfarrer Kubbutat von der Pfingstkirchengemeinde: „Wie lange wird das halten? Ist es eine Dauerlösung?"
„Keine Dauerlösung. Es wird zwanzig bis dreißig Jahre halten."
„Was dann?"
„Dann wird man sich etwas Neues einfallen lassen müssen."
„Herr Pfarrer, wie hoch ist der Turm?"
„Das kann ich Ihnen nicht genau sagen. Wenn ich gefragt werde, sage ich mal fünfundsiebzig, mal siebenundsiebzig Meter. So ungefähr."
„In einem Berliner Statistischen Werk von 1930 habe ich in einer Tabelle gefunden, daß der Turm vierundneunzig Meter hoch sei. Das wäre meines Wissens der höchste Kirchturm Berlins . . ."
„Dann wird es wohl so sein. Ich bin mit diesen technischen Dingen nicht befaßt. Wissen Sie, ich bin Theologe."
„Ich bedanke mich für unser Telefongespräch!"

Der Kasten

Vom Ostbahnhof (früher Schlesischer Bahnhof, bald Hauptbahnhof) aus gesehen wird nach Osten hin die ganze Angelegenheit für die Berliner S-Bahn äußerst kompliziert. Schuld daran ist das Monstrum des Bahnhofs Ostkreuz. Hier treffen die Linien aus Buch, Bernau, Oranienburg, Marzahn, Hohenschönhausen, Strausberg, Erkner, Königs

Wusterhausen und Flughafen Schönefeld zusammen. Und damit sie nur zusammentreffen und nicht etwa zusammenstoßen, ist ein ausgeklügeltes Signal- und Weichensystem erforderlich, von dem sich der Laie Fahrgast keine Vorstellung machen kann.

Auf dem Ostbahnhof ist alles noch überschaubar: Zwei S-Bahnsteige mit vier Gleisen. Von dem einen Bahnsteig fahren die Züge in Richtung Westen, von dem anderen in Richtung Osten, also in Richtung Warschauer Straße. Dieser Bahnhof hat ebenfalls zwei Bahnsteige. Von dem einen fahren die Züge in Richtung Westen und Osten, von dem anderen ebenfalls in Richtung Westen und Osten, was durch Tunnelunterquerungen der verschiedenen Richtungsgleise zwischen Ostbahnhof und Warschauer Straße möglich gemacht wird.

Diese gemischten Bahnsteige des Bahnhofs Warschauer Straße schaffen den eiligen Fahrgästen, die in Richtung Westen wollen, zusätzlichen Verdruß. Welcher Zug kommt nun zuerst? Gewiß, es handelt sich nur um eine Frage von Minuten, aber heißt es nicht in einem wirtschaftlich gemeinten immer gültigen Aufruf: Spare mit jedem Gramm, jedem Pfennig und jeder Sekunde?

Lange bevor es diesen Aufruf gab, haben kundendienstbeflissene Eisenbahner den Reisewilligen auf dem Bahnhof Warschauer Straße die Entscheidung erleichtert. An der Stirnwand zwischen den Treppen, die zu den zwei Bahnsteigen führen, haben sie einen Leuchtkasten angebracht. Das ist eine große Glasscheibe, die in mehrere Abteilungen untergliedert ist. Die Überschrift des Kastens lautet: „Nächster Zug in Richtung“. Dann wird die Scheibe halbiert: „Westen über Ostbahnhof“ und „Osten über Ostkreuz“. Als vorletzte Abteilungen gibt es kleinere Kästchen, in denen Pfeile aufleuchten, die anzeigen, auf welchem Bahnsteig der Zug einfährt. Die allerletzten Kästchen lassen, wenn es soweit ist, das Wörtchen „eingefahren“ erscheinen. Das ist nur noch für absolute Sprinter interessant. Für gemächliche Bahnbenutzer bedeutet „eingefah-

Bahnhof Stralau–Rummelsburg

ren" etwa: „Es hat keinen Zweck mehr. Den schaffst du nie im Leben!" Ein S-Bahnzug hält im allgemeinen nicht länger als dreißig Sekunden zum Ein- und Aussteigen.

Nun wäre alles schön und in bester Ordnung gewesen, wenn nicht neben dem beschriebenen Kasten ein ganz normales Fenster den Blick auf die Gleise gestattet hätte. Der geübte S-Bahnbenutzer sah also durch dieses Fenster und konnte – wenn er nicht gerade Tomaten auf den Augen hatte – leicht ausmachen, von welchem Gleis der nächste Zug in Richtung Westen fahren würde. Hatte er ihn erspäht, lief der S-Bahnkunde nicht etwa spornstreichs die in Frage kommende Treppe hinunter, sondern warf vorher einen Seitenblick auf den Anzeigekasten, ob der das auch richtig anzeigte. Der S-Bahnfahrgast übte also auf höchst freiwilliger Basis eine Kontrollfunktion aus, und der Kasten war genaugenommen überflüssig.

Aber er gehörte dazu. Es war ein echter Berliner Anzeigekasten, und wenn er einmal außer Betrieb war, entfiel der kontrollierende Seitenblick nicht etwa, er wurde auch von dem defekten Kasten magnetisch angezogen.

Eines Tages war der Kasten weg! Im Frühjahr 1985 war er plötzlich verschwunden. Die Leute fragten den Stationsvorsteher: „Was ist mit dem Kasten? Kommt er wieder?" Der Stationsvorsteher schüttelte wissend den Kopf.

Eine Weile konnte man an dem Platz des verschwundenen Kastens noch lesen, daß von dem linken Bahnsteig auch einmal Züge nach Spandau-West gefahren sind, aber dann wurde alles orange übermalt.

Der Kasten hatte schon in seinen besten Zeiten eine Macke. Bei „Nächster Zug in Richtung Westen" zeigte er auch Züge an, die auf dem Bahnhof Warschauer Straße endeten, so daß Bahnbenutzer ohne gehörige Portion Praxis das eine oder andere Mal falsch geleitet wurden, aber wer nahm das einem echten Berliner Anzeigekasten schon übel?

Heute, in der kastenlosen Zeit, muß man diese Falschleitertätigkeit schon selbst übernehmen. Man tritt mit festem

Schritt an das Kuckefenster, wirft einen kurzen Blick hinaus und schlägt entschlossen den Weg zur linken Treppe ein. Der größte Teil der vor dem Fenster Wartenden folgt einem auf der Stelle, weil keiner sich die Blöße geben will, daß er etwa schlecht sehen könnte.
Wenn die Technik versagt, muß der Mensch einspringen.

Ein Berliner weniger

1977 haben wir im Palast der Republik mit der Kammervariante angefangen. Die Revue heißt „Lachen und lachen lassen", und Kammervariante heißt kleinste Sitzanzahl im großen Saal: 1800 Zuhörer. Auf der Bühne alle abkömmlichen Hausautoren, dazu echte Musiker und richtige Künstler. Sogar Gisela May war schon da. Einer ist oft dabei und heimst jede Menge Applaus ein: Er ist Schauspieler am Berliner Ensemble und Rumpelkämmerer im Fernsehen, aber er kann auch prima singen. Was wären Tucholsky, Ringelnatz, Kästner oder Hollaender ohne ihn: Willi Schwabe.
Die Kammervariante ist längst vergessen. Heute treten wir vor 2800 Besuchern auf, sonnabends und sonntags sogar zweimal hintereinander, immer im September, sonst nicht. Zwischen den Vorstellungen gibt es in der Kantine Gelegenheit zur Unterhaltung. Thema diesmal: Wo jeder her ist. Die Berliner preschen vor. Sie sind die Minderheit. Die meisten Mitwirkenden kommen aus der Provinz. Schlesier, Sachsen, Vogtländer, Altmärker, Mecklenburger gar.
Die Berliner sagen nicht: Ich bin aus Berlin. Die Berliner lokalisieren genau. Renate Holland-Moritz: „Ich bin vom Wedding." Kusche: „Ich bin Neuköllner." Ich: „Ich auch." Schwabe: „Ich bin aus Wilmersdorf!"
Moment! Halt mal! Ich bin wachsam. „Darf ich fragen, Herr Schwabe, ob Sie vor 1920 geboren wurden? Sie brauchen nur mit ja oder nein zu antworten."
„Ja."

Zwischen zwei Palast-Auftritten (1984):
Obere Reihe das Orchester Henry Krtschl.
Dann von links: Verlagsleiter Sellin, Stave, Stengel, Hildegard Alex, Krause, Rosié, Kusche, Renate Holland-Moritz, Lektoratsleiter Schubert, Wiesner, Schwabe, Domma

„Dann sind Sie kein Berliner. Es tut mir leid."
„Aber erlauben Sie mal", entrüstet sich Schwabe und zündet sich sofort eine Zigarette an. So aufgeregt ist er. „Das hat mir ja noch keiner gesagt!"
Ich weiß etwas: „Groß-Berlin wurde 1920 gegründet. Zu den Innenstadt-Bezirken kamen unzählige Nachbarstädte und Gemeinden. Zum Beispiel Köpenick, Spandau, Neukölln, Pankow und auch Wilmersdorf. Wenn Sie, lieber und verehrter Herr Schwabe, wie Sie selbst zugegeben haben, vor 1920 geboren wurden, sind Sie, so leid es mir tut, allenfalls Wilmersdorfer, kein Berliner."

„Das ist ja noch schöner", sagt Schwabe. „In meinem Ausweis und in meiner Geburtsurkunde steht schwarz auf weiß: Geboren in Berlin-Wilmersdorf."
Ich sage, schon etwas unsicherer: „Das kann nicht sein!"
„Es ist aber so", beharrt der Schauspieler und sieht ziemlich böse, aber wissend drein.
„Ich werde die Sache überprüfen", sage ich. „Morgen sind wir schlauer!"
„Morgen ist *er* schlauer", sagt Willi Schwabe, und die Kollegen feixen.
Zu Hause blättre ich mit zitternden Fingern in meiner Berlin-Literatur. Wo steht das, was ich meine? Ich hab's gelesen, aber wo? Wenn man soviel einschlägigen Krempel wie ich hat, dazu noch alles in peinlichster Unordnung . . . Aber dann hab ich's! Meyers Lexikon von 1911/12: „Der Zweckverband Groß-Berlin, der am 1. April 1912 ins Leben getreten ist, besteht aus 7 Stadtkreisen und 2 Landkreisen. Von erstern liegen Charlottenburg im W., Schöneberg und Deutsch-Wilmersdorf im SW., Neukölln im SO., Lichtenberg im O. von B., etwas entfernter Spandau im W. Den südlichen Teil von Groß-Berlin nimmt der Kreis Teltow, den nördlichen der Kreis Niederbarnim ein."
Ich bin selber erstaunt, daß zum Beispiel im Süden Teupitz, Töpchin, Zossen, Trebbin und Mittenwalde, im Norden Groß-Schönebeck, Liebenwalde, Oranienburg, Basdorf und Bernau zum Zweckverband gehören!
„Eine Hauptaufgabe des Z. ist die Regelung des Verhältnisses zu öffentlichen, auf Schienen betriebenen Transportanstalten, mit Ausnahme der Staatseisenbahn, also zu Hoch- und Untergrundbahnen und Straßenbahnen."
Und jetzt:
„Um Verwechselungen mit andern, gleichlautenden Ortsnamen vorzubeugen, hat die Postverwaltung die Einrichtung getroffen, daß vom 1. April 1912 ab bei den Postanstalten folgender Orte von Groß-Berlin im Post-, Telegraphen- und Fernsprechverkehr die Bezeichnung Berlin (z. B. Berlin-Baumschulenweg) vorzusetzen ist: Baumschulenweg,

Borsigwalde, Rummelsburg, Britz ... Wilhelmsberg, Wilhelmsruh, Wilmersdorf, Wittenau".
Ich schreibe das fein säuberlich ab und bringe den Text zur nächsten Vorstellung mit. Ich erweise mir und den Berliner Kollegen einen Bärendienst, ich weiß es. Ich dezimiere nämlich die schon so mickrige Berliner Kolonie. Aber Recht muß Recht bleiben. Oder?
Willi Schwabe liest den Text mit unbewegter Miene. Dann sieht er mich an und sagt mit Grabesstimme: „Ich habe es zur Kenntnis genommen, werde aber keinen Gebrauch davon machen."
Es klingelt. Wir müssen auf die Bühne. The show must go on.

Die letzten Stiefmütterchen

Die Stadtbezirksgärtner haben sich verkalkuliert. Sie haben auf dem Bersarinplatz etwas voreilig Stiefmütterchen ausgepflanzt. Am 11. April 1986 ist Schnee gefallen. Die Meteorologen, die alles und nichts wissen, stellen fest, daß dies der kälteste April des Jahrhunderts in Berlin ist. Mir macht das nichts aus. Ich bin ja der Mann, der 1929 aus der Kälte kam.
Es ist die letzte Stiefmütterchen-Anpflanzung, die der Bersarinplatz in seiner Rondellform erlebt. Das Rondell wird aufgelöst. Die Autofahrer haben gewonnen. Die Straßenbahnfahrer haben verloren. Die Berliner Verkehrsbetriebe verteidigten das Rondell bis zuletzt, weil es ihnen eine Schienenschleife um den ganzen Platz herum gestattete. Bei Havarien konnten hier Straßenbahnen aussetzen oder umkehren. Nun wird die Bersarinstraße quer durch den Platz gezogen, die Fahrzeit für Autos verringert sich zwischen Leninallee und Frankfurter Tor um zirka achteinhalb Sekunden.
Der Bersarinplatz erhielt seinen Namen 1946 zur Erinnerung an den ersten sowjetischen Stadtkommandanten Niko-

Der Baltenplatz mit Blick auf die Petersburger Straße und den Petersburger Platz

lai Bersarin. Die den Platz, der vorher Baltenplatz hieß, umtauften, waren davon ausgegangen, daß der Kommandant im August 1945 an dieser Stelle bei einem Autounfall ums Leben gekommen ist. Das ist im Prinzip richtig, stimmt aber nicht. Es war kein Autounfall, sondern ein Unglück mit einem Motorrad, und es war nicht am Baltenplatz, sondern am Petersburger Platz Ecke Straßmannstraße, wo der Kommandant zu Tode kam. Ironie des Schicksals: Nikolai Bersarin war 1904 in Petersburg geboren worden. Dem ersten sowjetischen Stadtkommandanten verdankt die Groß-Berliner Bevölkerung, daß sie 1945 nicht verhungerte.

Alle sieben Ecken des Baltenplatzes sind im Krieg zerstört worden. Dennoch war der Platz eine Augenweide, ein Kleinod. Anfangs war sogar das Kleinsteinpflaster kunstvoll gestaltet gewesen. Das verlor sich nach dem Krieg durch unhandwerkliches Ausbessern der Bomben- und Splitterschäden. Aber das Rondell hätte sogar Lenné zur Ehre gereicht. Der gepflegte Rasen umschloß ein Beet mit Tausenden von Blumen, die jahreszeitlich ausgewechselt wurden. Der gärtnerisch gestaltete Blickfang ließ die traurige Umgebung ein wenig vergessen. Der Bersarinplatz war nämlich eine städtebauliche Anlage ohne Bebauung.

Jetzt wachsen hier Häuser in die Höhe, an allen Ecken und Kanten. Es sind ganz originelle Gebäude, mit verglasten Balkons und Erkern, acht- und neunstöckig. Vielleicht sind sie ein bißchen zu gewaltig für die Gegend. Aus unerfindlichen Gründen schließen sie auch nicht nahtlos an die Altbebauung an. Die Baufluchtlinien der Straßenzüge werden kaum eingehalten. Zwischen Weidenweg und Mühsamstraße fällt das deutlich auf. Ich hätte mir schon eher solche neuen „alten" Häuser hierhergewünscht, wie sie ab 1985 in der Frankfurter Allee errichtet wurden.

Mit dem Rondell wird der Grünanteil des Platzes nicht völlig verschwinden. Raum für Rasenflächen ist auf der östlichen Seite reserviert. Das Quietschen der Straßenbahnen bei der Umrundung des Rondells wird mir fehlen . . .

Der Baltenplatz mit Thaerstraße und Weidenweg, Blickrichtung zum Viehhof

Zeugen der Vergangenheit (I)

Ich hatte die Hoffnung nie aufgegeben: Auf meine diversen Annoncen in der Vorarbeit zu diesem Buch mußte sich doch jemand melden, der im Germania-Palast beschäftigt gewesen war. Eine Platzanweiserin, dachte ich, könnte, wenn sie 1945 dreißig Jahre alt war – oder fünfundzwanzig –, noch am Leben sein. Natürlich. Kein Kunststück! Und mit siebzig, fünfundsiebzig hat man doch Erinnerungen! Was sonst! Ich überlegte, wie viele Platzanweiserinnen sie damals in diesem Kino hatten. Drei? Und dann noch Reserve: fünf? Aus der Richtung aber kam nichts.

Eines Tages meldete sich die Bibliothekarin des Krankenhauses Friedrichshain und sagte: „Wir haben hier einen für Sie interessanten Patienten. Kommen Sie doch mal rum …"

Ich lernte Fred Christ kennen, einen ziemlich langen, schlanken Menschen, der mir seine Karte überreichte: „Zaubernder Schlagzeuger", stand da als Berufsbezeichnung.

„Ich war von 1927 bis 1931 im Germania-Palast beschäftigt", erklärte Fred Christ.

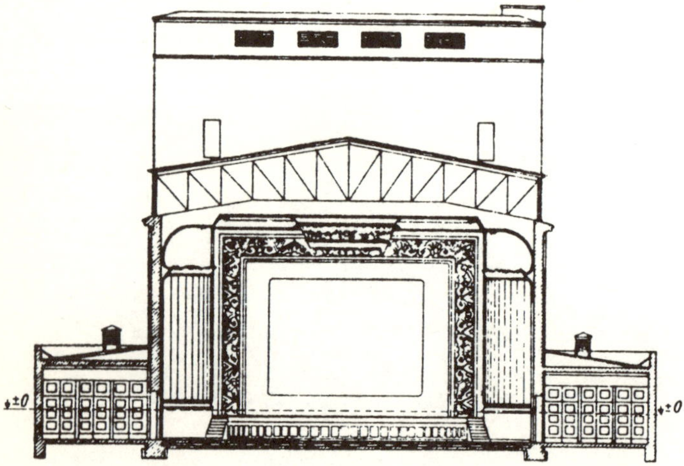

Germania-Palast, Bühne, Bühnenhaus, seitliche Ausgänge

„Als Künstler?“ fragte ich ungläubig.

„Als Künstler direkt nicht“, räumte Christ ein, „mehr als ‚Mädchen für alles‘ würde man heute sagen. Früher hieß das schlicht und einfach Hausdiener.“

„Wieviel Leute waren in dem Kino beschäftigt?“

„Das muß ich aufzählen: Also, ein Geschäftsführer, eine Sekretärin, zwei Kassiererinnen, ein Hausmeister-Ehepaar, das auch die Garderobe machte, drei männliche Kontrolleure, fünf Platzanweiserinnen, zwei Vorführer, ein Lehrling zum Umrollen und fünf Reinigungskräfte.“

„Und Sie noch dazu, Herr Christ, das macht dreiundzwanzig. Eine Menge Personal!“

„Der Germania-Palast hatte ja auch fast zweitausend Plätze!“

„Wem gehörte das Kino?“

„Es war in jüdischem Besitz. Felix Kohls war der Inhaber. Der betrieb in der Rigaer Straße Garagen und in der Holzmarktstraße einen Schrotthandel. Das Kino war in Stahlbauweise errichtet worden, und die ganze Montage hatte nur sechs Wochen gedauert.“

„Später gehörte der Germania-Palast zur Willi-Hein-Theaterkette ...“

„Das muß nach der sogenannten Arisierung durch die Nazis gewesen sein. Das war nach meiner Zeit.“

„Hatten Sie, Herr Christ, einen richtiggehenden Arbeitsvertrag, und wieviel haben Sie verdient?“

„Ich hatte keinen Einstellungsvertrag. Die Sache wurde per Handschlag geregelt. Was ich verdient hab? Viel wars nicht. Auf keinen Fall. Das weiß ich jetzt nicht mehr. Aber ich bekam noch am meisten, weil ich die einzige Volltagskraft war. Mein Dienst begann um acht Uhr und endete um 22 Uhr dreißig. Allerdings war von zwölf bis 16 Uhr Pause.“

„Was mußten Sie da alles machen – als Mädchen für alles?“

„Von früh an bohnerte ich das Parkett mit einer elektrischen Maschine. Dann mußte ich die Reklamefotos wechseln, hatte Wache an den Ausgängen, damit dort keiner reinschlüpfte. Ich mußte auch die Reklameflächen abwa-

schen und neu grundieren, und dann hatte ich die Artisten und Künstler einzuweisen ..."
„Wieso Künstler und Artisten?"
„Vor jedem Film gabs eine Bühnenschau. Varieténummern oder auch Kurzrevuen. Dazu spielte ein 13-Mann-Orchester, das auch die Stummfilme begleitete. Der Pianist war gleichzeitig Organist. Wir hatten ja die einzige Kinoorgel im ganzen Osten! In der Kapelle habe ich ab und zu als Schlagzeuger ausgeholfen."
„Können Sie sich an Künstler erinnern, die im Germania-Palast auftraten?"
„Ja. Natürlich. Da war zum Beispiel Martha Hübner, dann Lotte Werkmeister, Paul Westermeier, Krücke, Fredy Sieg, Otto Reutter, Willi Rose, Grethe Weiser ..."
„Und Sie haben da mitgemischt?"
„Mit Martha Hübner, einer damals bekannten Humoristin, bin ich dreimal in einem Sketch aufgetreten. Das ging ungefähr so: Martha Hübner kam in den Saal und reichte mir einen Zettel. Ich sagte: Damit komm' Se hier nich rin. Das is ja ein Fahrschein vonne Straßenbahn! Darauf die Hübner: Ach Herrje, dann hab ick ja vorhin inne ‚68' det Kinobillet als Umsteiger knipsen lassen. Man wird ooch imma verrückter. Darauf sagte ich gnädig: Na, wenn det so ist, werde ich mal den Umsteiger als Kinobillett abreißen. Aber wenn Se noch verrückter werden, denn fahrn Se nächstens die paar Haltestellen bis Herzberge gleich weiter!"
„Wurde das extra bezahlt, wenn Sie da mitwirkten?"
„Die Frau Hübner hat mir damals zwei Mark gegeben."
„Also sechs Mark im ganzen?"
„Nee. Für die ganzen drei Tage zwei Mark."
„Herr Christ, Sie haben 1931 im Germania-Palast aufgehört. Warum?"
„Ich hatte mitm Direktor 'n kleenet Techtelmechtel jehabt. Also 'ne Verstimmung."
„Sind Sie der Kinobranche treu geblieben?"
„Nee. Ich hab dann als Tischler gearbeitet und nebenbei son bißken jezaubert. Nachm Krieg jing det mitm Zaubern

erst richtig los. Es jibt kaum ein Kulturhaus, was ich nicht kenne. Ich trat unter dem Namen Fredoni auf. Bis 1975!"
„Was war'n Ihr bester Trick?"
„Eine leere Schiefertafel wurde in einen Umschlag gesteckt und zugeklebt. Jemand mußte eine Karte aus einem Spiel ziehen, eine Ecke davon abreißen. Die Karte wurde in einen Kasten gelegt, die abgerissene Ecke als Kontrolle behalten. Zum Schluß war die Karte auf der Schiefertafel, und mit der abgerissenen Ecke wurde bewiesen, daß es die Karte aus dem Kasten war."
„Herr Christ, ich weiß, daß Zauberkünstler ihre Tricks auf gar keinen Fall verraten und daß sie es auch gar nicht dürfen. Aber Sie gehören der schwarzen Kunst seit über zehn Jahren nicht mehr an. Verraten Sie mir den Trick?"
„Wissen Sie: Ich bin am 8. 9. 10 geboren. Ich bin schon zu alt. Das weiß ich nicht mehr."

Grüne Äpfel

Mitte der fünfziger Jahre. Gemüseladen im Weidenweg. (Jetzt befindet sich da ein „Klub der Werktätigen"!) Ein ganzes Schaufenster voller grüner Äpfel. Ich betrete den Laden. Die Gemüsefrau erscheint von hinten.
„Guten Tag!"
„Tach!"
„Sind die Äpfel im Schaufenster sauer?"
„Nee, Meesta, die sind zuckersüß!"
„Schade."
„Wieso: schade?"
„Ich esse so gern saure Äpfel."
„Achso. Naja. Oogenblick mal. Also – wenn ick janz ehrlich sein soll: Zuckersüß is vielleicht 'n bißchen übertrieben. Sagen wir mal: süßlich – säuerlich? Oder einfach nur säuerlich? Jut. Gradeheraus! Die Äppel sind so sauer, wenn Se da rinbeißen, da ziehn sich Ihnen die Bollen inne Strümpe zusammen!"

Wind von zwei Seiten

> Den Wind auf der Warschauer Brücke,
> den brauch ich,
> und deine Liebe auch!
>
> Paul Wiens

Wie viele andere Brücken in Berlin ist auch die Warschauer Brücke kurz vor Kriegsende aus „strategischen Gründen" gesprengt worden. Das Sprengkommando hatte gute und ganze Arbeit beim Zerstören geleistet. Die Brücke sah aus wie ein halbwegs aufgeklapptes Leporello. Durch diese Sprengung wurde die Rote Armee auch nicht eine Sekunde aufgehalten. Nur wenn sie mit der S-Bahn gekommen wäre, hätte es auf der Station Warschauer Straße einen längeren Aufenthalt gegeben.

Unter der Zerstörung der Brücke hatten vor allem die Arbeiterinnen und Arbeiter von Osram zu leiden, die auf dem Weg zu ihrer Fabrik abenteuerliche Kletterpartien unternehmen mußten. Hölzerne Stege erleichterten die Kraxelei später ein wenig.

Genaugenommen war bei Kriegsende nur die halbe Warschauer Brücke gesprengt worden. In den dreißiger Jahren hatte man die Hälfte der alten Brücke abgetragen und auf der westlichen Seite Gehweg, Fahrbahn und Straßenbahnspur neu gebaut. Über die Gestaltung der östlichen Seite gab es ohnehin keine genauen Vorstellungen, weil eine geplante Verlängerung der Hochbahnstrecke von der Station Warschauer Brücke bis zur Frankfurter Allee Schwierigkeiten bereitete. Die Hochbahn hätte quasi auf Straßenhöhe die Brücke überqueren müssen und dann erst in den Tunnel hinabfahren können. Wie aber sollten die Fahrgäste von der Brücke aus den S-Bahnhof erreichen?

Das Problem löste sich von selbst. Es wurde keine Hochbahnverlängerung vorgenommen, die alte, östliche Brükkenhälfte wurde demontiert, und der S-Bahnhof erhielt einen überdimensionalen Vorplatz. Die Straßenbahn fuhr nun an der Seite der Brücke, von einem behelfsmäßigen

Warschauer Straße Ecke Mühlenstraße, Blick auf die alte Warschauer Brücke

Fußgängerweg einerseits und von der Doppelfahrbahn und einem breiteren Bürgersteig andererseits flankiert.
In diesem Zustand wurde die Brücke 1945 gesprengt, und in diesen Zustand wurde sie 1948 wieder versetzt. Eine erneute Rekonstruktion Anfang der siebziger Jahre brachte zwei Fahrbahnen hervor, die Straßenbahn erhielt ein Gleisbett auf der Straßenmitte. Ein Jahr später fuhr die letzte Elektrische über die Brücke. Endstation ist seither an der Revaler Straße.
Der Omnibus Nummer 34 ist heute das einzige öffentliche Verkehrsmittel auf der Brücke. Er kommt von Stralau. Die Arbeiterinnen und Arbeiter des Berliner Glühlampenwerkes NARVA überqueren das Bauwerk bei Wind und Wetter zu Fuß. Sie können ein Lied davon singen. Allerdings kein so schönes wie Paul Wiens, der Poet.

Erhebungen über Erhebungen

Die steilste Straße im Berliner Osten ist die Liebigstraße, ursprünglich an der Frankfurter Allee beginnend, heute durch kreuz und quer aufgestellte Neubauten von Süden her kaum mehr auffindbar.
Wir Kinder nannten die Liebigstraße immer Liebigberg. Aber wir wußten gar nicht, daß es sich bei der Liebigstraße tatsächlich um einen echten Berg handelte, genauer gesagt, um den Anfang eines Höhenzuges, des Barnims!
Ein altes Lexikon von 1894 klärt uns auf: „Barnim, alter Name einer Landschaft in der brandenburgischen Mittelmark des Königreichs Preußen, in Urkunden Terra Barnem genannt, zerfiel einst in den Olden Barnem und den Nyen Barnem. Ersterer umfaßt die Gegend von Liebenwalde und Zehdenick, ostwärts von Parstein bis Oderberg. Der Neue Barnim umfaßt das Land nördlich der Spree bis zur Finow."
„Nördlich der Spree" ist ungenau. Der Barnim fängt in seinem südwestlichen Teil an der Friedenstraße an und in sei-

nem südlichen an der Frankfurter Allee. Das ist auch für Nicht-Geografen deutlich erkennbar. Vom Landsberger Platz an geht es kräftig in die (Friedrichs-) Höhe, die Allee auf dem Georgen-Kirchhof deutet es an.
Die Richthofenstraße, die Zorndorfer, die Tilsiter Straße, die Petersburger Straße sowieso, und dann alle nördlich ab-

Höhenlage der Zorndorfer Straße

Ecke Weidenweg	36,11 m
Ecke Insterburger Straße	37,83 m
Ecke Löwestraße	39,76 m
Ecke Tilsiter Straße	42,00 m
Ecke Eckertstraße	45,46 m
Ecke Am Petersburger Platz	46,48 m
Ecke Petersburger Straße	47,82 m
Ecke Thaerstraße	48,39 m

zweigenden Nebenstraßen der Frankfurter Allee, bis hinauf zur Siegfriedstraße in Lichtenberg, liegen auf den Ausläufern des Barnims.
An diese Hochlandschaft erinnern im Bezirk Friedrichshain die Barnim- und die Niederbarnimstraße recht oberflächlich. Wie schön wäre es, wenn es zum Beispiel eine Semmelbergstraße gäbe. Der Semmelberg bei Bad Freienwalde ist oder war die höchste Erhebung des ganzen Barnims. 158 Meter über dem Meeresspiegel! Auch andere stolze Erhebungen seien hier aufgeführt: die Kavelberge (89 Meter), der Gehrenberg (92 Meter), der Tobbenberg (genau 100 Meter), Wachtelberge und Dannenberg (121 Meter), die Fuchsberge (122 Meter), die Schwarzen Berge (123 Meter), der Krugberg (130 Meter) und die Langen Berge mit 151 Metern.
In Friedrichshain erreicht der Barnim seinen höchsten Punkt mit 52,56 Metern über Normalnull an der Ebeling-,

Ecke Ebertystraße. Sind wir Nord-Friedrichshainer ein Bergvolk??
Manch einer bemerkt die Höhenunterschiede überhaupt nicht. Vielleicht weil er mit der Straßenbahn oder mit dem Auto fährt.
Wenn jemand sein Lebtag lang, also sagen wir mal vierzig Jahre lang, zum Beispiel vom Petersburger Platz zur U-Bahn gelaufen ist und abends zurück, und das nur fünfmal die Woche, weil sich das besser rechnet, dann hat er einen Höhenunterschied von sage und schreibe 124800 Metern bewältigt! Das heißt: Er ist mindestens vierzehnmal den Mount Everest im Himalaya rauf- und runtergeklettert.
So leicht ist es, eine Verbindung zwischen dem Barnim, unserem Barnim, und den höchsten Erhebungen der Welt herzustellen.

Zeugen der Vergangenheit (II)

Unten stand Turnlehrer Schäfer, eine drahtige Type mit energischem Kinn, blond, nordisch, und oben hingen die „lahmen Säcke“. Eigenartigerweise machte es ihnen nichts aus, hinaufzuklettern. Oder sagen wir lieber, es bereitete ihnen nicht allzu großen Verdruß. Aber wieder herunterzukommen, das war schwieriger. Die Kletterstangen waren aus Stahl, und wenn man sich einfach runterrutschen ließ, konnte man sich die Hände ganz gewaltig verbrennen. Man mußte abhangeln, dann ging's.
Manche Schüler begriffen das nicht, waren selbst dazu zu blöd. Sie schrien nach Vater und Mutter, und Tränen spritzten aus acht Metern Höhe auf den graugrünen Linoleumbelag der Turnhalle. Schäfer feixte und schickte Spott und Hohn in die Höhe. Die unten standen, johlten laut. Soweit ging Kameradschaft nicht.
Fast fünfzig Jahre später sind die alten Stangen noch vorhanden. Sie haben alles überdauert. Die Turnhalle hat sich

fast nicht verändert. Andere Turngeräte sind natürlich hinzugekommen. Der Fußboden ist erneuert. Aber die Sprossenwand an der Fensterseite existiert noch, man hat ein paar Hölzer ausgewechselt. Geblieben ist der typische Turnhallengeruch – Schülerschweiß und Bohnerwachs.
Ich gehörte nicht zu den völlig unsportlichen Figuren – ich war ja Fußballer –, aber vor dem Bockspringen drückte ich mich mit Geschick, wenn es irgend ging. Ich fürchtete, mir durch falsches Abspringen edle Teile zu verletzen.
Schäfer ließ sich mitunter täuschen.
Wenn das Wetter schön war, wurde auf dem Schulhof Völkerball gespielt. Das war für unsere Begriffe unmännlich.
Als der kernige Schäfer längst eingezogen worden war, leitete Deutschlehrer Kroppi den Turnunterricht. Das heißt, der alte Herr stand so herum und ließ dem Völkerballspiel seinen freien Lauf. Der Ball landete unversehens an seinem Kopf, und der Werfer wurde in aller Öffentlichkeit vermöbelt. Der Lehrer hatte sein persönliches Lieblingssportgerät, den „gelben Onkel", stets bei sich. Mit dem Verprügeln des geschickten oder ungeschickten Werfers endete gewöhnlich das Völkerballspiel.
Die Räume der alten Schule sind zum Teil zweckentfremdet. Man stellte sie Bastlergruppen zur Verfügung, Pionierversammlungen finden darin statt, auch Junge Naturforscher oder Junge Historiker haben in den ehemaligen Klassenzimmern Unterkunft gefunden.
Die heutige Hans-Otto-Schule in der Eckertstraße 16 hat nicht genügend Schüler. Aber dem Staat wird schon noch etwas einfallen, wie er die Klassenräume peu à peu wieder füllen kann.

Das Treppenhäuschen am Warschauer Platz, beim Bau der Hochbahn 1902 entstanden und „Mäuseturm" genannt, existiert als ein Vergangenheitszeuge in voller Pracht, gehört neuerdings zum Werksgelände von NARVA.

Dort, wo die Kaufhalle „Concordia" steht, befand sich vor

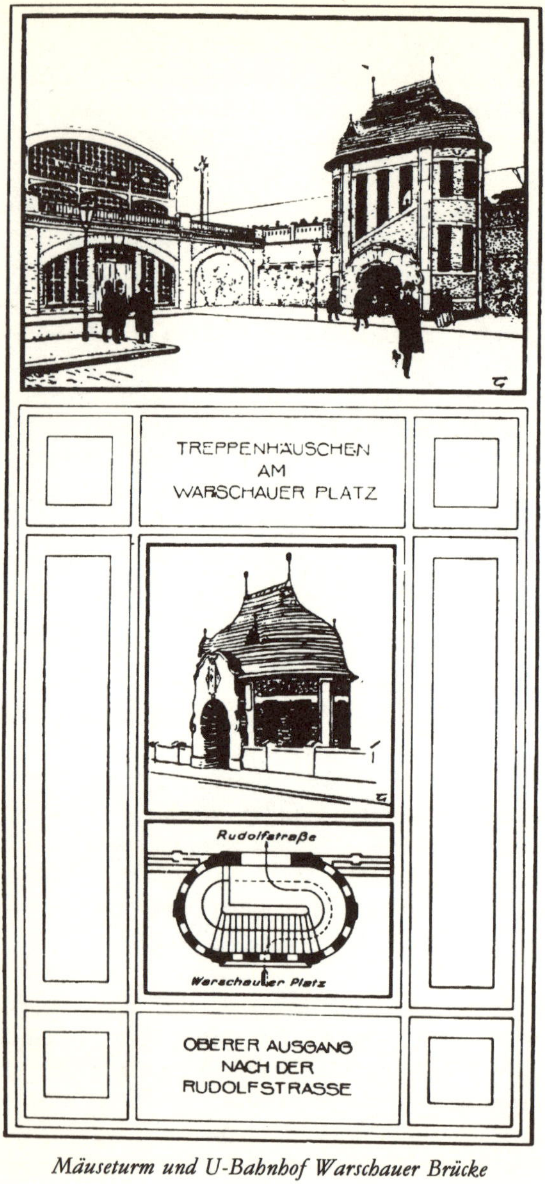

Mäuseturm und U-Bahnhof Warschauer Brücke

dem Krieg der Andreasplatz. Die Anlage hieß im Volksmund „Lausepark“ und wurde von einer langen Marmorbank geschmückt, an deren jeweiligen Enden Skulpturengruppen aufragten. Die Gruppe „Handwerker und Sohn“ von Haverkamp ist auf die andere Seite der Andreasstraße umgezogen, die Gruppe „Mutter und Kind“ von Gormanski steht im Friedrichshain an der Krankenhausmauer. Die Marmorbank ist verschollen.
Der Name der Kaufhalle deutet auf die ehemaligen Concordia-Festsäle in der Andreasstraße 64 hin, kurz vor der Langen Straße. Die Säle befanden sich auf dem zweiten Hof und besaßen einen Durchgang zur Krautstraße. Die Einfahrt Krautstraße hatte einen besonders hohen Torweg, der heute noch am Haus Nummer 38 zu erkennen ist. In den Festsälen hat August Bebel einst gesprochen. Von den zwanziger Jahren an etablierte sich dort ein großes Kino – der Concordia-Palast. Im Durchgang zum zweiten Hof weisen einige Stuckelemente noch auf die pompöse Ausstattung der Säle hin.
Hinter dem Stadtkontor in der Frankfurter Allee 21a erhebt sich ein Gebäude aus roten Backsteinen mit Feuertreppe. Das ist der Restposten der 1925 abgebrannten Germania-Brauerei. Schräg links davor stand der Germania-Palast.

*

Die nächste Ecke ist die Proskauer Straße. Sie steigt – barnimgemäß – bis zum S-Bahnhof Storkower Straße über zwölf Meter an. Oben rechts, kurz vor der Dolziger Straße, befindet sich seit 1975 das TiK, das Theater im Kino. Früher hieß das einmal Park-Kino und Börsen-Lichtspiele. Es ist eines der vielen „schmalen Handtücher“ im Berliner Osten, das nicht ganz zweckentfremdet wurde. Nun trägt es offiziell den Namen: Arbeitertheater Maxim Gorki.
Überhaupt nicht zweckentfremdet ist das Kino „Intimes“ in der Niederbarnimstraße, südlich der Frankfurter Allee. 1909 als Stummfilm-Spielstätte gegründet und mit 170 Sitzgelegenheiten ausgerüstet, ist es heute noch als Filmtheater

intakt, und seine nur noch 89 Plätze sind mal gut und auch mal minder gut besetzt.

*

Am westlichen Ende der Hildegard-Jadamowitz-Straße befindet sich an der Ecke Marchlewskistraße noch die Wagenhalle der alten Feuerwache „Memel“, und am östlichen Ende stehen mit den Nummern 21, 22, 23 und 25 einige Gebäude, die früher zur Boxhagener Straße gehörten. Sie zweigte sich einst als Feldweg von der Frankfurter Chaussee ab, wurde leider in den 70er Jahren an der Warschauer Straße überbaut und somit kupiert.

*

Unmittelbar an der Warschauer Brücke ist ein imposantes Eckgebäude erhalten geblieben. „Mich ausgiebig in der Gegend der Warschauer Brücke aufgehalten; dort, in der Memeler Straße (heute Marchlewskistraße – J. St.), war 1911 der Ausgangspunkt meiner Entdeckung Berlins. Das hochstökkige Mietshaus, worin ich ein dürftig möbliertes Zimmer bewohnte, ragte wie ein dreikantiger Fels in die Großstadtbrandung vor, im ersten Stock befand sich das ‚Café Komet‘, dessen Musikkapelle immer mein zauberhaftes Schlaflied wurde, sofern ich, was selten vorkam, zu Hause nächtigte.“ Der das in seinem Tagebuch vermerkte, war Johannes Robert Becher, Dichter und später Minister für Kultur.

Schon in dieser Funktion besuchte er diese Gegend 1950 noch einmal und bemerkte: „Und das hochstöckige graue Mietshaus an der Warschauer Brücke hat die Zeiten, so stämmig und trotzig war es, überstanden, ein ‚Café Komet‘ befindet sich auch heute noch in ihm, ergänzt durch ein ‚Hotel Komet‘. Aber es macht einen verwahrlosten, feuchten, bösartigen Eindruck – wie aus Zufall nicht in Staub und Asche versunken.“

Hotel und Café sind längst gewichen. Aber in der zweiten Etage des Hauses Warschauer Straße 33 prangt an der Wand einer Loggia noch immer eine alten Leuchtreklame in der Form eines Kometen …

*

Das graue, unansehnliche Gebäude von Spratts Hundekuchenfabrik in der Hauptstraße 14/15, am Ende der Köpenikker Chaussee, hat überdauert. Heute heißt der Betrieb – schlicht und einfach – „VEB Kombinat Getreidewirtschaft, Abteilung 4, Spezialfutterherstellung.“

*

Die vierundzwanzig Bäume des nicht mehr vorhandenen Nikolaus-Bürgerhospitals kennen wir schon aus dem Bericht von der „fliegenden Sporthalle“. Die Baumgruppe am Bahnhof Storkower Straße, jenseits des früheren Viehhofsgeländes, zwischen den Hochhäusern schmückte einst den Appellplatz der Laubenkolonie „Neu-Kalifornien“ an derselben Stelle.

*

Da wir soeben den Stadtbezirk Friedrichshain auf Steinwurfweite verlassen haben, sollte uns noch ein weiterer Ausflug gestattet sein. Einen Zeugen meiner Vergangenheit möchte ich doch noch kurz ans Licht zerren. Dazu setzen wir uns in die S-Bahn und fahren bis Berlin-Schöneweide. Wir verlassen den Bahnhof in Fahrtrichtung, biegen rechts in den Sterndamm ein und überqueren die Straße an der Ampelkreuzung. Auf der anderen Seite beginnt der Groß-Berliner Damm. Wir bleiben auf der linken Seite und verweilen vor dem Grundstück mit den Nummern 35-37. Es ist das Standesamt des Stadtbezirks Treptow. Eine Villa steht auf dem Grundstück, und an der Nieberstraße ein Garagenhäuschen.
Als ich vierzehn und fünfzehn Jahre alt war, hatte ich hier öfter zu tun. Der Besitzer des Grundstücks sagte einmal zu mir: „Stave, wenn Se in den Gachten gehn, passen Se uff, daß Se die Bööme nich zertreten!“ Sie erinnern sich? Es war mein Chef, Felix Köhring. Er hat uns seine Villa hin-

terlassen. Sie erfreut sich regen Besucherandrangs! Eine mir gut bekannte Dame und Kollegin hat hier schon dreimal den Bund fürs Leben geschlossen, drei mir gut bekannte Herren und Kollegen sagten in der früheren Köhringvilla je einmal „Ja“.

Das Treptower Standesamt ist 1986 renoviert worden. Die Standesbeamtin führt mich durch die Räume. Sie ist etwas enttäuscht, weil sie bisher annahm, die Villa habe einem berühmten Filmschauspieler gehört. „Wenn Sie einmal unsere Dienste in Anspruch nehmen wollen, Herr Stave, stehen wir Ihnen gerne zur Verfügung“, sagt sie schelmisch. Ich hebe abwehrend die Hände. In dieser Hinsicht habe ich das statistische Soll schon übererfüllt.

Kleinvieh macht auch Mist: die Köhring-Villa in Johannisthal

Das Schwert des Damokles

Als Vater und Mutter im Herbst 1928 in die Zorndorfer Straße 37 einzogen und glücklich waren, endlich eine eigene Wohnung, nämlich Stube und Küche, zu besitzen, hatte Frau Döring aus dem dritten Stock zu ihrer vierundzwanzigjährigen Tochter Else gesagt: „Ich glaube, die nette junge Frau von oben bekommt ein Baby."

Am 16. Februar 1985 findet hinten vier Treppen eine Geburtstagsfeier statt. Mutter wird sechsundachtzig Jahre alt. Die halbe Nachbarschaft hat sich eingefunden. Alle Schwiegertöchter sind da. Enkel und Sohn natürlich auch, sogar ein Neffe aus Düsseldorf. Und Else ist da.

Mutter und Else sind die beiden letzten von den alten Mietern des Hinterhauses. Fast sechzig Jahre wohnen sie hier. Else Döring ist einundachtzig. Sie war Beamtin und Angestellte und hat mit ihrer Mutter zusammengelebt. Vielleicht ist sie deshalb nie aus dem Quergebäude herausgekommen? „Ich wollte so gerne mal vorne raus wohnen. Mit Balkon", setzt sie schwärmerisch hinzu.

Es gibt Kaffee und Kuchen, Schnaps, Bier und Wein. Einen zusätzlichen Tisch hat der Nachbar gepumpt, Stühle werden mitgebracht. Man sitzt, wo man gerade Platz findet. So wurde schon vor einem halben Jahrhundert in diesem Haus gefeiert.

Jetzt schwebt das Schwert des Damokles über dem alten Kasten. Das Schwert hat einen Namen: REKONSTRUKTION. Überall werden Mieterversammlungen abgehalten. Die Frage ist: Wann muß man aus dem Haus heraus, um Baufreiheit zu schaffen?

Mutter sagt: „Ich ziehe in keine andere Wohnung!" Sie sagt es mit Bestimmtheit. Alle wissen, daß sie über kurz oder lang doch hinaus muß. Keiner spricht es aus. Man will Mutter heute schonen. Auf der anderen Seite der Straße sind die Wohnungen bereits geräumt. Die Bewohner hat es in alle Winde zerstreut. Leute, die sich ein Leben lang kannten, werden einander nicht mehr zu Gesicht bekommen.

Nachbar Klaus, bei der Straßenbahn beschäftigt, hat sich umgesehen. „Die Wohnungen werden ganz schön", sagt er. „Alle mit Dusche oder Bad. Vielleicht kommt man sogar ins Vorderhaus . . ."

„Wir haben nie Dusche oder Bad gehabt", erklärt Mutter. „Aber wir war'n immer sauber. Regelmäßig abgeseift, und einmal im Monat in der Waschküche gebadet, wenn ich ‚große Wäsche' hatte. Wir sind auch nie krank gewesen!"

Der letzte Satz stimmt nur im Prinzip. Die Erinnerung verklärt manches.

Mutter hat mit dem Leben abgeschlossen. Sie läßt ihr Fest an sich vorübergleiten. Als sie siebzig wurde, hat sie zum ersten Mal verkündet: „Das ist sowieso mein letzter Geburtstag!"

Damals irrte sie sich.

Mit vierundachtzig läuft sie noch wie eine Biene die vier Treppen rauf und runter. „Zum Müllkasten, und kucken, ob einer geschrieben hat." Das gibt sich. Sie wird langsamer. Ein merkwürdiges Zittern überfällt sie. Sie fängt an, Trippelschritte zu machen. Man nennt das wohl Parkinsonsche Krankheit; aber daran geht Mutter nicht zugrunde.

Immer noch reden alle von der Rekonstruktion. Wird man weg müssen aus dem Kietz? Ach was, Prost denn!

„Das ist sowieso mein letzter Geburtstag", verkündet Mutter an diesem Sechsundachtzigsten. Und diesmal behält sie recht. Acht Wochen nach dem Ehrentag stürzt sie in der Küche, erleidet einen Oberschenkelbruch, wird noch operiert, stirbt an einer Lungenentzündung. Sie schläft ganz friedlich ein. Auf ihrem Gesicht steht geschrieben: „Seht ihr. Ich bin in keine andere Wohnung mehr gezogen!"

Die Mieter erhalten Wohnungsbesichtigungsscheine. Einige haben mehr Glück, andere weniger. Eine Familie landet gar im „Haus Berlin" am Strausberger Platz! Manche nehmen die erstbeste Wohnung, die man ihnen anbietet, andere sind wählerischer.

Straßenbahner Klaus zieht mit Frau und Hund drei Häuser weiter in eine Zweizimmerwohnung mit Bad und zwei

Korridoren. Wieder ins Quergebäude. Er hat wohl die Chance verpaßt, ins Vorderhaus aufzurücken. „Hinten ist es auf jeden Fall ruhiger", trösten sich die Eheleute. Dem Pudel ist es sowieso egal.
Mutters Freundin Else hat es geschafft. Sie wohnt jetzt in der Matternstraße, eine Querstraße weiter. „Vorne zwei Treppen", sagt sie. „Zwei Zimmer mit Küche und Dusche. Und mit Balkon", setzt sie noch schwärmerisch hinzu.
In der alten Zorndorfer Straße 37 sprechen die Preßluftbohrer und Vorschlaghämmer. Alte Wände werden herausgebrochen, neue an anderer Stelle gezogen. Baufällige Balkons und morsche Dielen werden entfernt und ersetzt. Von den vier Korridortüren auf dem Podest verschwinden zwei. Die Klotüren eine halbe Treppe tiefer sind zugemauert.
Handwerker des VEB Baureparaturen Friedrichshain beenden in der Mühsamstraße im Jahre 1986 die Ära von Stube und Küche.

Verzeichnis der Straßen, die ihre Namen geändert beziehungsweise verloren haben oder nicht mehr existieren (erneute Umbenennungen nach 1989 sind berücksichtigt).

Am Ostbahnhof – Am Wriezener Bahnhof
Andreasplatz – existiert nicht mehr; heute Kaufhalle und Gehweg
Arnswalder Platz – ist namenlos geworden
Bardelebenstraße – existiert nicht mehr
Belle-Alliance-Straße – Mehringdamm
Berliner Straße – Konrad-Wolf-Straße
Breslauer Straße – Am Ostbahnhof – Am Hauptbahnhof
Danziger Straße – Dimitroffstraße
Elbinger Straße – Dimitroffstraße
Fruchtstraße – Straße der Pariser Kommune
Große Frankfurter Straße – Karl-Marx-Allee
Hohenlohebrücke – Modersohnbrücke
Kaiserallee – Bundesallee
Königsberger Straße – Fredersdorfer Straße
Küstriner Platz – Franz-Mehring-Platz
Landsberger Allee – Leninallee – Landsberger Allee
Langenbeckstraße – existiert nicht mehr; durch das SEZ bebaut
Madaistraße – Erich-Steinfurth-Straße
Memeler Straße – Marchlewskistraße
Mirbachstraße – Bänschstraße
Mögliner Straße – existiert nicht mehr; früher zwischen Weidenweg und heutiger Karl-Marx-Allee
Münchberger Straße – existiert nicht mehr; früher zwischen dem heutigen Kaufhof und der Kita Koppenstraße gelegen
Neanderstraße – Heinrich-Heine-Straße
Neue Königstraße – Hans-Beimler-Straße
Petersburger Platz – Kotikowplatz – Petersburger Platz
Petersburger Straße – Bersarinstraße – Petersburger Straße
Saarlandstraße – Stresemannstraße
Stalinallee – Karl-Marx-Allee und Frankfurter Allee

Thorner Straße - Conrad-Blenkle-Straße
Tilsiter Straße - Richard-Sorge-Straße
U-Bahnhof Osthafen - existiert nicht mehr
Wagnitzstraße - Utrechter Straße
Weißenseer Weg - Ho-Chi-Minh-Straße - Weißenseer Weg

Die kürzeste Straße Berlins: Mögliner Straße

Die Mögliner Straße befand sich gegenüber der Einmündung der Königsberger Straße in die Frankfurter Allee. Sie war die kürzeste Straße Berlins und hatte nur drei Hausnummern. Die Müncheberger Straße reichte von der Fruchtstraße (Höhe Friedrichsfelder Straße) bis zur Koppenstraße. Die Straße am Wriezener Bahnhof hat mit dem Wriezener Bahnhof nichts zu tun. Dieser besteht heute noch als Poststation in der Straße der Pariser Kommune unmittelbar neben den Stadtbahngleisen.
Bundesallee, Mehringdamm, Stresemannstraße und Utrechter Straße befinden sich in Berlin (West).
Der Arnswalder Platz im Stadtbezirk Prenzlauer Berg verlor bei einer Umtaufaktion 1974 seinen Namen und erhielt versehentlich keinen neuen. Die Bardelebenstraße verband die heutige Artur-Becker-Straße mit der Werneuchener. Die Langenbeckstraße befand sich auf dem Gelände des Sport- und Erholungszentrums an der Leninallee. Der U-Bahnhof Osthafen lag an der Stralauer Allee.

Vorläufiger Epilog auf die Mühsamstraße 67

Das penetrante Blau im Hausdurchgang ist mir vertraut. Auch die verbeulten Metallbriefkästen hängen an den alten Stellen. Links unten, der vorvorletzte von hinten, das war der von Schwiegermutter. Sie hatte ihn damals getauscht. Den ihr zugeteilten Kasten in der oberen Reihe hätte sie selbst im Schlußsprung nicht erreichen können. Ganz abgesehen davon, daß betagte Leute selten zur sportlichen Ertüchtigung neigen. „Ick werde immer krummer", sagte die gebückte Frau, „die wern Mühe ham, den Sarchdeckel zuzukriejen." Ach, Mulsko! „Nachgucken, ob wer geschrieben hat", das war in den letzten Lebensjahren ihr einziges Motiv, die Wohnung im vierten Stock, Quergebäude, mal kurz zu verlassen. Ein Blick in den meist leeren Briefkasten. Dann stellte sie sich noch ein paar Minuten vor die Haustür, schaute die Straße links und rechts hinunter. Manchmal zirkelten wir dann gerade unser Auto in eine Parklücke, brachten Äpfel, Birnen oder Pflaumen in einer Wanne aus dem Garten. Mutter sagte dann immer: „Gerade eben dacht' ick ..." und brach ab. Was sie dachte, erfuhr man selten. Später verteilte sie das Obst an die alten Damen im Haus.

Heute quillt bunte Werbung aus den Kästen. Ein paar Zettelchen liegen auch auf dem Boden der Hausdurchfahrt herum. Ob Mutter an solcherart Post Gefallen gefunden hätte? Wahrscheinlich. Sie sah sich ja im Fernsehen gern Werbung an und war schon lange vor der Wende von den braunen Bohnen der Krönung total überzeugt. Weniger Freude hätte ihr vermutlich heute dieser Wust an ökopapierenen Behördenschreiben bereitet, die von jedermann möglichst lückenlose Nachweise verlangen über Anwartschaften, Versicherungszeiten, Krankheiten im zweiten Quartal des Jahres 1931, Nach-, Vor- und Zwischenzahlungen undsoweiter undsoweiter. Die „Berliner", die aus einem Briefkastenschlitz lugt, trägt das Datum eines Tages im Juni 1994.

Ich komme mir ein bißchen wie Falschgeld vor im Treppenhaus des Quergebäudes. An den Wohnungstüren teilen Aufkleber etwas über die Bewohner mit. Parterre rechts: „Eine starke Truppe!" Die Truppe steht unüberhörbar auf eine Art Disko Rock. Parterre links. „Berlin ist Freiheit!" Naja.

Ich bin kein Vertreter. Aber ich weiß, daß mich nach Klingeln und Türöffnen dieser tödliche Blick treffen wird, mit dem auch ich Fremde vor meiner Wohnung durchbohre. Ich werde mich also beeilen zu sagen: „Keine Angst, ich will Ihnen nichts aufschwatzen – keine Versicherung, keinen Teppich, keine Zeitschrift mit bunten Bildchen aus europäischen Königshäusern. Es geht um ein richtiges Buch ..." Nee, das ist schon schlecht. Die denken vielleicht, ich will Lexika verhökern. Schließlich sind alle aufgeklärt und vorgewarnt. Also wie? „Ihr Haus kommt in einem Buch vor, und Sie sollen es auch!"

Im zweiten Stock links klingt durch die Tür ein mahnendes Mutterwort in Richtung Vorschulkind. „Eierkuchen sind gesund und schmecken gut! Iß jetzt!" Der Duft von Bratfett und Vanillezucker dringt aus allen Ritzen. So war das auch schon früher. Wenn Mutter im vierten Stock Kartoffelpuffer briet, rochen es alle im Haus: „Aha. Natürlich es ist Freitag. Der Jonny kommt, es gibt sein Leibgericht."

Ich stehe vor der rechten Tür. In dieser Etage wohnte bis zur Hausrekonstruktion 1986 Else Döring. Elschen. Mutters beste, letzte und einzige Freundin in den achtziger Jahren. Elschens Wohnungstür ist verschwunden. Ihre Stube und Küche sind der ganz rechten Wohnung zugeschlagen. Aus der zweiten Küche wurde beim Umbau ein Bad. So lief das im ganzen Hinterhaus. Aus drei Ein- und einer Zweizimmerwohnung wurden zwei Zwei- und eine Einzimmerwohnung. So einfach.

Nach Mutters Tod 1985 waren wir öfter mal bei Else. Zuerst noch in der Mühsamstraße, aber auch in der Matternstraße, gleich um die Ecke, wo sie dann in zwei Stuben, Küche und Duschbad (!) wohnte. Was heißt wohnte? Residierte. Zum erstenmal in einem Vorderhaus, in der zweiten Wohnung ihres Lebens. Wir brachten Kuchen mit. Und wir redeten davon, was wohl Mutter zu einer solchen Wohnung gesagt hätte, in der man vom Wohnzimmer direkt und türlos in die Küche gelangte. Und was sich die da oben wohl dabei gedacht hätten …

Um Weihnachten 1992 ist Elschen schon nicht mehr so gut auf den Beinen. Sie stirbt drei Monate später am 3. März. Neunundachtzigjährig.

Am 15. März 1993, 10.45 Uhr, frage ich meinen Mann: „Jonny, ist heute der 15.?" Der guckt auf seine Uhr und sagt: „Ja, der 15. Wieso?" Ich werde blaß. „Dann wird Elschen in einer Viertelstunde beerdigt!" – „Um Himmelswillen! Wo ist mein schwarzer Schlips? Ach, Quatsch, ich nehm den Pullover. Die schwarzen Schuhe sind nicht geputzt! Ich bin nicht rasiert!" Auf dem Tisch steht noch ein prachtvoller Blumenstrauß von der Theaterpremiere am Vortag. Das Stadttheater Cöpenick spielte Glaßbrenner und Kalisch in einer Bearbeitung von John Stave. Anschließend Premierenfeier. Ohne Blumen werden wir also nicht in der Trauergemeinde erscheinen. Der Wartburg springt tatsächlich an.

Fünf Minuten nach elf sind wir auf dem Petri-Friedhof an der Friedenstraße im Friedrichshain. – Keine Seele. Die Tür zur kleinen Kapelle ist verschlossen. Wir sind ratlos. Die Sonne brennt mit einer für den März ungewöhnlichen Intensität. Der schwarze Rollkragen ist Jonny eng geworden. „Aber es war doch um elf? Vielleicht nebenan auf dem Sankt Georgen?" Wir hasten hinüber über Stock und Grabstein. Aber auch in der dortigen Trauerhalle findet nichts statt. Ein Friedhofsarbeiter sagt: „Am Montag is hier nie wat los! Sarch dienstags, Urne donnerstags." Die Dame im Verwaltungsbüro blättert im dicken Buch: „Warten Sie mal, ja, der 15. ist es schon. Aber nicht März, sondern April. Donnerstag, der 15. April, elf Uhr, Petri-Friedhof." Sie guckt leicht pikiert, als wir in helles Gelächter ausbrechen. Sie kann ja nicht ahnen, daß Elschen da oben lauthals mitgelacht hat. Das haben nur wir gehört. Und auch das Kichern von Mutter, die ebenfalls an der Friedenstraße begraben liegt, und dort schon auf Elschen gewartet hat, wie all die letzten Jahre in der Mühsamstraße zum gemeinsamen Fernsehen …

Ich gebe mir einen Ruck und klingle. Die weißhaarige Frau G. ist augenscheinlich über 75 und die älteste Mieterin im Haus. Später werden mir andere Mieter sagen: „Die ist sehr freundlich." Jetzt aber öffnet Frau G. die Tür nur einen winzigen Spalt weit. „Ich sage nichts. Ich bin krank." Sie zieht die Tür zu, verharrt ein bißchen. Ich sage: „Frau G., hören Sie, Sie sollen nichts kaufen. Es geht um ein Buch, in dem dieses Haus hier vorkommt." Sie guckt mich zweifelnd an. „Ich will nichts", sagt sie. Noch mal. „Ich möchte doch nur ein paar Worte mit Ihnen reden." Wer will in den heutigen Zeiten schon bloß einfach so ein paar Worte mit einem anderen reden? Die muß mich ja für verdächtig halten! „Ich bin krank", wiederholt sie stereotyp. Ich geb's auf. Frau G., so erfahre ich später, ist im Zuge der Rekonstruktion „umgesetzt" worden. Aus der Jessener Straße, wo ihre Wohnung unter den Bauhammer kam. Sie war im Monat Null der Neubesiedelung der Mühsamstraße 67 eine der ersten Neumieterinnen. Sie ist die einzige, die die alte soziale Struktur aufrechthält, denn zu Schwiegermutters Zeiten wohnten hauptsächlich ältere Damen in den kleinen Wohnungen. Auf der Treppe soll Frau G. angeblich ganz gern ein Schwätzchen machen. Muß ich sie aus der Wohnung ins Treppenhaus ziehen? Ich stecke ihr die Kopien der Buchseiten, die das Quergebäude betreffen, in den Briefkasten. „Bitte, rufen Sie mich an, wenn Sie trotz Ihrer Krankheit Interesse an einer Unterhaltung haben." Ich komme mir irgendwie blöd vor. Frau G. ruft nicht an. Schade. Auch für sie. Mit Elschen wäre so was nicht passiert. Die brauchte Gesellschaft und gestand sie auch jedem zu, selbst dem Wellensittich in Pflege. Dem stellte sie den Fernseher an, bevor sie zu Mutter und 'nem Schnäpperken raufstieg in den Vierten. „So'n Tier braucht auch Unterhaltung!"

Den Wellensittich gibt es noch. Er ist zehn Jahre alt, heißt Hansi, hockt in einem blitzenden Nachwendebauer im Wohnzimmer von Scholls und fragt unentwegt krächzend: „Wo bist du?" Offen bleibt, wen er meint. Klaus und Margrit waren fast die letzten, die 1985 aus der Mühsam 67 auszogen. Schweren Herzens. Das sagen sie heute noch. Sie wohnten neben Mutter, im vierten Stock, und hatten das Privileg eines Innenklos.

Klaus (59) ist immer noch bei der Straßenbahn, in Hönow, auf dem Betriebshof als Betriebsschutz. „Schreib Pförtner", sagt er. Und Margrit (57) arbeitet als Vervielfältigerin im Friedrichshainer Bezirksamt. Riesensprünge können sie nicht machen, aber sie haben Arbeit. Und dazu im Öffentlichen Dienst. „Wat willste mehr!" Auf dem Tisch steht Nudelsuppe mit Geflügel. „Drei Hähnchen für zehn Mark!" Ich bekomme auch einen Teller hingestellt. Es schmeckt noch genauso gut wie früher bei Scholls. Klaus zeigt mit dem Löffel rundherum. Neue Auslegware. Die Videokamera war ein Geschenk zum Hochzeitstag. „Weeßte, wir varreisen ja nich, leisten uns ja sonst nischt." CD-Player, neuer Fernseher. „Jeht uns janz jut." Margrit, inmitten von Plüschtieren auf dem Sofa: „Aber so schön wie inner 67 wird's nie wieder." Klaus ergänzt: „Wat jetzt hier einjebrochen wird! Und sogar Tote hat's in der Straße gegeben. Stand im Kurier."

Scholls wohnen in der Mühsamstraße 73, wieder im Quergebäude. Die Ruhe, die sie einst vom Hinterhof erhofften, ist dahin. Berliner Osten. „Allet junge Leute. Wir sind mit die ältesten im Haus." Wir drei werden ein bißchen traurig und sentimental. „Det mit Jonnys Tod konnten wir vorigen Sommer jar nich glauben", sagt Klaus. „Ja, siehste, so schnell jeht det manchmal. Weeßte, Karina lebt auch nich mehr. Im Mai war's, zu meinem Jeburtstag." Achja, Karina, der apricotfarbene Pudel, ein und alles des Ehepaars. „Die konnte nich mehr." Ich muß innerlich lächeln, denke an eine von Staves bekanntesten Kurzgeschichten. An die vom toten Hund Arthur, der eine solche Seele von Mensch gewesen war, daß man darüber glatt das Dahinscheiden der Großmutter vergaß. Das Leben und seine Geschichten.

„Der Zusammenhalt fehlt", sagt Margrit. „Drüben", sagt Klaus, und er meint die 67, „drüben ham wa uns jeholfen. Klar, wa ham auch mal rumjezankt, aber uns auch wieder vertragen. Jetzt weeßte jar nich mehr so richtig, wer im Hause so wohnt." Margrit holt edle Tropfen in Nuß heran, wir knabbern und sinnieren … Klaus erzählt, wie, was und wo er in der Wohnung alles nacharbeiten mußte. „Die Leute von der Reko? Erzähl ma nischt. Jepfuscht ham die! Det zog wie Hechtsuppe. Hinter der Tapete waren einfach Löcher inne Wand. Die haben nich eene Ritze zujeschmiert!"

Bert Dreier (33) ist einer von der Reko, das heißt, er war einer von denen. Mit Frau und Sohn wohnt er seit 1986 in einer von ihm und seiner Brigade rekonstruierten Wohnung in der Mühsamstraße 67. Im Vorderhaus. In den Räumen, in denen sich nach dem Krieg – wie vorn beschrieben – der private Klub russischer Offiziere bei deutschen Damen befand. Die damalige Hauptmieterin, eine gewisse Frau L., soll 1946 sogar nackt über den Hinterhof gelaufen sein. Dreiers sind belustigt.

Als junger Maurer kam er mit der FDJ-Initiative Berlin aus Mecklenburg in die Hauptstadt zum VEB Baureparaturen Friedrichshain. Auch Heike Dreier stammt von da oben „aus 'nem richtigen Dorf". Sie war hochschwanger, als die Familie in die 67 zog. Wieder muß ich an das Jahr 1928 denken, als Stube und Küche in der damaligen Zorndorfer für die jungen Staves, Jonnys Eltern, das Paradies bedeuteten. Heike Dreier (32) sagt: „Wir waren im Sommer 1986 so froh, daß wir die Wohnung hier gekriegt haben. Mit Bad! Und soviel junge

Leute zogen ein. Wir haben dann unten noch den Sandkasten gebaut und ab und zu auf'm Hof gegrillt. Aber jetzt gibt's kaum noch Kontakte unter den Leuten. Jeder ist mit sich beschäftigt."

Frau Dreier arbeitet als Krankenschwester auf der Intensivstation im Klinikum Buch. Im Westen könnte sie bedeutend mehr verdienen, aber sie kommt mit den Wessis nicht zurecht. Da ist kein schönes Arbeitsklima, das ist ihr zu kalt. Sie lacht. „Sogar in der Wohnung ist es nach der Wende im Winter zwei-drei Grad kälter. Die Leute sparen an der Heizung." Bert Dreier erinnert sich. „Mit dem verwinkelten Berliner Schornstein hier, das war'n Problem. Die neuen Bäder sind doch alle ohne Fenster. Da mußten wir Lüftungsklappen einsetzen. Und alle Wohnungen waren irgendwie anders. Wir haben zum Beispiel da noch so ein Zimmer mit Küche - also alles in einem Raum - zugeschlagen bekommen." Ich sage: „Eine Kochstube." Dreier nickt. „So hieß das wohl." Drei Millionen hat der Umbau des Hauses Mühsamstraße 67 gekostet. Gearbeitet wurde auch bei Frost.

„Wer zog sonst noch so ein?" frage ich. Dreiers haben früher das Hausbuch, eine Art Melderegister, geführt. „Fast alles Arbeiter", sagt Bert Dreier. „Ein Lokführer war dabei, Autoschlosser, Elektriker, Maurer. Alle so um die Dreißig. Und 'n paar Studenten." Die Rekonstruktion brachte dem alten Haus einen totalen Generationswechsel. Und neue Mieten. Auch den Dreiers. Mit der Modernisierung von 60 Mark auf 100 Mark. Nach der Wende ohne weitere Modernisierung von 100 Mark auf 670 D-Mark kalt.

Ich denke an die Anfangskapitel dieses Buches. Werden wir wieder eingeholt von den Zeiten? Sind sie wieder da - die Sorgen der kleinen Leute? Behalte ich die Arbeit? Kann ich die Miete noch bezahlen? Der „Elektrische" kassiert nicht mehr persönlich. Auch nicht der Gasfritze. Es wird abgebucht. Und wo es nichts mehr zu buchen gibt, wird abgedreht. Noch ist die Gas- und Stromabsperrung für eine Wohnung ein erzählenswertes Ereignis. Wird das zur Jahrtausendwende wieder Normalität in der Mietskaserne? Stellt sich im Berliner Osten wieder die Uraltstruktur her? Wird der Friedrichshain wieder chancenlos im Baedeker? Oder hat das Quartier wenigstens Aussicht, Szenegegend zu werden?

„Mit Kultur ist nicht viel los“, meint Bert Dreier. „Aber der Spielplatz drüben am Petersburger Platz ist ganz ordentlich.“ Mir fällt ein, daß man auf Seite 316 des Buches erneut Straßen und Plätze rück- und umbenennen muß. U-Bahnhof Weberwiese. Die Fredersdorfer und die Rüdersdorfer. Ach, nein, die waren ja erst nach dem Erscheinen von „Stube und Küche“ in Babeuf- und – den anderen Namen habe ich glatt vergessen! – umbenannt worden. So erledigen sich manche Dinge von selbst. Spötterzungen behaupten, die alten Straßenschilder seien nur aus dem Keller des entsprechenden Amtes geholt und aufpoliert worden. Leninallee. Kotikowplatz. Ho-Chi-Minh-Straße. Was wird aus Erich Mühsam? fragen Dreiers. Wo lag eigentlich Zorndorf?

„Die Kohleheizung ist geblieben, und auch die Fenster müßten gemacht werden“, sagt Heike Dreier. „Aber es ist kein Geld da. Und dann geistert auch immerzu ein sogenannter Altanspruch herum.“ Anfang 93, so hieß es, sollte ein Alteigentümer das Haus zurückbekommen. Die Wohnungsbaugenossenschaft nahm keine Miete mehr an. Ich bin erstaunt. Sollten wirklich von der jüdischen Familie des alten Hauswirts Schulim Rothstein, der bei Staves um 1930 immer einen Topf Malzkaffee bekam, noch Nachfahren leben? Es ist ungewiß. Die Mieter zahlen ihre Monatsbeträge inzwischen wieder an die Gesellschaft. Vielleicht – vermute ich mal – haben aber auch vermietende „arische“ Nachfolger Rothsteins juristisch kalte Füße gekriegt – moralisch sicherlich nicht.

Die zweite Tasse Tee. Bert Dreier war nach der Wende ein Jahr lang Staubsaugervertreter. Ich dachte, seit den Glanzrollen von Heinz Rühmann und Heinz Erhardt gäbe es diesen Beruf nur im Film und in Witzen. Der ehemalige Maurer ist zufrieden im Vertriebsjob. Jetzt arbeitet er im Parterre der Mühsamstraße 67. Dort hat sich in den ehemaligen Geschäfts-, Lager- und Wohnräumen der Vorkriegsdrogerie Böttcher die Firma „dascus – Datenkassen-Computersysteme" niedergelassen, und Ex-Maurer Dreier erklärt jetzt Interessierten, daß Sanyo garantiert die intelligente Lösung ist. So steht's jedenfalls draußen am Laden dran.

Der Laden rechts von der breiten Haustür, in dem früher ein Herr Seidler Milch und Lebensmittel verkaufte und wochenweise anschrieb, ist heute ein NEGATIVELAND, was immer das bedeutet. Man kann Videos ausleihen, OFF-Videos. Montags bis sonnabends von 15 bis 23 Uhr. Anspruchsvolle Avantgarde, Soundtracks und Trash Horror Musik. Mittelständischer Aufschwung in der Mühsamstraße 67.

Bei Frau Hattop im Vorderhaus hängt ein Schild an der Tür. „Bitte nicht klingeln. Kinder schlafen." Es ist um die Mittagszeit. Ich klopfe leise, wie verabredet. Gabriele Hattop ist 34 und, wie sie selbst sagt, ein „Zugvogel". Sie wuchs bei Potsdam in Groß Glienicke auf, hat in Werder den seltenen Beruf einer Binnenfischerin erlernt und so gut wie nie ausgeübt. Nur mal in Thüringen. Da hat ihr Vater eine private Forellenzucht. Aber dort hielt es sie nicht lange …

Wir sitzen flüsternd in einem winzigen Zimmer mit Hängeboden. Bloß nicht die Kinder wecken! Frau Hattops Mutter ist auf einen Sprung gekommen und mustert mich prüfend. Nein, nein, ich will keine Bücher verkaufen und führe auch nichts im Sinn, wobei ihre Tochter über den Tisch gezogen werden könnte. Im übrigen hab ich nicht den Eindruck, daß sich die junge Frau die Butter vom Brot nehmen ließe. Auf dem kleinen Tischchen steht ein Likörchen. Im Prenzlauer Berg lernte Gabriele Hattop ihren Mann kennen, den Vater des einen Kindes. Die Tochter ist inzwischen dreizehn, und das

Klavier, das sich auch noch in die kleine Kammer gedrängt hat, ist für sie da. Das Mädchen geht an die Musikschule und soll für ein Jahr in ein musisches Internat nach Dänemark wechseln. Der kleine Sohn ist erst sechs. „Die Wohnung hier hab ich nach meiner Scheidung voriges Jahr mit einem vom Puppentheater, dem Wulf, getauscht. Der ist in meine am Prenzlauer Berg gezogen. Ich wär ja auch gern lieber dort geblieben, aber die Räume hier waren größer."

Gabriele Hattop kam aus Thüringen nach Berlin zurück, um ein Kino aufzubauen. Eine zeitlang war sie auch Assistentin und dann Leiterin des Filmtheaters am Friedrichshain (FaF). Kino ist ihre Leidenschaft. Da gab's dann nach der Wende auch eine ABM-Stelle. „Aber das ist nichts für die Zukunft. Immer bloß ein Jahr von der Straße." Jetzt ist sie nochmal Mutter geworden – sechsfache. Tagesmutter. Genaugenommen eine Rund-um-die-Uhr-Mutter. Sie betreut überwiegend Kinder von Künstlern, die unregelmäßige Arbeitszeiten haben.

Aber auch in der Mühsamstraße 67 wird Frau Hattop nicht mehr lange bleiben. Mit ihrer Mutter zusammen, die Kindergärtnerin und Katechetin ist, will sie in Groß Glienicke ein Haus für Mädchen und Jungen eröffnen, in dem auch Sorgenkinder vom Jugendamt Zuflucht und Betreuung finden sollen. Der Mittagsschlaf ist vorbei. Die blonde Frau zuckt bedauernd mit den Schultern. Der Tag geht weiter. Die Sache mit dem Buch da findet sie interessant. Was für Schicksale so ein altes Haus in sich birgt. Darüber denkt man eigentlich nie nach. Aber so nahe gehe ihr die ganze Gegend dann auch wieder nicht. Es hause hier eben nicht so ein Szenevolk wie im Prenzlauer Berg, sagt sie noch an der Wohnungstür.

Im Hausdurchgang leert eine schlanke junge Frau ihren Briefkasten. Ihr Mann steht mit Einkaufstüten daneben. Eine ältere Dame mit einem Kuchenpäckchen in der Hand guckt mich an. Irgendwie kommt sie mir bekannt vor. Ich frage: „Wohnen Sie hier in dem Haus?" Sie mustern mich alle drei wieder mit diesem Blick, mit dem man Versicherungsvertreter umbringen möchte. Ich erkläre: „Es gibt da so ein Buch. Das heißt ‚Stube und Küche‘ –“ Die ältere Dame unterbricht: „Det is von Jonny. Ick hab et. Ick wohne fast mein janzet Leben hier.“ Es ist Frau V. Sie will nicht, daß ihr voller Name genannt wird. „Schreiben Sie Erika und jut.“

Wir sitzen dann im Quergebäude, Parterre links, im Wohnzimmer. Hinter der Wohnungstür mit dem Aufkleber „Berlin ist Freiheit!“ Und die Sache ist nämlich so, wenn ich jetzt alles noch zusammenkriege: Also die Schwiegermutter von Erika ist schon in der Zorndorfer (jetzige Mühsamstraße) geboren, und auch Erikas Mann Heinz ist hier aufgewachsen, sie selbst ist erst 1961, „als se uns nich mehr rüberjelassen ham“, in die Mühsamstraße gekommen. Und genausolange wohnt auch Tochter Birgit hier. Allerdings war das alles 'ne Etage höher. Erster Stock links. Langsam dämmert's bei mir. Über die V.s wurde nicht viel geredet, und wenn, dann ging's immer nur um den Heinz, der dem Alkohol ziemlich zugetan war. Und Erika haben sie alle bedauert, die mit ihrem Lohn als Montiererin bei der Energieversorgung den ganzen Laden zuhause geschmissen hat. Erika kommt ins Meckern. Übel haben sie ihr mitgespielt, die roten Parteigenossen. Die haben sie nicht rüber zum Geburtstag zu Verwandten fahren lassen. Jetzt geht's ihr gut. Aber es ist'n Skandal, daß ihre Witwenrente immer noch nicht berechnet ist! Wo doch der Heinz schon seit 82 tot ist. „Man soll ja so wat nich sagen, aber da hab ick uffjeatmet. Janz stille jestorben isser, als ick fernjesehn habe. Ick hat'n noch Kompott hinjestellt. Nu liegt er unterm jrünen Rasen, und mir jehts jut. Toi-toi-toi!“

Den Kindern geht es nicht ganz so gut wie Erika. Die 35jährige zierliche Birgit V., verehelichte Zborowski, hat nur eine magere Invalidenrente, nachdem sie sich als Küchenhilfe den Arm kaputtgeschleppt hat. Und ihr Mann Gerhard (39), der sichtbar stolz auf seine Ehe ist – „seit neun Jahren!“ – und von Beruf Kabelmechaniker, kann keine Arbeit finden. Vor kurzem hat er auf dem Bau noch den Handlanger gemacht, aber der Pleitegeier ging auf der Bude nieder. Der Wessi-Chef ist unbekannt verzogen und seinen Leuten noch ein paar Gehälter schuldig, die diese inzwischen wegen überzogener Konten den Banken zurückzahlen müssen. „Noch nie", sagt Gerhard Zborowski, „noch nie hab ick Schulden jehabt!"

Erika schüttelt mit dem Kopf. „Menschen jibt et!" Dann erinnert sie sich. „Wat war det früher schön hier im Hause. Wir ham uns doch immer unterhalten, och wenn manche jeklatscht ham. Ick will ja keene Namen nennen. Aber Ihre Schwiegermutter, Frau Stave, det war 'ne nette Frau. Und der Jani, der Sohn vom Jonny, der war 'n lieber Junge. Und geholfen ham wa uns auch immer alle, und zusammen de Kohlen bestellt." Erika wohnt seit der Rekonstruktion vier Häuser weiter in der Mühsamstraße 73, im Hinterhaus über den Scholls. „Ja, die nehmen immer meine Schlüssel, wenn ick mal wegfahre. Det is'n bißchen wie früher. Wir sind die einzigen Alten."

Die Zborowskis zogen 1986 in die Mühsamstraße 67 zurück. Birgit wohnt dadurch nun mit Abstand am längsten in diesem Haus. Ihr Sohn Mike (6) drückt den Altersdurchschnitt noch weiter. Das alte Haus ist jung geworden.

Erika wünscht mir „allet Jute im Leben" und sagt: „Mein Jott, jetzt ham wa ja den Kuchen jar nich jejessen!" Und dann fragt sie noch: „Ham Se denn noch det olle Möbel von der Müllern aus'm zweeten Stock?" Sie schüttelt wie schon damals den Kopf, daß man solche alten Schränke schön finden kann. Es ist ein Biedermeiersekretär. Natürlich hab ich ihn noch. Gerhard Zborowski bringt mich zur Tür, zeigt mir vorher noch alle Räume der zwei zusammengelegten Wohnungen und vor allem das enorm geräumige Bad. Von 34,24 Mark ist die Miete auf 627 D-Mark gestiegen. Im Korridor hat er eine Bar mit „richtigen Barhockern" eingebaut. Er sagt noch mal, daß er seine Schulden gern loswäre, und dann

stehe ich wieder vor der Wohnungstür mit dem Aufkleber „Berlin ist Freiheit“ …
Ich steige nachdenklich die Treppen hoch. Strisches, Appelts, die Müllern, die Schulzen, Elschen – nein, alle hab ich doch nicht gekannt. Ab der dritten Etage ist der Treppenflur „gestaltet“, von mir aus auch „gestylt“. Da hängt ein Stadtplan von Berlin. Bilder von Katzen, Elefanten und anderem Getier. Zwerg Nase Alf in zig Variationen. Alpenglühn und Rheintäler. Und der wohlgemeinte Rat: „Kippe aus, Anschnallen, Schnauze halten!“ Sowie eine ernste Warnung an alle Klinkenputzer. „Achtung an alle Vertreter! / Sie brauchen gar nicht weiterzugehen, denn: / Wir kaufen nichts! / Wir bestellen nichts! / Wir sind wunschlos glücklich!“

Ich lasse mich nicht einschüchtern. Denn ich habe ordnungsgemäß telefonisch einen Termin vereinbart. Einen Termin in Stube und Küche, in der Wohnung, die diesem Buch den Titel gab. Ich habe ein Bandmaß mit, auch etwas Neugier und eine gehörige Portion Wehmut, denn zehn Jahre lang bin ich fast jede Woche einmal in dieser Wohnung gewesen. Zehnmal Heiligabend, zehnmal Geburtstag von Schwiegermutter. Der letzte ist ein paar Seiten zuvor beschrieben. Zehn Jahre lang haben wir uns geärgert, daß Mutter mal wieder das Bild im Fernsehen völlig verstellt hatte. Zehn Jahre lang hat sie Stein und Bein geschworen, das Ding überhaupt nicht angerührt zu haben. Zehn Jahre lang hat sie gesagt, wir könnten ruhig öfter mal kommen, in den letzten Jahren immer mehr geklagt, daß niemand sie besuche. Und immer kam gerade in dem Moment entweder Margrit oder Else oder sonstwer aus dem Haus und fragte, ob er was für sie mitbringen solle.

Und dann räumten wir im Frühjahr 1985 nach Mutters Tod Stube und Küche aus. Jonny ist damals eher weggegangen. Er konnte nicht mitansehen, daß im Container landete, was ein Mensch über acht Jahrzehnte angesammelt hatte. Damals schrieb er schon an diesen Lebenserinnerungen. Was blieb? Ein Karton Fotos, Papiere. Jede Menge neuer Bettwäsche, zu schade für alle Tage. Die Bücher des Sohnes mit einem Bändchen drum. Mit dem Beruf „Schriftsteller" wußte Schwiegermutter ihr ganzes Leben nichts anzufangen. In dieser Gegend war man Fleischer, Schlosser, Tischler, Bäkker, Kneipier, Maurer - bestenfalls Buchhalter. Was war das für eine Profession, bei der man den ganzen Tag zuhause herumsaß und etwas aufschrieb, worüber andere Leute lachten? Wer sollte dafür schon was bezahlen?

Ein paar Monate später war dann das ganze Haus Mühsamstraße 67 leer. Und seither mieden wir die Straße ...

Das Zimmer kommt mir viel kleiner vor als früher. Aber es ist noch immer 3.60 Meter breit und 5.64 lang. Den Ofen erkenne ich sofort wieder mit seinen gelben Kacheln. In der Röhre hat Mutter tatsächlich im Winter Bratäpfel gebacken, vor allem wegen des Dufts. Dort, wo das Sofa stand, in dem die gebückte Frau versank, steht heute ein Computer. An der Stelle des gewaltigen Kleiderschranks - ein Matratzenlager. Schränkchen, Stuhl. Schlicht, karg. Studentenbude.

Jens Klier ist 24 und studiert an der Humboldt-Uni Informatik. Er wohnt seit einem Jahr hier und hatte keine Ahnung, daß seine Wohnung in die Literatur eingegangen ist. Er findet das „irre interessant" und hat sich wie die meisten Leute noch nie Gedanken über seine vielen Vormieter gemacht. Unvorstellbar für ihn, daß Herta und Wilhelm Stave seinerzeit um 1934 herum ablehnten, mit dem Sohn John in die Zwei-Zimmer-Nachbarwohnung umzuziehen, weil die neun Mark mehr kostete. 24 Mark Festmiete von 1928 bis 1990 sind heute auf 204 D-Mark kalt gestiegen. Der Student verdient sich die Miete als Hilfskraft. Er kommt aus Halle-Neustadt und ist plattenbaugeschädigt. Eine Altbauwohnung wollte er schon immer haben. Von hier gelangt er wunderbar mit Verkehrsmitteln in die City. Er hat die Wohnung sogar ohne dringlichen WBS (Wohnberechtigungsschein) bekommen.

Wir trinken Tee in der nunmehr winzigen Küche (2,40 Meter mal 2,06 Meter), wir sitzen auf winzigen Hockern an einem winzigen Tisch. Wenn man bedenkt, daß sich früher in der mehr als doppelt so großen Wohnküche das Wesentliche des Familienlebens, wie Körperwaschungen, Kochen, Spielen und ähnliches abgespielt hat ... Der Fensterschrank, in dem Schwiegermutter immer besagte Kartoffelpuffer kaltstellte, ist verschwunden. Baumensch Bert Dreier hat mir das erklärt. Das Treppenhaus war so eng, daß man sämtliches Baumaterial per Lift durch die Fenster in die einzelnen Wohnungen transportieren mußte. Die Küche hat nun statt des früheren Ausgusses eine Doppelspüle, einen Gasdurchlauferhitzer und eine Gasinnenraumheizung Gamat 3000, mit der man bei lauen Wintern auch noch das Zimmer warm kriegt. Aber dann das BAD! 2,40 Meter mal 3,00 Meter! Mit Wanne! Ich höre Mutter direkt sagen: „Wir hatten nie ein Bad. Aber wir war'n immer sauber!" Der Korridor hat ein Stückchen von der Nachbarwohnung dazu bekommen. Man kann sich jetzt darin sogar um sich selbst drehen. Die Haken von Jonnys Kinderschaukel sind aus dem Wohnungstürrahmen herausgedreht und spurlos verkittet. Ich finde keine Erinnerung mehr. Die Wohnung ist mir fremd. Wie hätte es wohl Jonny empfunden?

... Ich gehe rasch über den Hof. Die Fassaden von Seitenflügel und Quergebäude sind grau mit ausgebessertem Putz. Keine Spur von Farbe. Die Müllcontainer hat einer kreuz und quer verschoben. Wo stand denn bloß die Teppichstange, an der herumzuturnen früher - also ganz früher - strengstens untersagt war? Dieses Verbot wurde erst in späteren Jahrzehnten gelockert, was John Stave zu der höchst philosophischen Sentenz verleitete: „Als man noch konnte, durfte man nicht; als man dann durfte, konnte man nicht mehr!"

Und dem bleibt - in bezug auf das Leben - wirklich nichts hinzuzufügen.

Gabriele Stave

Inhalt